トリエンナーレは なにをめざすのか

都市型芸術祭の意義と展望

吉田隆之=著

水曜社

はじめに

都市型芸術祭とアートプロジェクト

　愛知県病院事業庁がんセンター中央病院で経理を職務としていた筆者は、2009年4月から愛知県県民生活部文化芸術課国際芸術祭推進室に配属された。それまで、文化の仕事とは全く無縁だった。開催経緯については第2章で詳述するが、文化施設の利活用を主な目的として、リーマンショックで中止の危機にさらされながらも、2009年2月あいちトリエンナーレ2010の開催を神田真秋知事（当時）が最終的に決める。予算18.8億円（国の緊急雇用事業を含む）で、現代美術を中心にオペラ・ダンス・演劇などジャンルを超えた芸術を積極的に取り込む方針が打ち出された。

　筆者は主に隣接都市空間の展開と企画コンペを担当する。その段階では、隣接都市空間とは愛知芸術文化センター界隈のオアシス21やテレビ塔を指し、繊維問屋街の長者町地区（名古屋市中区）を含むか否かは必ずしも明確ではなかった。ところが、建畠晢あいちトリエンナーレ2010芸術監督が長者町地区を会場とすることを強く推したこともあり、その後長者町地区の展開が筆者の主担当となった。関心分野である芸術文化とまちづくりが重なり、本気で仕事をしたいと思っていた。地区の展開では、期間中はもちろんその終了後も、事業者や長者町に縁を持った若者らがアート活動を継続し、まちの人たちや地域が変わっていく。アートの力って何なのか。愛知県はこうした効果をそもそも期待していなかったし、戸惑っている様子でもある。

　昨今、毎回数億円以上の事業費を必要とする規模で、現代美術を主な内容とする芸術祭が、継続的に数ヶ年の周期で開催されている。その芸術祭は、横浜トリエンナーレに代表される都市型と、「大地の芸術祭　越後妻有アートトリエンナーレ」に代表される過疎地（地域）型に大きく分類できる。トリエンナーレ・ビエンナーレは、本来その時代の旬のアーティストを紹介することを主目的とすることから、まちなかでの展示に必ずしもこだわらないのが一般的である。それに対して、大地の芸術祭などの過疎地型芸術祭は、美術館などの専用施設よりも地域での展示が重視され、交流人口増・経済波

及効果などを含めた地域づくりへの影響が注目されることから、地域型ともいえる。また、後発であるあいちトリエンナーレは都市型芸術祭であるが、長者町地区に関しては地域づくり、特に地域コミュニティ形成の面で影響が観察された。

　近時アートプロジェクトについて地域と社会との関係に着目した様々な定義が研究者から提唱されている。仮に、地域コミュニティ形成への影響の有無をアートプロジェクトの一要素と考えるならば、大地の芸術祭とあいちトリエンナーレの長者町地区の展開はアートプロジェクトとしての性格を有していることとなる。アートプロジェクトとはそもそも何か、都市型芸術祭とはどう違うのか。そもそも都市型芸術祭がめざしているものは何なのだろうか。長者町地区で図らずも起きた効果は、あいちトリエンナーレの政策のなかに位置付けられていなかったが、地域コミュニティ形成とも深く関連する印象を受けた。こうした政策はこの先事業の評価に反映されていくのだろうか。

執筆動機

　本書の執筆に取り組み始めた当初、10億円以上の税金を使う筆者の職務の進む方向性が正しいのか、継続のためのビジョンを考えようとした。もちろん、横浜市や神戸市のように都市型芸術祭を創造都市政策上に位置づけたからといって、必ずしも継続性が担保されるわけではない。そうだとしても、愛知県があいちトリエンナーレを一文化事業として進めていたのが気になっていた。政策が一元的であれば、首長の交替や経済情勢・財政事情で容易に政策転換されてしまうからだ。

　そうしたところ、長者町地区では、2010開催をきっかけに、事業者や若者らがアート活動を継続し、地域コミュニティ形成面での影響を観察できた。加えて、2013でも長者町地区が会場となり、地区内外で若者らのコミュニティが次々と生まれている。コミュニティの数、それぞれの自発度の強さ、変容のスピード感などが、他のアートプロジェクトに比べ半歩抜きんでているように思われる。その一方、先行した横浜市・神戸市・新潟市に加え、あいちトリエンナーレ開催後も、札幌市・京都市など多くの都市型芸術祭が次々と開催され、濫立しているといってよく、これらの芸術祭の均質化、陳腐化を指

摘する声も少なくない。

そこで、本書は、あいちトリエンナーレ長者町会場で起きた効果と、芸術祭への均質化・陳腐化の指摘を踏まえつつ、都市型芸術祭の今後の方向性を明らかにしたいと考えた。そして、そのタイトルを「トリエンナーレはなにをめざすのか：都市型芸術祭の意義と展望」とした。なお、都市型芸術祭とトリエンナーレのそれぞれの用語の意味については、第1章4.1 都市型芸術祭（国際展）を参照されたい。

本書の構成

本書は以下の構成となっている（図0-1）。

第1章では都市型芸術祭が各地で開催され、均質化、陳腐化の指摘があるなか、その比較を行う。すると、いずれの芸術祭も、政策評価・文化条例など政策的な継続の仕組みの構築に濃淡があり、仕組みが一応整っていても今後の方向性が不明瞭となっていた。あいちトリエンナーレも例外でなく、文化事業として一元的に実施する点では異例である。

そこで、次章以降あいちトリエンナーレを事例として取り上げるが、その章

	PDCA	章題と構成
問い		第1章 都市型芸術祭の比較 内容：芸術祭の継続の仕組みと今後の方向性の比較
調査結果	P	第2章 あいちトリエンナーレの政策立案・決定から開催まで(2003-2009) 内容：なぜあいちトリエンナーレが開催されたのか
調査結果	D	第3章 あいちトリエンナーレ2010開催とその後 (2009-2013) 内容：全体の効果／長者町地区の効果	第4章 あいちトリエンナーレ2013開催とその後 (2013-2015) 内容：全体の効果／長者町地区の効果
分析	DとCの中間	分析の評価指標と基準／長者町地区の分析	長者町地区の分析
結論（考察）	C	第5章 トリエンナーレは何をめざすのか 内容：愛知県の政策評価の検討
	A	都市型芸術祭の意義と継続の道筋

図0-1 構成図

立てはPDCAサイクルに沿っている。民間企業において、経営戦略はP（計画）D（実行）C（評価）A（改善）サイクルのなかでコントロールされるが、民間企業の経営戦略が行政では経営政策に当たり、同様にPDCAサイクルのもとコントロールされるからである。なお、政策は「課題設定」「政策立案」「政策決定」「政策実施」「政策評価」のライフステージの各段階に分解されるのが一般的で、Pが「政策立案」「政策決定」、Dが「政策実施」、Cが「政策評価」に対応する。「政策評価」を経て継続・修正・廃止が要請され、「課題設定」にフィードバックされ、これがAに当たる。

　第2章はP（計画）に当たり、あいちトリエンナーレの政策立案・決定から開催までを扱う。あいちトリエンナーレがなぜ開催されたのかを、当時の社会的背景や愛知ビエンナーレの構想が浮上したきっかけにも言及しながら、行政資料等の調査を通して明らかにする。

　第3章は2010開催からその後を扱う。前半はD（実行）に当たり、まず、開催の効果を概観する。文化施設を利活用したい、また内外の芸術祭に比肩する規模のイベントをしたいという愛知県の思惑を反映し、愛知芸術文化センターを拠点とした展覧会の作品・公演、都市空間でのスペクトラ作品などが幾つも並ぶ。その一方で、こうした華やかなプログラムのもと行政が見落としがちな長者町会場の展開が、地域コミュニティ形成の面で起爆剤となった点に注目する。後半は、前半で明らかにした長者町地区で起きたことを分析し、政治学者のパットナムが使うソーシャルキャピタル／社会関係資本の概念を用いて、短期間で橋渡し型ソーシャルキャピタルがプロアクティブ化されることを検証する。ちなみに、後半の分析は、PDCAサイクルのD（実行）とC（評価）の間に位置し、主にP（計画）の段階で想定していなかったD（実行）によるインパクト（波及効果）を理論化し、C（評価）の指標を変えるために行う。

　第4章は2013開催からその後を扱う。長者町地区内外でキーパーソンや若者らのコミュニティが次々と生まれ育っていることから、2010で起きた変化が促進されたのかを長者町地区の動向を中心に検証する。

　第5章はC（評価）とA（改善）を扱い、あいちトリエンナーレの政策評価を検討する。そのうえで、主に長者町地区での地域コミュニティ形成面での

効果を踏まえ、本書の目的である「あいちトリエンナーレ、ひいては都市型芸術祭はなにをめざすのか」に答えていく。

なお、本書では章タイトルと本文の初出を除き、あいちトリエンナーレ2010・あいちトリエンナーレ2013・あいちトリエンナーレ2016をそれぞれ2010・2013・2016と記している。

筆者とあいちトリエンナーレの関わり

筆者は、2009年4月から2011年3月までは県職員として、2011年以降一市民として、あいちトリエンナーレに関わる。章ごとに整理しておくと、2010の開催は、2009年度予算の議決を経た2009年2月をもって事実上確定しており、第2章の政策立案決定過程では一切職務を担当していない。第3章の2010開催では、県職員として主に長者町会場を担当した。プロセスに自ら関与しながらいかに客観性を担保するかについては、章の冒頭で詳述する。第4章の2013開催では、あいちトリエンナーレの職務を離れたことで、一市民として、またコーディネーターとしてあいちトリエンナーレや長者町地区内外のアート活動に関わっていく。その関わりについては第5章で改めて触れる。第5章の政策評価では、2010の際は評価の職務を担当していない。2013の際はそもそも職務を外れている。いずれの章の考察も、主に公開された行政資料とインタビューなどにもとづく。もちろん、地方公務員の守秘義務（地方公務員法第34条第1項）に反しないよう配慮した。

本書と博士論文等

ここで、本書と博士論文の内容の異同に触れておくと、本書は東京藝術大学大学院音楽研究科に2013年3月提出した博士論文「都市型芸術祭の経営政策——あいちトリエンナーレを事例に——」をもとに、大幅に加筆修正し、特に第4章以降はそのほとんどを新たに書き下ろした。博士論文では、経営政策のうち政策を継続する仕組みの構築に重きを置き、その後半で政策評価と文化条例を扱い、理念・使命として横浜市・神戸市などの創造都市的政策を取り入れることとを結論とした。一方、博士論文執筆後、2013の開催により長者町地区が再び会場とされ、地域コミュニティ形成の面での

具体的効果が明白になってきた。そうした状況を踏まえ、政策継続の仕組みよりもトリエンナーレがめざす方向性とその具体的道筋により焦点を当てたいと考えた。そこで、「トリエンナーレはなにをめざすのか：都市型芸術祭の意義と展望」をタイトルとしたうえで、あいちトリエンナーレを事例として都市型芸術祭の意義と継続の道筋を明らかにすることを本書の主な目的とした。

ちなみに、政策を継続する仕組みとしては、参加型評価、創造都市政策に言及する文化条例などを提案してきた。それらに関心のある読者は、本書では該当部分をすべて割愛したので、博士論文等[★1]を参照されたい。

なお、博士論文のもととなった、もしくは、本書と関連する論文は以下のとおりである。

◎第1章
「都市型芸術祭「あいちトリエンナーレ」の発展的継続性──横浜・神戸・新潟・大阪・愛知の比較から」『アートマネジメント研究』第15号，2014年，51-63ページ．

◎第2章
「都市型芸術祭『あいちトリエンナーレ』の政策評価──政策立案・決定過程の考察を踏まえて」『文化経済学』第9巻第2号，2012年，56-67ページ．

◎第3章
「あいちトリエンナーレ2010長者町会場の決定過程──まちづくりを標榜したのか、しなかったのか？」『アートマネジメント研究』第14号，2014年，51-59ページ．
「アートプロジェクトによる人的協力・ネットワーク及びソーシャルキャピタルのプロアクティブ化──あいちトリエンナーレ2010長者町会場を事例に」『文化経済学』第9巻第1号，2012年，90-100ページ．

このように、各章がほぼいずれも独立した論文をもとにしていることから、いずれの章も独立して読むことができる。あいちトリエンナーレがなぜ開催されたのかに関心があれば第2章、長者町地区の変遷・動向に注目するのであれば第3章・第4章、あいちトリエンナーレをはじめとした都市型芸術

祭の今後の方向性を端的に知りたければ第5章を先に読み進めていただきたい。もちろん、本書の目的である「トリエンナーレはなにをめざすのか」に全体として答える構成となっていることから、読者には是非通読をお願いしたい。都市型芸術祭が流行する中で、その意義と均質化・陳腐化を克服する道筋を本書は示していくが、実は、その道筋とは都市型芸術祭のアートプロジェクト化をめざすことにほかならない。のみならず、第4章以後で論及するが、グローバル化・社会の集団化への対抗軸として、地域発アートやトリエンナーレが草の根からの社会変革の一助となることを願ってやまない。筆者の実践・研究が微力ながらそうした変革に今後貢献していくために、本書への大方のご指摘、ご叱正をいただければ幸いである。

注及び引用文献：

★1　◎政策評価
「都市型芸術祭『あいちトリエンナーレ』の政策評価──ワークショップによる簡便な政策評価手法の提案」(『音楽文化学論集』第3号，2013年b，111-125ページ．)
「自治体文化政策における「参加型評価」の可能性──あいちトリエンナーレを事例に」(『文化経済学』第11巻第1号，2014年a，39-52ページ．)
「アートNPOの参加型評価の可能性」(『文理シナジー』第18巻第1号（2015.4），2015年b，25-32ページ．)
◎文化条例
「各自治体の文化条例の比較考察──創造都市政策に言及する最近の動きを踏まえて」『文化政策研究』第6号，2013年a，114-132ページ．
「文化条例の望ましい制定手法──制定過程等の調査、比較から──」『文化経済学』第12巻第1号，2015年a，26-39ページ．

目次

はじめに ……………………………………… 3

第1章 都市型芸術祭の比較 …………………………………… 13

1　1990年以降のアートプロジェクトの展開 ……………… 14
2　都市型芸術祭の流行と都市政策上の位置づけ …………… 18
3　継続する仕組みの検討と今後の方向性 …………………… 23
　3.1　継続する仕組みの検討 …………………… 23
　3.2　今後の方向性（本書の目的） …………………… 28
4　都市型芸術祭（国際展）とアートプロジェクト ……………… 29
　4.1　都市型芸術祭（国際展） …………………… 29
　4.2　アートプロジェクト …………………… 30
　4.3　都市型芸術祭（国際展）はアートプロジェクトなのか …………… 34
5　経営政策と政策 …………………… 34
6　効果とアウトプット・アウトカム・インパクト …………………… 36

第2章 あいちトリエンナーレの政策決定から
　　　　開催まで（2006-2009） ……………………………………… 43

1　課題設定過程――なぜ政治の議題として浮上したのか …………… 45
　1.1　運営の見直しを迫られた愛知芸術文化センター …………… 45
　1.2　愛知万博開催と中部国際空港開港の成功 …………… 46
　1.3　愛知万博後の地域活性化策――〈科学技術〉と〈芸術文化〉 …………… 47
2　「愛知の文化芸術振興に関する有識者懇談会」の政策立案過程 ………… 48
　2.1　「新しい政策の指針」（総合計画） …………………… 49
　2.2　『愛知の文化芸術振興に関する有識者懇談会報告書』 …………………… 50
3　文化芸術課の政策立案と知事の政策決定過程 …………………… 56

  3.1 「文化芸術創造あいちづくり推進方針」(文化計画)の策定 ……… 56
  3.2 あいちトリエンナーレ開催の決定 …………… 57

第3章 あいちトリエンナーレ2010開催と
　　　その後(2009–2013) ……………… 63

1 2010開催の効果 ………… 65
 1.1 来場者数と経済波及効果 …………… 65
 1.2 来場者数等以外の効果 ………… 66
 1.3 地域コミュニティ形成面での影響 …………… 71
2 2010開催により長者町地区で何が起きたのか ………… 74
 2.1 調査対象・調査方法 ………… 74
 2.2 2010開催以前──長者町地区のまちづくり ………… 78
 2.3 2010長者町会場の決定 ………… 83
 2.4 2010の開催準備と開催 …………… 90
 2.5 2010閉幕後 ………… 108
3 ソーシャルキャピタルによる分析 ………… 120
 3.1 ソーシャルキャピタルによる分析 ………… 120
 3.2 分析の評価指標と基準 ………… 123
4 2010長者町会場の分析 ………… 129
 4.1 まちづくりによる橋渡し型ソーシャルキャピタルの形成 ……… 129
 4.2 2010長者町会場の展開による人的協力・ネットワークの活性化 ……… 131
 4.3 長者町会場の展開による橋渡し型ソーシャルキャピタルの
   プロアクティブ化 ………… 136
5 まちはなぜアートを受け入れたのか ………… 143

第4章 あいちトリエンナーレ2013開催と
　　　その後(2013–2015) ……………… 151

1 2013開催の政策決定と長者町地区の動向 ………… 152

2 2013開催の効果 ……………… 153
　2.1　2010と2013の比較 ……………… 153
　2.2　来場者数と経済波及効果 ……………… 157
　2.3　来場者数等以外の効果 ……………… 159
3 2013開催により長者町地区で何が起きたのか ……………… 170
　3.1　2012年の状況 ……………… 170
　3.2　2013の開催準備と開催 ……………… 171
　3.3　2013閉幕後 ……………… 199
4 2013長者町会場の分析 ……………… 209
　4.1　2013長者町会場の展開による人的協力・ネットワークの活性化 ……… 209
　4.2　2013長者町会場の展開による橋渡し型ソーシャルキャピタルの
　　　プロアクティブ化 ……………… 212
5 今後の課題 ……………… 215
　5.1　長者町地区の課題 ……………… 215
　5.2　長者町地区のまちづくりの展望 ……………… 218

第5章 トリエンナーレはなにをめざすのか ……………… 225

1 あいちトリエンナーレの政策評価 ……………… 226
2 都市型芸術祭はなにをめざすのか ……………… 228

おわりに ……………… 233
引用文献 ……………… 245
あとがき ……………… 253
謝辞 ……………… 255
索引 ……………… 258

＊本書で掲載している図表について、注記のないものは著者が作成したものです。
＊写真については、あいちトリエンナーレ実行委員会制作のカタログ掲載写真はクレジットなしとしています。
　筆者の吉田隆之が撮影した写真は©TYとしています。

第 1 章

都市型芸術祭の比較

1. 1990年以降のアートプロジェクトの展開

　美術館や劇場などの専用施設ではなく、まちなかでの展示やパフォーマンスを行うという意味でのアートプロジェクトは、1990年以降日本各地で実施されてきた。都市型芸術祭を取り扱う本書では、都市を舞台とするもの、行政との関わりが見られるものを中心にその展開を紹介しておきたい。

　大都市で行われている過去の事例のなかで代表的なのが、福岡市のミュージアム・シティ・プロジェクトと神戸市のC.A.P.［芸術と計画会議］である。両者とも、都心のまちなかで実施した点、またアーティストが地域・市民・観客を巻き込んでいく可能性を示した点で、日本のアートプロジェクトの先駆的役割を果たしている。

　ミュージアム・シティ・プロジェクトは、長浜弘之（プランニング秀巧社社員・当時）が企画の原案を考え、黒田雷児（福岡市美術館学芸員・当時）・山野真悟（事務局長・当時／1998年−同運営委員長）が構想を具体化する。宮本初音（1998年−事務局長）は初回の会期途中から加わった。同名の非営利組織が主体となり、1990年から2000年まで2年毎に約1−2ヶ月間開催する。民主導のまちなか芸術祭で、天神の商業施設・商店街・地下街・公共空間を使って展示を行い、事業費は初回が4,300万円で、それ以降も3,000万円前後を維持した。

　プロジェクトの転機となったのが、1998年から古い家並みや伝統的な行事・習慣が残る博多部に拡大し、アーティスト・イン・レジデンス事業を実施したことだ。それまでの方針を転換し、展示中心から地域との関わりや制作プロセスを重視していく。第3章で詳述するが、長者町地区で地域コミュニティ形成の面で影響を与えたナウィン・ラワンチャイクンなど、複数のアーティストが地域と交流するプロジェクトを実施したり、観客参加型のパフォーマンスを行ったりした[★1]。

　それに対して、C.A.P.［芸術と計画会議］のきっかけは、神戸市の小美術館構想に対して、杉山知子をはじめとした11人のアーティストが1994年に提言したことだ。それ以降毎年、まちなかで1日限りのアートセミナー・ワークショップ・展覧会を開催する。1999年には、旧ブラジル移民収容所を神戸

市から借り受け、190日間にわたり展覧会やコンサートを開催した★2。

一方、1990年代末から2000年代初頭になると、行政との関わりが見られるようになり、都市近郊と過疎地の代表例が、取手アートプロジェクト（1999年–）、三河・佐久島アートプラン21（2001年–）である。

取手アートプロジェクトは、市内にキャンパスを開設した東京藝術大学に対し、取手市が新たな共同事業を持ちかけたことで始まった。毎秋約3週間公募展とオープンスタジオを交互に開催するほか、1年を通した様々なプログラムを実施した★3。2010年にはNPO法人取手アートプロジェクトオフィスを設立すると同時に、《アートのある団地》・《半農半芸》という2つのプロジェクトスキームを立ち上げ、会期を設定してイベントを行うフェスティバル型から通年のプロジェクト型に活動をシフトしている★4。

取手アートプロジェクトの事業費は、2006年の予算が約2,640万円と最高の規模としたのだが★5、プログラムを大きく変革した影響で助成金を取ることが出来ず、2010年には計1,133万円まで縮小する。その後、2011年は2,449万円、2012年は2,875万円と規模を回復している（2010年以降はNPO法人の予算を含む）★6。

また、アートによる活性化を明確な目的として2001年から開催されているのが、「三河・佐久島アートプラン21」である。一色町（2011年からは西尾市）が主催し、島の有志による「島を美しくつくる会」が共催している。そして、1999年内藤美和（ディレクター／代表取締役）と池田ちか（プログラムディレクター／取締役）が愛知県岡崎市に設立した有限会社オフィス・マッチング・モウル★7が、企画やコーディネートを行ってきた。1,000–1,200万円の事業費で、年間を通じてアートイベントを開催し、祠など島の地域資源を生かした常設展示を少しずつ増やしている★8。

こうして1990年以降2000年代初頭にかけ、アーティストやコーディネーターなど有志が中心となり、時には行政や大学が関わり、中小規模（1億円未満の事業費）ながら質を伴うアートプロジェクトが全国各地で行われていた。そうしたなか、数億円以上の規模で、かつ過疎地で開催されたのが、現代美術を主な内容とする「大地の芸術祭　越後妻有アートトリエンナーレ（以下大地の芸術祭）」である。初回こそパブリックアートの性格が濃かったもの

の、徐々に地域との協働に比重を移していく。

　その概要を紹介すると、1999年から政府主導で「平成の大合併」が行われるなか、その大合併を見据え、1994年新潟県は「ニューにいがた里創プラン」を策定する。広域行政圏で実施する地域活性化施策として、10年間で総事業費の6割、最大で5億円を補助するものだ。当時の十日町広域行政圏（十日町市・川西町・中里村・松代町・松之山町・津南町）が第1号の認定を受けると、コンサルタント会社や広告会社から大型イベントの提案がある。反面、ハコモノ行政に対する批判が強まっていた時期でもあった。

　そうしたなか、1995年新潟県地域政策課渡辺斉が、北川フラム（アートディレクター）が手掛けたパブリックアートを活用した再開発事業「ファーレ立川」に着目し、北川にプラン策定に向けたワーキングチームへの参画を依頼する。1996年北川を中心に議論が進められ、「越後妻有アートネックレス整備構想」を策定し、アートを活用した地域活性化施策をまとめる。4つのプロジェクトの一つとして「大地の芸術祭越後妻有アートトリエンナーレ」の実施が決まる。アートを活用したまちづくりの具体例が少ないことや現代美術に対する偏見などで現地に強い反発があるなか、2000年7月第1回目を開催する。結果は、予想を大きく上回る16万人が来訪した[★9]。

　ただ、第1回の様子について暮沢剛巳は「従来は都市空間で設置されていただろう野外作品を越後妻有へと移設してきたようなタイプの作品が多くを占めていた」[★10]とする。また、アーティストの藤浩志は「『越後妻有』はファーレ立川の延長で山村・田園風景に作家のエゴの強いパブリックアートを組み込むような古いタイプのプロジェクトのイメージに見えてしまった」[★11]という。大地の芸術祭が当初パブリックアート的性格を有していたことを指摘する声が少なくなかったのだ。

　そうした状況で、2003年から日比野克彦が旧莇平小学校を使い、集落の人たちと毎夏朝顔を育てるプロジェクトを開始する[★12]（**写真1-1**）。また、2004年秋の新潟県中越地震がきっかけとなり、2006年の第3回には、「うぶすなの家」をはじめとした多くの空家プロジェクトが展開された。「うぶすなの家」は、震災で壊れた家を焼き物の美術館として再生し、1階のレストランでは地域のお母さんたちが地元の食材を生かした料理を振る舞う（**写真**

写真1-1 日比野克彦《明後日新聞社文化事業部》(2003)、松代蒜平 ©、【HIBINO SPECIAL】

写真1-2 うぶすなの家（2013）、十日町願入、©TY

写真1-3 うぶすなの家（2013）、十日町願入、©TY

1-2；1-3）。NPO法人越後妻有里山協働機構関口正洋事務局長は、「うぶすなの家」が地域に与えた影響について次のように話す★13。

　うぶすなの家が特徴的な空間になって、住民が自分の創意工夫を表現できる舞台となった。多少の賃金もえられる。そこが媒介になって、ともに働く人たち、作家、ボランティアなど、人のネットワークが以前とは比べものにならないくらいに広がっている。この共感のネットワークのようなものが、今まであきらめていたようなことにもチャレンジする推進力となっている。

　このように大地の芸術祭は、パブリックアート的性格から徐々に地域協働

に比重を移している。そして、2012年の第5回目は約49万人が来訪し、総事業費4.8億円で、46.5億円の経済波及効果を生じさせた。なお、4回目からは新潟県の財政支援が終わり、十日町市・津南町が4回目は計0.8億円、5回目は計1億円を負担する（**表1-4参照**）。

2. 都市型芸術祭の流行と都市政策上の位置づけ

　大地の芸術祭は、来場者による交流人口増と主に飲食・宿泊業への経済波及効果などから、過疎地の活性化の成功例として注目を浴びることとなった。その成功とほぼ同時並行で、都市間競争に勝ち抜くことに重きを置き、三大都市圏の財政力ある自治体が主な主体となり、数億円以上の規模で都市型芸術祭を開催する。先行した横浜市は2001年から約7-9億円で横浜

表1-1 横浜トリエンナーレと神戸ビエンナーレの総事業費等の経年変化

		第1回	第2回	第3回	第4回	第5回
横浜トリエンナーレ	開催年	2001	2005	2008	2011	2014
	総事業費（百万円）	715	940	914	869	約1,000
	横浜市負担額（百万円）	100	361	328	369	―
	国際交流基金負担額（百万円）	270	300	309	1	―
神戸ビエンナーレ	開催年	2007	2009	2011	2013	2015
	総事業費（百万円）	297	323	285	329	
	神戸市補助金額（百万円）	239	248	235	278	

＊横浜トリエンナーレについて、総事業費、横浜市等の負担額は報告書等をもとに筆者が独自に計算した。2014については、2015年7月1日時点で決算額が未公表のため、ホームページで知りうる情報に止めた。
＊神戸ビエンナーレについて、2007年、2009年の総事業費、神戸市補助金額は冊子・ホームページ等で公表されておらず、神戸市市民参加推進局文化交流部に2012年8月27日メールで回答を得た。2011年、2013年の総事業費等は、報告書による。

表1-2 福岡アジア美術トリエンナーレの総事業費の経年変化

		第1回	第2回	第3回	第4回	第5回
福岡アジア美術トリエンナーレ	開催年	1999	2002	2005	2009	2014
	総事業費（百万円）	179	84	110	111	81
	福岡市負担金（百万円）	97	65	75	66	44

＊福岡アジア美術トリエンナーレの総事業費等は冊子・ホームページ等で公表されておらず、2012年9月7日、2015年6月5日ラワンチャイクン寿子福岡アジア美術館学芸員からメールで回答を得た。

写真1-4 イン・シウジェン《ワン センテンス》/オノ・ヨーコ《テレフォン・イン・メンズ》(ヨコハマトリエンナーレ2011)、横浜美術館、©TY

　トリエンナーレの実績を重ね、神戸市はやや遅れて2007年から3億円前後で、神戸ビエンナーレを計4回開催している(**表1-1**)。
　ちなみに、福岡アジア美術トリエンナーレが1999年から福岡アジア美術館と周辺地域を会場に開催されている★14。トリエンナーレという名称が付されているものの、美術館主体の要素が濃いこと、総事業費が初回こそ2億円近いがその後は1億円前後で推移していることから、本書では都市型芸術祭として扱わないこととした(**表1-2**)。
　横浜トリエンナーレに話を戻そう。開催のきっかけは、「経済力もあり歴史的蓄積もある日本でこそ実施すべき」との国内外からの要望を受けるなかで、現代美術の国際展に参加経験がある国際交流基金が予算獲得に動いたことだ。最終的に横浜市が選ばれた★15。横浜市と国際交流基金を結びつけたのが、1990年代横浜市が策定を進めていた新しい文化振興計画の策定委員で、当時国際交流基金に勤務する南條史生(森美術館長)だった★16。

写真1-5 OXOXO［ゼロバイゼロ］《Brilliant Noise》（神戸ビエンナーレ2011）、元町高架下、撮影：米田定蔵

 横浜市が創造都市政策を採用することとなった第2回以降、「横浜トリエンナーレは、同政策の目玉事業として位置づけられた」[17]。これまで臨海部の倉庫、施設などを転々としてきたが、第4回以降は横浜美術館をメイン会場とする展開が定着しつつある[18]（**写真1-4**）。

　それに対して、神戸市は、震災後10年の節目として、また国の文化芸術振興基本法制定の動きを受け、2004年に「神戸文化創生都市宣言」を行う。宣言を受け、2005年に神戸市の文化創造都市戦略として「神戸文化創生都市推進プラン」を策定し[19]、その中の重点事業として神戸ビエンナーレを開催した[20]。実際のきっかけを作ったのは、光州ビエンナーレを見聞した吉田泰巳（神戸ビエンナーレ総合プロデューサー／華道家）だという[21]。

　2回目までは、住居や商店とは無縁の海岸部が主な会場とされていたが、3回目以降は、元町高架下が会場として加わった（**写真1-5**）。戦後の闇市から発展した小店舗が立ち並び、かつては神戸港に出入りした船員で賑わったが、船員の激減・店主の高齢化でシャッターを下ろした空き店舗が増えてきた。そうしたなか、ビエンナーレをきっかけに、中高年の男性中心だった人通りに若者やファミリー層などが新たに加わり、若者向けの店も増えるなど賑わいを取り戻しつつある。しかも、神戸ビエンナーレ2011に前後して、商店街・アートNPO・兵庫県立美術館学芸員に神戸市も加わり「元町高架下にぎわいづくり実行委員会」が組織され、アートイベントやファッションショーなど様々な取り組みを行っていることが注目される[22]。

　商店街・アートNPOそれぞれのキーパーソンが、岡保雄と宮崎みよしである。岡は神戸のインポートショップの草分け的存在で、トラッドスタイルのカジュアルウエアを先代から扱ってきた[23]。現在は元町高架通商店街振興組合理事長である。宮崎は、1990年代から神戸を中心に現代美術野外展

を実施してきた。2000年アートNPO「リ・フォープ」を立ち上げ、元町商店街に事務所をおく。2008年からはアートスペースを併設したカフェ「プラネットEartH」をオープンさせる★24。

こうした大都市型の横浜市・神戸市とは異なるのが新潟市で、広域中心都市型（後述）として「水と土の芸術祭2009」を開催する。その規模は約4億円で、2007年新潟市が日本海側初の政令指定都市となったことを契機として、都市のアイデンティティ形成を主たる目的とした★25。

当時全国紙にも取り上げられ話題となった初回開催の顛末を紹介すると、そもそもの発端は、北川フラムと篠田昭市長が意気投合したことだ。2007年7月中越沖地震が発生し、柏崎刈羽原子力発電所での火災の映像が全国に流れた。そうした状況下で、北川と篠田が県全体で県外観光客に避けられているなどの雑談をした際、芸術祭の開催を北川が篠田に提案を行う。それに対して、国体開催やNHK大河ドラマ放映と重なる2009年開催を篠田は望み、数ヶ月後の2007年11月には新潟市が企画を発表する。美術企画監としてディレクターを務めたのが、同年4月に新潟市美術館長に就任していた北川だった。やや強引に美術館改革を進めようとした篠田から依頼を受け、北川は美術館長に就任していたのだ。

しかし、トップダウンで、かつ短期間に美術館改革と芸術祭開催の準備をほぼ同時に進めたことが、美術館の現場に相当な混乱と反発をもたらしたようだ。開催にはこぎつけたものの、会期中に新潟市美術館で作品にカビが生えたり、会期終了後も虫が発生したりするトラブルが続く。このトラブルは内部からの情報漏れが疑われるものであった。加えて、やや不公平なマスコミ報道が議会や市民を振り回していく。結局、トラブルの責任を取らせる形で、2010年3月新潟市は北川のすべての役職を解任した★26。こうしたこともあり、「2010年3月に、水と土の芸術祭実行委員会を解散したときには、第2回開催の目処は立ってなかった」★27という。

それでも、2010年9月刊行の『水と土の芸術祭2009総括報告書』では、この芸術祭が文化を活かした創造都市実現のキックオフとなったと総括した★28。翌2011年4月には『水と土の芸術祭2012構想（案）』を発表し、その目的を『「水と土の文化創造都市」を前進させるため』とし★29、創造都市政

策としての位置づけを明確にした。2012年3月に策定した「文化創造都市ビジョン」に芸術祭開催を明記する[30]。そして、総事業費は、1回目より約3割減となったものの2.8億円で[31]、地元のアートNPO代表をプロデューサーとして「水と土の芸術祭2012」を開催した（**表1-3**）[32]。

その特徴は、wah document・Nadegata Instant Party・西野達など制作や作品に市民が参加するプロジェクトが多いことである[33]。しかも、こうしたプロジェクトを通じて作家が地域に入り込み、新たなコミュニティを発生させ、活動を継続させている[34]。ちなみに、**写真1-6**は

写真1-6 wah document《おもしろ半分製作所》
（水と土の芸術祭；2012）、©white ice

wah documentの《おもしろ半分製作所》で、プレハブ小屋を参加者のアイデアを取り入れながら大改造し、和室・寝室・小庭など様々な空間が所狭しと迷路のごとく作った。ただ、「2回の実施を経ても、まだ（他部署の市職員との連携など）スムーズな体制となっているとは言い難い」[35]などの批判もある。

ここまでに紹介した都市型芸術祭はいずれも創造都市政策と結びつけられているが、都市政策上の位置づけがなく一文化事業として進められた感

表1-3 水と土の芸術祭年表

		水と土の芸術祭実行委員会		新潟市
2007年			7月 11月	中越沖地震発生 企画発表
2009年	7-12月	第1回水と土の芸術祭開催		
2010年	9月	水と土の芸術祭2009総括報告書		
2011年	4月	水と土の芸術祭2012構想（案）		
2012年	7-12月	第2回水と土の芸術祭開催	3月	文化創造都市ビジョン
2013年	6月	水と土の芸術祭2012総括報告書		

があるのが愛知県で、次章以降詳述する。
　これらの都市型芸術祭以外に、芸術祭を既に開催しているのが札幌市・京都市、今後数年間で計画しているのが大阪市・さいたま市である。
　開催年ごとに見ると、2014年には、創造都市政策を掲げる札幌市が6.8億円で★36「札幌国際芸術祭2014」を開催した。つづいて、2015年には、京都市が主な主体として加わりながら地元経済界が主導し、4.5億円規模で「PARASOPHIA：京都国際現代芸術祭2015」を開催した★37。また、大阪市は総事業費9億円で★38「水都大阪2009」を開催したが、大阪府市の共通戦略である「大阪都市魅力創造戦略」のもと、2013年新たに「水と光のまちづくり推進会議」を設立し、水都大阪2015開催に向けた準備を進めている★39。その予算規模は、大阪府と大阪市がそれぞれ8,500万円ずつ負担するという★40。6年の間隔が空くことから中長期的な戦略を欠くかのようであるが、基本コンセプトとして「開催効果が継続し、都市資産や仕組みが集積されていくまちづくり」を掲げ★41、「水都大阪2009」が少なくとも理念上は継続性や都市政策が意識されていたことが伺える★42。さらに、2016年には、さいたま市が創造都市政策を明確に謳う文化条例を制定し、その条例を具体化する政策として、10億円規模で「(仮称)さいたまトリエンナーレ」を計画している★43 44。
　いずれも政令指定都市を会場とするが、20市ある政令指定都市のうち札幌市・大阪市・京都市・さいたま市も含めると計8市の4割で都市型芸術祭が開催されることとなる。都市型芸術祭が流行し、濫立しているといってよいが、果たして一過性に終わる恐れはないのだろうか。なお、5つの都市型芸術祭とそれ以外の主な芸術祭（2015年5月時点で決算済）について、総事業費、来場者数等規模を比較したのが表1-4である。

3. 継続する仕組みの検討と今後の方向性

▶ 3.1 継続する仕組みの検討
　国内外で広く開催される国際展に関する先行研究がまだ少ないなかで、

暮沢剛巳・難波祐子ら[45]が、「キュレーション批評、言説分析、社会学的アプローチなど多岐にわたる切り口によって、（中略）内外の主要な国際展を」論じている。そのなかで内外の国際展について、藤川哲[46]は均質化・肥大化・陳腐化を、毛利嘉孝[47]は均質化、批評の不存在をそれぞれ指摘する。

しかしながら、こうした国際展に対して政策面からアプローチし、その継続性を問う研究は管見の限りない。このように国際展が均質化・陳腐化を憂う声が少なくなく、そうした状況を改善する仕組みが構築されず、かつ今後の方向性が不明瞭であれば、その流行がいつ終わってもおかしくない。そ

表1-4 都市型芸術祭とその他の主な芸術祭の規模の比較

	都市型芸術祭						その他の芸術祭	
	横浜トリエンナーレ	神戸ビエンナーレ	水と土の芸術祭	水都大阪	あいちトリエンナーレ	札幌国際芸術祭	大地の芸術祭	瀬戸内芸術祭
初回開催年	2001	2007	2009	2009	2010	2014	2000	2010
直近開催年	2011／2014	2013	2012	2009	2013	2014	2012	2013
総事業費	8.7億円／約10億円	3.3億円	2.8億円	9億円 *1	13.5億円（うち緊急雇用1.9億円）	6.8億円	4.8億円	10.3億円
自治体負担額	横浜市3.7億円	神戸市2.8億円（寄付金0.5億円を含む）	新潟市1.9億円	大阪市3億円 大阪府3億円 *2	愛知県7.1億円 名古屋市2.3億円	札幌市2.8億円	十日町市0.9億円 津南町0.1億円	香川県2億円 関係市町2.3億円
作家数	77組79名／65組79名	企画展示コンペティション部門124作品ほか多数。	59人（組）	171組（アート関係）	122組（現代美術76組、パフォーミングアーツ15組等）	68組	367組178組（2012新規・継続）	200組
来場者数（人）	333,739／214,901	369,455	724,211	約189万6,000	626,842	478,252	488,848	1,070,368
経済波及効果	来場者の消費活動31.8億円パブリシティ効果46.7億円	未算定	19.5億円パブリシティ効果2.5億円	67.3億円パブリシティ効果13.4億円	69.0億円パブリシティ効果55.0億円	59.0億円	46.5億円	132億円パブリシティ効果33億円

*1、2 主催者の資料等にデータが公表されていないため、2012年8月21日水都大阪推進委員会事務局に電話で確認した。
*2015年7月1日現在決算済のものを比較対象とした。横浜トリエンナーレについては、2014の決算額が未公表のため、ホームページで知りうる情報を併記した。

れゆえ、政策の継続性を担保する仕組みの構築と、それを前提に今後の方向性を明確にすることが不可欠である。そうした観点から、既に開催されている各都市型芸術祭について都市政策上の位置づけの有無、理念・使命の内容、理念等の検討の有無、文化条例制定の有無それぞれについての比較を行った（**表1-5**）。

　第一の都市政策上の位置づけと理念・使命については、横浜市・神戸市・新潟市はいずれも都市型芸術祭を創造都市政策の一つとして明確に位置づけている。また、大阪市は創造都市政策としての位置付けはないようであるが、実際はともかく継続性や都市政策を理念に記載している。ちなみに、本書では、文化政策を都市政策の中心に置き、芸術文化の創造性を領域横断的に活用することで地域の課題を解決する都市文化政策を包括的に創造都市政策として扱っている。それに対して、愛知県は目的に都市政策に絡めた文言が見られないこと、第2章で詳述する開催経緯からもあいちトリエンナーレを文化事業として一元的にしか位置づけていない。

表1-5 都市型芸術祭の都市政策上の位置づけ、理念・目的、コンセプトの比較

	横浜トリエンナーレ	神戸ビエンナーレ	水と土の芸術祭	水都大阪	あいちトリエンナーレ
都市政策上の位置づけ	○ （創造都市政策）	○ （創造都市政策）	○ （創造都市政策）	○	×
理念・使命 *1	[使命] 創造都市横浜の資源を活用し、アートを通して世界に貢献し、横浜のまちづくりにも寄与する。	[理念] ・まちの資源の再認識・再評価と魅力発信 ・創造的人材の集積 ・多様な市民参加と芸術文化の交流 ・芸術文化の連携	[目標]（2009） ・新潟市のアイデンティティづくり ・市民の誇りづくり ・文化・芸術によりまちを育て、地域を活性化させる新・新潟づくり [目的]（2012） 「水と土の文化創造都市」を前進させるため	[基本コンセプト] ・水都大阪の魅力を創出し世界に発信 ・市民が主役となる、元気で美しい大阪づくり ・開催効果が継続し、都市資産や仕組みが集積されていくまちづくり	[目的] ・新たな芸術の創造・発信により、世界の文化芸術の発展に貢献する ・現代美術等の普及・教育により、文化芸術の日常生活への浸透を図る ・文化芸術の活発化により、地域の魅力向上を図る
理念・使命の検討	×	○	○	×	○
文化条例制定の有無	× （横浜市）	× （神戸市）	× （新潟市）	○ （大阪市）	× （愛知県）

*1　理念・使命は、上表のとおり芸術祭によっては MOSTEC フロー（5後述）の使命（mission）でなく目標（objection）などと呼ばれていることもあるが、その実質に着目し理念・使命と考えられるものを各資料から抜粋した。

第二の理念・使命の検討については、形骸化の有無など定性的要素があり、その有無の判断が容易ではない。公表されることで初めて市民は検討結果を共有できるという観点から、理念・使命の開催ごとの検討が公表された資料でなされているか否かを一応の判断基準とした。確認できたのが神戸市、新潟市の第1回、愛知県である。

　一つ目の神戸市は、初回から検証委員会を設置し、しかも、2回目以降は中川幾郎（帝塚山大学法政策学部教授・当時）・藤野一夫（神戸大学国際文化学部教授）といった文化政策の専門家も加わり、理念等に遡った検証を行っている[48]。

　二つ目の新潟市は、『水と土の芸術祭2009総括報告書』で、三つの主な目標に対する評価を行い、創造都市実現のキックオフとなったと総括している[49]。また、こうした評価によって実際に理念等を改善していることが、『水と土の芸術祭2012 構想（案）』から見て取れる。構想（案）では次のように主な課題を分析している[50]。

・唐突感が否めなかった。なぜ、芸術祭なのか、2009年に実施するか、多くの経費をかけるのか、同じ県内の『大地の芸術祭』の二番煎じではないのか、などの疑問や批判に対して、コンセプト・趣旨が伝わらず、十分に市民が理解した上で実施できなかった。
・準備時間が短かった。（後略）。
・経済効果が目標27億円に対し、（中略）12億5千万円と大きく目標を下回った。

　こうした分析を踏まえ、2回目では、開催目的を「『水と土の文化創造都市』を前進させるため」とし、創造都市政策の位置づけをより明確にしている。

　ところが、『水と土の芸術祭2012総括報告書』では、作家を媒介とした新たなコミュニティの発生などを「数字に表せない成果」として挙げているものの、報告書からは新たな開催目的と結びつけた評価をしていることが伺えない[51]。神戸市のように評価の制度的仕組みを構築していないことからやむを得ないが、理念・使命の検討が場当たり的となっている。

　一方、三つ目の愛知県は、報告書等で理念・使命の検討を一切していな

い。ただ、政策評価と思しきものとして、あいちトリエンナーレ2010では2011年3月25日、また、あいちトリエンナーレ2013では2014年3月26日に公開で行われたあいちトリエンナーレ実行委員会運営会議での配布資料がある[★52]。3つの開催目的（1）世界の文化芸術の発展に貢献 2）文化芸術の日常生活への浸透 3）地域の魅力の向上）に沿って、取り組みと結果が総括されているが、両資料ともほぼ同一内容である。ここでは、2010の主だった内容を紹介すると、あいちトリエンナーレが文化事業として捉えられたことから、目的が芸術文化中心となっている。それに加えて、作品展示・公演や観客の満足度が高かったことをもって、三つの目的が達成できたとしているように見受けられる（表1-6）。しかし、例えば、トリエンナーレを鑑賞したとしても、その後観客の大半は現代アートをはじめとした芸術文化に関わることのない日常を過ごす。だとすれば、やや論理に飛躍があり、説得力を欠くのではないか。そうしたことからも、次回以降の目的や政策目標が明確となっていないのだ。

表1-6 2010開催目的別の評価

目的	取り組み	結果	まとめ
世界の文化芸術の発展に貢献	131組のアーティストが参加し、約8割が新作、または日本初演・世界初演となる公演	世界初演のパフォーマンス等の再演が内外で決定	愛知芸術文化センターを拠点として次回も展開
	国内外での記者発表会の実施（13回）	新聞、テレビ等のマスメディアで1,300件近く掲載・放映	
文化芸術の日常生活への浸透	名古屋城等都市空間でのスペクタクル作品を展開 長者町会場などで作品展示 ベロタクシー等の運行	7割以上の来場者が芸術に対する興味・関心が高まったと回答 長者町関係者の多くが、長者町が賑わった（9割以上）と考えている	まちなか展開、教育関係事業の継続の検討
	キッズトリエンナーレで、52回の創作プログラムを実施	子どもの来場割合が約14%、2万人が参加、9割以上が楽しかったと回答	
地域の魅力の向上	県内アーティスト（全体の1割）の参加や地元芸術団体等と共催	来場者の8割が、文化芸術の振興に効果ありと回答	サポーターズクラブの活動継続 地元の芸術系大学等の連携
	ボランティア参加者は1千人、サポーター登録者数は、5千人をそれぞれ超えた 地元芸術大学、名古屋ボストン美術館等から、並行企画の開催（10機関・13企画） 長者町の協力、大学連携	ボランティアは満足度が高い サポーターは会期終了後も活動を継続 会期終了後に、長者町関係者による自主的な取り組みが始まっている	

（運営会議資料から筆者が抜粋、要約し作成）

第三の文化条例については、大阪市のみが制定し、前文・目的で「芸術文化都市の創造」を謳い、芸術家育成等の措置義務規定を置く（7条）。しかし、条項の一部に創造都市的政策を記すにとどまっている点で、文化条例の存在が都市型芸術祭の継続を担保するまでには至っていない。

　以上の比較により、理念・使命の検討をはじめとした継続する仕組みをいかに構築するかについて、いずれの都市型芸術祭も濃淡があり、十分に検討されていない場合が散見された。この点、神戸市は、神戸ビエンナーレを創造都市政策に位置付け、かつ評価の制度的仕組みを構築している点では、政策継続の仕組みが一応整っている。しかし、文化条例を制定していない点で、創造都市政策が法的な裏付けを持って保障されているわけではない。また、理念等の検討を子細に見ると、例えば会期中のアーティストの参加をもって創造的人材の集積とするなどその運用が形骸化している点も見られ★53、継続する仕組みを活かした今後の方向性が十分に練られているとは言い難い。

▶3.2 今後の方向性（本書の目的）

　ここまでで、いずれの都市型芸術祭も政策継続の仕組みの構築に濃淡があること、仕組みが整っていたとしても必ずしも今後の方向性が十分練られていないことを明らかとしてきた。一方で、都市型芸術祭の均質化・陳腐化を憂う声が少なくない★54。にも関わらず、そうした状況を改善する仕組みが構築されず、かつ今後の方向性が不明瞭であれば、流行がいつ終わってもおかしくない。とりわけ、あいちトリエンナーレを都市政策上の位置付けをせず、文化事業として一元的に実施する点で、愛知県の存在は異例である。しかも、理念・使命の検討が十分に実施されていないことから、今後の方向性が不明瞭となっている。そして、政策上の仕組みの構築については、筆者が拙論「都市型芸術祭の経営政策——あいちトリエンナーレを事例に」★55などでこれまで明らかにしてきた。そこで、本書は、仕組みの構築よりもトリエンナーレがめざす方向性とその具体的道筋により焦点を当て、あいちトリエンナーレを事例に都市型芸術祭の意義と継続の道筋を示すことを目的とする。

4. 都市型芸術祭（国際展）とアートプロジェクト

　本書の目的を述べたが、本論に入る前に重要な用語を整理しておきたい。
　一つ目の用語が都市型芸術祭とアートプロジェクトである。近時、都市型芸術祭（国際展）とアートプロジェクトの定義・概念に混乱がみられる。たとえば、本書で比較を行った都市型芸術祭がいずれもアートプロジェクトとして紹介されることがある★56 57 58。それに対して、仮にアートプロジェクトの概念を形式的に捉え、美術館の専用施設ではなくまちなかでの展示を指すと考えるならば、それぞれの都市型芸術祭のうち横浜美術館・兵庫県立美術館・愛知芸術文化センターの展開はアートプロジェクトには当たらないことになる。
　都市型芸術祭（国際展）は広くアートプロジェクトに含まれるのだろうか、そもそも違うものなのか。違うとすれば、どう違うのか。それぞれの用語の整理を行うが、特にアートプロジェクトについては近時研究者により様々に提唱される定義を整理したうえで、筆者自らも定義を示しておく。

▶ 4.1 都市型芸術祭（国際展）

　都市型芸術祭は筆者が考えた概念であるが、その定義を示す前に国際展・トリエンナーレ・ビエンナーレの用語の意味に触れておくと、国際展という日本語は、最近になって美術関係に限らず一般誌でも使われるようになった。明確な定義はなく、①数ヶ年の周期で継続的に開催され、②現代美術を主な内容とする芸術祭が通常国際展と称される★59。そのうち、3年に1度の周期で開催される国際展がトリエンナーレ、2年に1度の周期で開催される国際展がビエンナーレである。いずれもイタリア語で、国際展の歴史が1895年以来断続的に開催されているベネチア・ビエンナーレなどイタリアに由来する。
　それに対して、本書で扱う都市型芸術祭とは、政令指定都市等を会場として芸術祭が濫立する状況を解決するための道筋を示すという本書の目的に照らし、比較可能なように以下のものに限定する。国際展のうち、①自治体が主な主体であること、②政令指定都市が主たる会場であること、③事業費が毎回数億円以上の規模であることの3要件を満たすものである。

なお、都市型芸術祭は、さらに大都市型と広域中心都市型に分類することができる。前者は、三大都市圏の主要都市を主な会場とし、横浜市・神戸市など都市間競争に勝ち抜くことに重きを置くことが多い。後者は、札幌市・新潟市など北海道・東北等全国を8ないし10地方に区分した場合の中心・拠点と位置付けられる地方都市を会場とする。都市間競争での存在感のみならず、合併によるアイデンティティ向上、地域活性化など理念は様々である。いずれにせよ、本書では、自治体が競って芸術祭を濫立させている状況に対し継続の道筋を示すという趣旨から、その差異に留意したうえで両者を含めて論じるものとする。

　あいちトリエンナーレは、3年の周期で継続的に開催され、現代美術を主な内容とするから国際展である。そして、①愛知県が主な主体であること、②名古屋市内が主たる会場であること、③毎回10億円以上の規模であることから、都市型芸術祭に当たる。なお、あいちトリエンナーレ2013では、政令指定都市域外の岡崎市での展開が見られた。ただ、主な4会場は名古屋市内であること、名古屋市以外の展開にそれほど明確な理念を持って取り組んだ形跡がないことから、大都市型としておく。

▶4.2 アートプロジェクト

　一方、アートプロジェクトについては研究者から近時様々な定義が提唱されている（**表1-7**）。

　一つには、小泉は「地域の過疎化や疲弊と言った社会問題、あるいは福祉や教育問題など、さまざまな社会・文化的課題へのアートによるアプローチを目的としながら展開している文化事業、ないし文化活動」★60とし、その目的が社会・文化的課題へのアプローチにあることを指摘する。

　二つには、三田村は「既存の作品観を超えてアートを社会事業の触媒として使い、企画の立案から調査・交渉・経営・制作・発表にいたるすべてのプロセスを『作品』と考える芸術活動の一つ」★61とし、アートを社会事業の触媒として使うことやプロジェクトのプロセスの全てを作品として捉えることに着目している。

　三つには、谷口は「地域に芸術を投げかける社会的活動」としたうえで、

表 1-7 アートプロジェクトの定義

定義（特徴）	提唱者	特徴
地域の過疎化や疲弊と言った社会問題、あるいは福祉や教育問題など、さまざまな社会・文化的課題へのアートによるアプローチを目的としながら展開している文化事業、ないし文化活動	小泉元宏	その目的が社会・文化的課題へのアプローチにあることを指摘
既存の作品観を超えてアートを社会事業の触媒として使い、企画の立案から調査・交渉・経営・制作・発表にいたるすべてのプロセスを『作品』と考える芸術活動の一つ。 望ましい条件としては ・作品完成に至るまでの調査・交渉・経営・制作・発表などのプロセスも作品とする事。 ・活動体がグループであり、明確な目的・目標がある事。 ・特定の場所に関わるアートワークを行い、活動地域の特質・生活・歴史を明らかにし、アート・社会・コミュニティの概念を変え、新たな価値観を作り、活動地域に変化を与える事。 ・市民参加・共同作業・地域振興などを行い、コミュニケーションを促進する事。 ・継続性を持った活動を展開し、日常とアートの接近または融合を目指す事。 などがある。	三田村龍伸	アートを社会事業の触媒として使うことやプロジェクトのプロセスの全てを作品として捉えることに着目
地域に芸術を投げかける社会的活動	谷口文保	「共創」という概念をアートプロジェクトに使い、公共政策的側面があることを指摘
現代美術を中心に、1990年代以降日本各地で展開されている共創的芸術活動。作品展示にとどまらず、同時代の社会の中に入りこんで、個別の社会的事象と関わりながら展開される。既存の回路とは異なる接続／接触のきっかけとなることで、新たな芸術的／社会的文脈を創出する活動 ①制作のプロセスを重視し、積極的に開示 ②プロジェクトが実施される場やその社会的状況に応じた活動を行う、社会的な文脈としてのサイト・スペシフィック ③さまざまな波及効果を期待する、継続的な展開 ④さまざまな属性の人びとが関わるコラボレーションと、それを誘発するコミュニケーション ⑤芸術以外の社会分野への関心や働きかけなどの特徴を持つ	アートプロジェクト研究会	「共創」の概念を使用したこと、既存の回路とは異なる接続・接触にきっかけになるという効果に着目するのが特徴
①地域への働きかけを伴いながら、②美術館や劇場などの専用施設ではなく、まちなかでの展示やパフォーマンスを行う現代アートを中心とした展覧会、あるいは事業	吉田隆之	アートプロジェクトのコミュニティへの影響を端的に捉えようとしている
①作品制作も含むプロジェクトのプロセスで、②人々の自発性、もしくは地域・社会の課題にコミット（接触・接続）することを特徴とする③現代アートを中心とした芸術活動	吉田隆之 （本書）	人々の自発性に着目
①社会的課題や地域の歴史・文化などに関わるテーマ ②作家と住民とのコラボレーションによる作品制作 ③制作物としての作品よりその制作過程を重視 ④美術館以外のオルタナティブスペースにおける制作・展示 ⑤産業遺産や廃校などサイトスペシフィックな場所へのこだわり（ゲニウスロキ）	野田邦弘	場所に着目

主体や重視する目的に応じて芸術創造的アートプロジェクトや公共政策的アートプロジェクトなどに分類し、芸術創造と公共政策の共創を誘発するアートプロジェクトを研究対象としている[★62]。「共創」という概念をアートプロジェクトに使い、公共政策的側面があることを指摘した。

 四つには、熊倉が、谷口[★63]と同様に「共創」の概念に着目し、「現代美術を中心に、1990年代以降日本各地で展開されている共創的芸術活動。作品展示にとどまらず、同時代の社会の中に入りこんで、個別の社会的事象と関わりながら展開される。既存の回路とは異なる接続／接触のきっかけとなることで、新たな芸術的／社会的文脈を創出する活動」[★64]とする。既存の回路に視点をおきながら、アートプロジェクトが異なる接続・接触のきっかけになる点に着目する。2010年度、2011年度「東京アートポイント計画」の人材育成プログラム「Tokyo Art Research Lab」の講座で、熊倉がアートプロジェクト研究会を主宰し、その研究会の議論を踏まえたもので[★65]、まちづくりを例にとると**図1-1**のとおりである。

 五つには、筆者が博士論文で「①地域への働きかけを伴いながら、②美術館や劇場などの専用施設ではなく、まちなかでの展示やパフォーマンスを行う現代アートを中心とした展覧会、あるいは事業」[★66]とする。近時注目されているアートプロジェクトの地域コミュニティ形成への寄与を端的に捉えようとしている。

 アートプロジェクトの様々な定義を紹介したが、アートプロジェクトはこれまでも時代と共に変化してきたし、これからも変容・進化していく。また、目

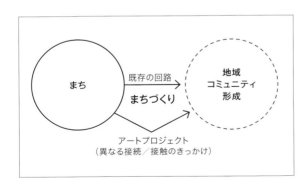

図1-1
アートプロジェクト研究会の定義

的・プロセスなどいずれに着目するか、視点を既存の回路におくのか、アートプロジェクトにおくのかで定義は異なってくる。三者三様で当然であり、いずれか一つが正解ということはない。ただ、これらの定義のなかで、「共創」はアートプロジェクトが広く一般的には知られて

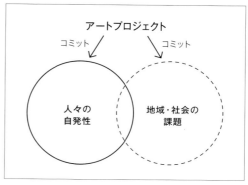

図1-2 吉田（本書）の定義

いない状況で、その特徴を端的かつ的確に捉えるのに相応しい概念である。そこで、谷口★67や熊倉★68が指摘する「共創」の概念の実質に着目しつつ、地域コミュニティ形成への寄与に着目した拙論の定義を再考することとしたい。

一つには、拙論の定義は、「美術館などの専用施設ではなく」と限定している点がやや形式的である。二つには、必ずしもすべてのアーティストやプロジェクトが地域への働きかけを意識しているわけではない。むしろ、地域への働きかけがなくても、もしくは、働きかけられないからこそ自発性を発揮する場合もある★69。その一方で、大量に動員され、自発性がおよそ認められないボランティアスタッフの参加をもってアートプロジェクトとはいえないことを、彼らが有償スタッフの代替として使われる傾向に警鐘をならすためにも明確にしておきたい。三つには、視点を既存の回路ではなくアートプロジェクト側におくことで、その実体をより明確にしておきたい。そこで、自発性に着目しつつ拙論の定義よりやや広く捉え、自発性、もしくは地域・社会の課題にコミット（接触・接続）することをアートプロジェクトの特徴と捉えることとする。したがって、本書では「①作品制作も含むプロジェクトのプロセスで、②人々の自発性、もしくは地域・社会の課題にコミット（接触・接続）することを特徴とする③現代アートを中心とした芸術活動」と定義する（**図1-2**）。

この立場は、谷口が、「共創」の概念について、「人間の組織にあてはめれば、『共創』は深い使命感と高い人間性から生まれる自発的、自律的な協調

を意図してい（後略）」[70]るという石川光男の説明を引用していることとも符合する。

　だとすれば、長者町会場の展開は、現代アートを中心とした展覧会であり、かつ後述するように主に地域の人々の自発性に接触（コミット）することを特徴とすることからアートプロジェクトとなる。ちなみに、野田は「アートプロジェクトは、優れてサイトスペシフィックな活動であり、場所の問題は最重要課題」[71]だと指摘している。筆者の立場は、人々の自発性に着目するが、野田が指摘する場所の重要性を看過するものではない。

▶4.3　都市型芸術祭（国際展）はアートプロジェクトなのか

　以上から、都市型芸術祭（国際展）を広くアートプロジェクトとして捉えることも多く見られるが、必ずしも正確ではないことを明らかとした。国際展は、特に海外で、そもそもその時代の旬のアーティストを紹介することを目的として開催されてきた。それに対して、アートプロジェクトは人々の自発性や地域の課題にコミット（接触・接続）することを特徴とする。都市型芸術祭（国際展）がそうした特徴を備えない限り、アートプロジェクトには当たらないことになる。

5. 経営政策と政策

　二つ目の用語が経営政策と政策である。本書の冒頭に民間企業の経営戦略が行政では経営政策に当たること、経営政策はPDCAサイクルのなかでコントロールされることを説明した。その経営政策と政策はいかなる関係にあるのか、都市型芸術祭はそもそも政策に当たるのか。この二点から整理しておきたい。

　政策とは、「便宜上、それは政府の方針・方策・構想・計画などを総称したものであり、『政府が、その環境条件またはその対象集団の行動に何らかの変更を加えようとする意図の下に、これに向けて働きかける活動の案』」[72]とされる。この定義は政策を「活動の案」としていることから、政策と実施活動が区別されることになる。この区別を前提に、高寄昇三は政策と実施活動

をさらに ①理念 ②政策決定 ③施策プログラム ④事務事業実施の4段階に分けている[★73]。

経営学、特にマーケティング論で近代マーケティングの父と呼ばれるフィリップ・コトラーにより使命（mission）目標（objection）戦略（strategies）戦術（tactics）遂行（execution）管理（control）の頭文字をとりMOSTECフローという概念が使われる。中川幾郎は4段階の区分けをMOSTECフローに対応させ[★74]、アートマネジメントの階層別分類として、理念と政策にあたるものを経営政策（administration）、計画・実行にあたるものを経営管理（management）とし整理する[★75]。

表1-8に照らして説明すると、経営政策（administration）で扱う理念、政策は、MOSTECフローの使命、目標・戦略に対応し、それぞれ妥当性、有効性（effectiveness）が追求される。理念や目標に対するアウトカム（成果）の達成度が政策評価にほかならない。それに対して、経営政策（administration）から区別される経営管理（management）とは、政策の実施活動にあたる施策、事務事業を扱う。施策、事務事業はMOSTECフローの戦術、遂行・管理に対応し、それぞれ効率性（efficiency）、経済性（economy）が追求される。アウトプット（結果）÷インプット（投入）が執行評価である。遂行・管理では、コストを削減するため現場で事業をいかに実践し、管理するかが問われる。

本書では経営政策を主に扱う。自治体の多くがないがしろにしてきた経営政策の方が「理念なくして戦略なし。戦略なくして計画なし。計画なくして実行なし」と言われるように、より重要度が高いと考えられるかである。そし

表1-8 経営政策と経営管理

	政策と実施活動	MOSTECフロー	追求する価値			評価の種類
経営政策 (administration)	理念	使命 (M)			妥当性	政策評価
	政策（決定）	目標 (O) 戦略 (S)	成果 (outcomes)	コストエフェクト	有効性 (effectiveness)	
経営管理 (management)	施策（プログラム）	戦術 (T)	結果 (outputs)	コストパフォーマンス	効率性 (efficiency)	執行評価
	事務事業	遂行 (E) 管理 (C)	投入 (inputs)	コストダウン	経済性 (economy)	

（中川が作成した「アートマネジメントの階層別分類」表を参考にしつつ筆者が作成）

て、経営政策は、大きく継続の仕組みの構築と今後の方向性や道筋を示すことに分けることができるが、本書では後者に焦点を当てる。もちろん、それを明らかにする前提として、効果の分析のため、第3章・第4章では長者町地区で与えられた予算・人材・場所をいかに配分・編成していくかという経営管理として分類できるものを扱っている。

　さて、都市型芸術祭はそもそも政策にあたるのか。政策とは「活動の案」であるから、自治体文化政策の分野では文化基本計画などが政策の典型例である。都市型芸術祭が文化基本計画に記される段階であれば、政策にあたることは疑いない。しかし、すでに行政機関が施策（計画）し、事務事業として実施すれば、原則として政策にはあたらない。ただ、新たな政策として実施したばかりであったり、継続的な事務事業であっても見直しによって変更を加えようとしたりすれば、政策として扱われる余地がある[76]。とすれば、都市型芸術祭がすでに開催されていたとしても、新たな政策として実施したばかりであったり、見直しによって変更を加えようとしたりすれば、政策として扱われる。

6. 効果とアウトプット・アウトカム・インパクト

　三つ目の用語が効果とアウトプット・アウトカム・インパクトである。効果はアウトプット・アウトカム・インパクトのいずれかに分類される。一つめのアウトプットとは、インプット（投入）に対する結果である。二つめのアウトカムとは事業の目的に照らした本質的な成果である。より正確には、主催者の企図した効果はすべて本質的成果としてアウトカムとするのではなく、主催者が企図し、かつ通常は因果関係が直接的な効果に限定されるであろう。三つめのインパクトとは波及効果（社会的影響）である。主催者が企図せず、もしくは、因果関係が間接的な効果である（**表1-9**）[77]。

　あいちトリエンナーレに即して言えば、展覧会等の開催、来場者数がアウトプット（結果）、来場者の満足度、交流人口増加がアウトカム（成果）である。それに対して、長者町会場の地域コミュニティ形成の面での影響は、主催

表1-9 アウトカムとインパクトの整理

主催者の企図		因果関係	
		直接性	間接性
	有	アウトカム	インパクト
	無	インパクト	インパクト

表1-10 理念・使命、アウトプット、アウトカム、インパクト

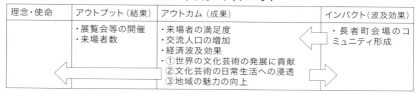

理念・使命	アウトプット（結果）	アウトカム（成果）	インパクト（波及効果）
	・展覧会等の開催 ・来場者数	・来場者の満足度 ・交流人口の増加 ・経済波及効果 ・①世界の文化芸術の発展に貢献 　②文化芸術の日常生活への浸透 　③地域の魅力の向上	・長者町会場のコミュニティ形成

　者が企図していなかったので、インパクト（波及効果）にあたる。この点に関連し、長者町会場のインパクト（波及効果）を本書で主に扱っているのは、分析によりC（評価）の指標を変え、次回以降はアウトカム（成果）として位置づけることを企図しているからである（**表1-10**）。なお、3.1で触れたとおり、三つの目的（①世界の文化芸術の発展に貢献、②文化芸術の日常生活のへの浸透、③地域の魅力向上）が主催者の企図どおり1回や2回のトリエンナーレで達成できたとし、アウトカム（成果）であるかのように扱っていることは問題があり、それは本書の核となる論点である。むしろ三つの目的をインパクト（波及効果）、もしくは理念・使命として捉えるべきことは、第5章2で論及する。

注及び引用文献：

- ★1　山野真悟・宮本初音・黒田雷児編『福岡の「まち」に出たアートの10年　ミュージアム・シティ・プロジェクト1990-200X』ミュージアム・シティ・プロジェクト出版部, 2003年．
- ★2　C.A.P.「これまでの活動」『芸術と計画会議』, 2015年, available at http://www.cap-kobe.com/activity/index.html（2015年5月1日最終確認）．
- ★3　熊倉純子「取手アートプロジェクト」『アーツ・マネジメント概論 三訂版』水曜社, 2009年, 329-39ページ．
- ★4　取手アートプロジェクトオフィス「TAPとは」『TPRIDE ART PROJECT』2015年, available at http://www.toride-ap.gr.jp/（2015年5月1日最終確認）．
- ★5　取手アートプロジェクト実行委員会『取手アートプロジェクト2006　1人前のいたずら——仕掛けられた取手』2007年, 109ページ．
- ★6　2007年以降の予算の推移については2014年3月24日NPO法人取手アートプロジェクト実施本部にメールで確認した．
- ★7　オフィス・マッチング・モウル「オフィス・マッチング・モウルとは？」, 2015年 b, available at http://www.m-mole.com/mm1.html（2015年5月1日最終確認）．
- ★8　「三河・佐久島アートプラン21」については2015年6月12日オフィス・マッチングモウルへの電話インタビュー．
- ★9　ここまでの大地の芸術祭の経緯に関する記述は、『大地の芸術祭〈ディレクターズカット〉』（北川フラム, 角川学芸出版, 2010年. 20-7ページ）；『美術は地域を開く 大地の芸術祭10の思想』（北川フラム, 現代企画室, 2014年, 214-8ページ）；『創造的人材の定住・交流の促進に向けた事例調査～定住自立圏の形成を目指して～』（総務省地域力創造グループ地域自立応援課2012年, 44ページ）を参照した．
- ★10　暮沢剛巳「パブリックアートを超えて——『越後妻有トリエンナーレ』と北川フラムの十年」『美術をめぐるコミュニティの可能性　ビエンナーレの現在』, 青弓社, 2008年, 57ページ．
- ★11　熊倉純子監修『アートプロジェクト 芸術と共創する社会』水曜社, 2014年, 309ページ．
- ★12　大地の芸術祭・花の道実行委員会東京事務局『大地の芸術祭 越後妻有アートトリエンナーレ2003』現代企画室, 2004年, 144-5ページ．
- ★13　うぶすなの家については2013年8月18日関口正洋（NPO法人越後妻有里山協働機構事務局長）へのインタビュー．
- ★14　福岡アジア美術館「第5回福岡アジア美術トリエンナーレ2014」, 2014年, available at http://fukuokatriennale.ajibi.jp/index.php（2015年5月1日最終確認）．
- ★15　2001年6月11日国際交流基金で実施された岡部あおみ（武蔵野美術大学芸術文化学科教授・当時）によるインタビューで、尾子隼人（独立行政法人国際交流基金芸術交流部展示課長・当時）が横浜トリンナーレの開催経緯について話している（岡部あおみ＆インタビュー参加者「独立行政法人国際交流基金／culture power」, 2001年, available at http://apm.musabi.ac.jp/imsc/cp/menu/biennale_triennale/japan_foundation/interview.html（2012年10月1日最終確認））．その内容を筆者が要約した．
- ★16　野田邦弘『文化政策の展開——アーツ・マネジメントと創造都市』学芸出版社, 2014年, 121ページ．
- ★17　野田邦弘『創造都市横浜の戦略——クリエイティブシティへの挑戦』学芸出版社, 2008年, 126ページ．
- ★18　横浜市政策局秘書課「横浜市ニュースリリース『ヨコハマトリエンナーレ2014』第1回 記者会見のご案内」（2012年12月4日）, 2012年．
- ★19　中川幾郎「文化創生都市とは何か——自治体戦略としての文化政策の視点から」『都市政策』133号, 2008年, 7ページ．

★20 大森伸一「これまでの神戸の文化施策と神戸ビエンナーレ2007」『都市政策』第133号，2008年，27-37ページ．
★21 2014年4月6日宮崎みよし（NPO法人リ・フォーブ代表／神戸ビエンナーレディレクター）へのインタビュー．
★22 2014年4月6日の宮崎へのインタビュー．
★23 元町高架下の歴史や最近の状況については2014年4月6日岡保雄（元町高架通商店街振興組合理事長）へのインタビュー．
★24 2014年4月6日の宮崎へのインタビュー．
★25 新潟市文化観光・スポーツ部観光政策課『水と土の芸術祭2009総括報告書』，2010年．
★26 ここまでの「水と土の芸術祭」の開催経過に関する記述は，『水と土の新潟 泥に沈んだ美術館』（橋本啓子，アミックス，2012年）による．
★27 五十嵐政人「みずつち2009から2012へ 開催までの経緯と考え方／水と土の芸術祭をふりかえって」，2014年，available at http://mizu-tsuchi-archive.jp/2012/wp-content/uploads/2013/04/154-155.pdf（2015年5月1日最終確認）．
★28 新潟市文化観光・スポーツ部観光政策課，前掲書，33ページ．
★29 新潟市文化観光・スポーツ部水と土の芸術祭推進課『水と土の芸術祭2012構想（案）』，2011年，5ページ．
★30 新潟市文化観光・スポーツ部文化政策課『文化創造都市ビジョン』，2012年，35-6ページ．
★31 新潟市文化観光・スポーツ部水と土の文化推進課『水と土の芸術祭2012総括報告書』，2013年，14ページ．
★32 水と土の芸術祭実行委員会「開港都市にいがた 水と土の芸術祭2012プレス発表会 2012.1.25 六本木アカデミーヒルズ49 スカイスタジオ」，2012年．
★33 水と土の芸術祭実行委員会事務局「開港都市にいがた 水と土の芸術祭2012」，2015年，available at http://mizu-tsuchi-archive.jp/2012/（2015年5月1日最終確認）．
★34 新潟市文化観光・スポーツ部水と土の文化推進課，2013年，前掲書，36ページ．
★35 澤村明「大地の芸術祭と類似例―瀬戸内，新潟市を中心に」澤村明編『アートが地域を変えたか――越後妻有大地の芸術祭の十三年 2000-2012』2014年，157ページ．
★36 報告書をもとに筆者が独自に計算した．
★37 京都国際現代芸術祭事務局「第1回記者会見資料2013.05.27 PARASOPHIA：京都国際現代芸術祭2015開催決定およびアーティスティックディレクター発表」，2013年．
★38 総事業費が公表されていないため，2012年8月21日水都大阪推進委員会事務局に電話で確認した．
★39 水と光のまちづくり推進会議「推進体制」『水都大阪』2013年，available at http://www.osaka-info.jp/suito/jp/committee/（2015年5月1日最終確認）．
★40 2015年4月21日，大阪府・大阪市の合同機関として府庁内に作られた「水と光のまちづくり支援本部（水都大阪オーソリティ）」への電話インタビュー．
★41 水都大阪推進委員会事務局『水都大阪2009公式記録』，2010年 a，5ページ．
★42 2007年3月大阪市経営企画室が『大阪市創造都市戦略 Ver.1.0 〜市民主導の創造都市づくり』（大阪市経営企画室，2007年）を策定しているが，「水都大阪2009」に関連する記載はない．また同年7月新世界アーツパーク事業が廃止され（野田邦弘「自治体文化政策の新モデル＝アートNPOと行政の協働――「新世界アーツパーク」の事例を通して考察する」『文化経済学』第7巻第1号，2010年，15-6ページ），大阪市の創造都市政策は当初から失速したというべきである．以上から，「水都大阪」を創造都市政策として位置づけることは避けた．
★43 予算規模については2014年1月27日さいたま市市民・文化スポーツ局スポーツ文化部文化振興課へのインタビュー．

★44　さいたま市「平成25年第1回さいたま市文化芸術都市創造審議会 検討資料」, 2013年, available at http://www.city.saitama.jp/006/008/002/012/004/008/p011870.html（2015年5月1日最終確認）.
★45　暮沢剛巳・難波祐子編『美術をめぐるコミュニティの可能性 ビエンナーレの現在』青弓社, 2008年.
★46　藤川哲「場の創出――「アジア太平洋トリエンナーレ」におけるキッズAPTの試み」暮沢剛巳・難波祐子編『美術をめぐるコミュニティの可能性 ビエンナーレの現在』青弓社, 2008年, 195-234ページ.
★47　毛利嘉孝「ポスト・ビエンナーレの試み――北九州国際ビエンナーレ07を考える」暮沢剛巳・難波祐子編『美術をめぐるコミュニティの可能性 ビエンナーレの現在』青弓社, 2008年, 235-268ページ.
★48　神戸ビエンナーレ2009組織委員会『神戸ビエンナーレ2009検証報告書』, 2010年, available at http://www.city.kobe.lg.jp/information/press/20100426073001-4.pdf；神戸ビエンナーレ2011企画委員会『神戸ビエンナーレ2011検証報告書』, 2012年, available at http://www.city.kobe.lg.jp/information/press/2012/04/img/20120416073002-2.pdf；神戸ビエンナーレ2013企画委員会『神戸ビエンナーレ2013検証報告書』, 2014年 available at http://www.city.kobe.lg.jp/information/press/2014/04/img/2013houkoku.pdf（2015年5月1日最終確認）.
★49　新潟市文化観光・スポーツ部観光政策課, 前掲書, 31-3ページ.
★50　新潟市文化観光・スポーツ部水と土の芸術祭推進課, 前掲書, 2-3ページ.
★51　新潟市文化観光・スポーツ部水と土の文化推進課, 前掲書.
★52　あいちトリエンナーレ実行委員会「あいちトリエンナーレ2010結果／あいちトリエンナーレ実行委員会運営会議（2011年3月25日）資料」, 2011年c；「あいちトリエンナーレ2013開催結果／あいちトリエンナーレ実行委員会運営会議（2014年3月26日）資料」, 2014年b.
★53　神戸ビエンナーレ2013企画委員会, 前掲書, 8ページ.
★54　藤川哲, 前掲書, 195-234ページ；毛利嘉孝, 前掲書, 235-268ページ.
★55　吉田隆之「都市型芸術祭の経営政策――あいちトリエンナーレを事例に」博士論文, 東京芸術大学大学院音楽研究科, 2013年c.
★56　小泉元宏「社会と関わる（Socially Engaged Art）」の展開：1990年代‐2000年代の動向と、日本での活動を参照して」博士論文、東京芸術大学大学院音楽研究科、2011年、85-86ページ.
★57　三田村龍伸『日本国内におけるアート・プロジェクトの原状と展望――実践的参加を通しての分析と考察』Kindle版, 2013年.
★58　谷口文保「芸術創造と公共政策の共創を誘発するアートプロジェクトの研究」博士論文, 九州大学大学院芸術工学府, 2013年, 26ページ.
★59　暮沢剛巳「はじめに」暮沢剛巳・難波祐子編『美術をめぐるコミュニティの可能性 ビエンナーレの現在』青弓社, 2008年, 9ページ.
★60　小泉元宏「地域社会に『アートプロジェクト』は必要か」『鳥取大学地域学部紀要 地域学論集』第9巻第2号, 2012年, 77ページ.
★61　三田村龍伸, 前掲書, 8273-8275/10084.
★62　谷口, 前掲論文, 6ページ.
★63　同論文, 6ページ.
★64　熊倉監修, 前掲書, 2014年, 9ページ.
★65　同書, 9ページ.
★66　吉田, 前掲論文, 2013年c.
★67　谷口, 前掲論文, 6ページ.
★68　熊倉監修, 前掲書, 2014年, 9ページ.
★69　吉田隆之「あいちトリエンナーレ2010長者町会場の決定過程――まちづくりを標榜するのか、し

なかったのか？」『アートマネジメント研究』第14号, 2014年 a, 51-59ページ.
- ★70 谷口, 前掲論文, 8ページ.
- ★71 野田, 前掲書, 2014年, 109ページ.
- ★72 西尾勝『行政学［新版］』有斐閣, 2001年, 245-6ページ.
- ★73 高寄昇三『自治体の行政評価システム』学陽書房, 1999年, 170-1ページ.
- ★74 中川幾郎「分権時代の自治体職員と議員像を求めて」『地方自治京都フォーラム』91号, 2004年, 7ページ.
- ★75 中川幾郎「アートマネジメント基礎講座 地域につながる劇場でのアートマネジメント」『愛知芸術文化センター』, 2012年, 11-12ページ, available at http://www.aac.pref.aichi.jp/bunjyo/jishyu/2011/11am/11management1.pdf（2015年5月1日最終確認）.
- ★76 西尾, 前掲書, 247ページ.
- ★77 アウトプット・アウトカム・インパクトの定義については,『地域における文化・芸術活動の行政効果――文化・芸術を活用した地域活性化に関する調査研究 報告書』(地域創造, 2012年, 18-20ページ.)を参照した.

第 2 章

あいちトリエンナーレの
政策立案・決定から開催まで
（2006-2009）

都市型芸術祭「あいちトリエンナーレ2010」が、2010年8月21日から10月31日まで県立美術館がある愛知芸術文化センター・名古屋市美術館・長者町地区などを会場とし、開催された（図2-1）。現代美術を中心に、オペラとダンス・演劇・音楽などジャンルを超えた芸術を積極的に取り込むことを特徴とした。主体はあいちトリエンナーレ実行委員会で、愛知県知事を会長とし名古屋市・地元経済団体の代表者で構成される。総事業費は国の緊急雇用事業（以下緊急雇用）を含め17.3億円であった。緊急雇用5.2億円を除いた事業費は12.1億円で、事業収入、広告・協賛金を除く公的負担金は8.6億円であり、そのうち愛知県が6.6億円を出資した（いずれも決算額）。ちなみに、緊急雇用とは、リーマンショック後に作られた厚生労働省の失業者対策制度で、当該制度を活用することであいちトリエンナーレの事業費を補う面があった（表3-1参照）。

　そもそもなぜあいちトリエンナーレは開催されたのか、あいちトリエンナーレの政策立案・決定から開催までを明らかにする。本章はPDCAサイクルのP（計画）にあたる。

　なお、あいちトリエンナーレを開催した事業主体は愛知県としている。愛知県職員があいちトリエンナーレ実行委員会事務局職員のほとんどを兼任し、事務局は愛知県が所管する愛知芸術文化センター内におかれ★1、職員構成、事務所の所在等実態は愛知県の事業として行われたからである。

図2-1　2010会場
©あいざわけいこ

また、本章は主に行政資料の調査にもとづく。愛知県の刊行物のほか、後述する「愛知の文化芸術振興に関する有識者懇談会」での議論に関しては議事概要★2を用いた。

1. 課題設定過程──なぜ政治の議題として浮上したのか

　行政の経営政策がPDCAサイクルのもとコントロールされ、そのサイクルが、政策の「課題設定」「政策立案」「政策決定」「政策実施」「政策評価」に対応することを紹介したが（はじめに参照）、政策立案・決定過程を明らかとする前提として、課題設定過程に言及する。課題設定過程とは、「各種各様の社会問題のなかから政治課題として対応すべきものとして選別され、政治の舞台の議題として浮上して」★3くることである。そもそもなぜあいちトリエンナーレが政治の議題として浮上してきたのだろうか。

▶1.1 運営の見直しを迫られた愛知芸術文化センター

　主な理由は、愛知万博後に経済が好転し、新しい地域づくりを模索するなかで、運営の見直しを迫られていた愛知芸術文化センターの活用が政治課題となったことである。

　愛知芸術文化センターは、1992年総工事費約628.6億円で竣工し★4、それ以降愛知県の文化行政の象徴であった。しかし、1997年アジアの通貨危機をきっかけに日本が戦後初の金融危機に見舞われると、愛知県も1998年以降2年連続で赤字に転落し、財政が逼迫する★5。こうしたなか、2000年文化振興局が解体され、新しくできた県民生活部に移される。局から課に格下げとなったうえ、私学教育を所管する私学振興室と統合され、文化学事課とされた★6。愛知県の文化行政は後退し、愛知芸術文化センターは運営の見直しを迫られていた。確認できる文書は見つけられなかったが、県直営を改め民間委託とすることなどが総務部を中心に検討されていること、その際の学芸員の処遇などが、当時職員間の噂となっていたのだ。

▶1.2 愛知万博開催と中部国際空港開港の成功

　ところが、愛知万博開催と中部国際空港開港の二大プロジェクトの成功が、こうした愛知県の文化行政後退の状況を一変させる。二大プロジェクトを選挙公約として1999年に初当選した神田真秋は、2003年の知事選でも反対する候補に大差をつけて当選した。財政悪化が顕在化した愛知県に余裕がないにも関わらず、二大プロジェクトだけは例外とされた。

　2005年愛知万博を開催する。直接事業費1,614億円のうち愛知県負担額は602億円である。のみならず、鉄道・道路アクセス整備等関連事業を含めると計3,648億円で、うち愛知県負担額は2,132億円に膨らむ[★7]。また、愛知万博の3月開催に間に合わせ、2005年2月に中部国際空港が開港する。総事業費5,950億円であるが[★8]、愛知県の負担分は、空港会社への出資金60億円と無利子貸与分の240億円の計300億円で、一見少なく見える。しかし、本体事業以外に、空港等への連絡橋などのアクセス整備事業といった関連事業 related project で約800億円、愛知県企業庁によって空港島や対岸部に作られた前島の開発費用約2,400億円があった[★9]。

　二大プロジェクトに巨額の費用をかけることについては、批判の声が少なくなかった。特に、愛知万博は反対や成功を危ぶむ声も強かったのが、蓋を開けてみると目標の1,500万人を超える2,204万人が訪れ、129億円の黒字[★10]、7兆7151億円の経済効果となった。国際博覧会史上初の市民参加型万博といわれ、ボランティア活動参加者数が30,000人を超えた[★11]。愛知県庁はもちろんマスコミも成功と評価した。

　そればかりか、この時期になるとトヨタが対米輸出を伸ばし、日本経済を牽引するほど好調となった。それに引っ張られる形で、愛知県財政も持ち直しつつあった。バブル期の1990年を100とすると、約8割台にとどまっていた県税収入が、2005年には9割を超える。2006年から2008年までは100を超え、2007年には120.6（13,116億円）に達する。県債残高も2004年に31,858億円と最高値を記録したあと、2005年以降減少に向かう[★12]。県税の収入増に貢献したのがトヨタをはじめとする自動車関連産業だった。

　当時の県内の空気を、神田知事は、愛知万博後の県の方向性を明らかにするために作られた「新しい政策の指針」（総合計画）の冒頭に次のように記

している★13。

　（前略）、2005年の愛知万博の開催と中部国際空港の開港という二大事業の成功は、ボランティアなどの人材育成、国際交流の裾野の広がり、環境意識の高まりなどの様々な効果を生み出すとともに、この地域に大きな自信と誇りをもたらしました。これらを地域のさらなる発展に結びつけ、新しい地域づくりに前向きに、果敢に挑戦していくことが求められています。

　また、万博の成功や中部空港の開港で活気づいた当時の熱気が、名古屋経済界の2006年の年頭記者会見からも伝わってくる。

　年頭会見で箕浦宗吉・名古屋商工会議所会頭（名古屋鉄道相談役）は、「昨年は中部国際空港・愛知万博という悲願のプロジェクトが実現した歴史的な一年だった」と05年を総括した上で、万博閉幕後の名古屋圏の景況感について「依然として好調が続いている。06年も続くのではないか」と評価。
　06年は「名古屋を世界都市にしていきたい」とした。（中略）豊田芳年・中部経済連合会会長（豊田自動織機名誉会長）は「2大プロジェクトを契機に、この地域への注目度は以前にも増して高まっており、今年は新たな飛躍に向けたスタートの年と位置づける」とあいさつ（した）★14。

▶1.3 愛知万博後の地域活性化策 ──〈科学技術〉と〈芸術文化〉

　こうしたなか、愛知万博後の具体的な地域活性化策が県庁の内外で議論の俎上に載せられた。トヨタを中心とした製造業中心の経済に捉われない新しい地域づくりが模索され、二つの大きな柱が〈科学技術〉と〈芸術文化〉であった。前者は「愛知県科学技術会議」で、後者は「愛知の文化芸術振興に関する有識者懇談会」で議論される。
　松尾稔（名古屋大学元総長）は、2000年から2004年まで「愛知県科学技術会議」の座長を務め★15、2005年以降も委員を務める★16。松尾は2004年から愛知県の財団法人科学技術交流財団理事長も務めており、愛知万博後の地域づくり、特に愛知県の〈科学技術〉に関しては彼がキーパーソ

ンだったのだ。

　「愛知県科学技術会議」では委員から「万博後の愛知県の特色として『科学技術創造立県』をめざすというぐらいの旗をあげてもらいたい」★17などの意見が交わされていた。こうした意見も踏まえ、2006年には愛知県科学技術推進大綱「第2期基本計画」が策定され、シンクロトロン光利用施設を整備する「知の拠点構想」が具体化する★18。2008年のリーマンショックによる世界的な金融危機の際は、一時的に見送られることもあったが、紆余曲折を経て、2012年2月総事業費約200億円で★19あいち産業科学技術総合センターが竣工する★20。2013年3月にはあいちシンクロトロン光センターがオープンした★21。

　一方、〈芸術文化〉については、のちに自ら美術に関するエッセーを出版するなど★22、神田真秋知事（当時、2011年2月任期満了）がそもそも関心を持っていた。そうした知事が任期を重ね、独自性を出そうとしたことが追い風ともなり、2005年4月文化芸術課を設置する。いくつかのソフトを重視した文化事業も実施し★23、愛知県が文化政策を展開する状況が整い始めた。こうした状況を背景に、愛知万博後の地域活性化策として、運営の見直しを迫られていた愛知芸術文化センターを活用することが政治課題となり、「愛知の文化芸術振興に関する有識者懇談会」で議論されたのだ。なお、この懇談会の座長を務めたのも、「愛知県科学技術会議」の座長を務めた松尾だった。

2.「愛知の文化芸術振興に関する有識者懇談会」の政策立案過程

　愛知芸術文化センターの活用が政治課題となった結果、あいちトリエンナーレ開催が政治の議題として浮上し、その政策立案・政策決定が行われることとなる。ここで政策立案とは「政府の対応策を具体化すること」、政策決定とは「立案された政策案について制度上の決定権限を有する機関が審査・審議し決定すること」★24とされる。「政策立案と政策決定の境界は実は

まことに曖昧である」[25]ともいわれる。

あいちトリエンナーレを見てみると、政策立案したのは二つの主体である。一つには、知事に対して知見・情報提供を行う性格を有した「愛知の文化芸術振興に関する有識者懇談会」(以下有識者懇談会)である。『愛知の文化芸術振興に関する有識者懇談会報告書——文化芸術あいち百年の軸をつくる』[26](以下有識者懇談会報告書)を作成し、愛知ビエンナーレ開催を提言した。二つには、執行機関である文化芸術課である。「文化芸術創造あいちづくり推進方針」(文化基本計画)を策定し、国際芸術祭の定期開催を明記することで、あいちトリエンナーレを政策立案した。それに対して、政策決定したのが、執行機関である長としての知事である(**表 2-1**)。

以下ではこの区分に従い、政策立案過程と決定過程を見ていくが、その前に、あいちトリエンナーレ開催の最初の公的なきっかけを作ったとされる「新しい政策の指針」(総合計画)に触れておく。

▶2.1「新しい政策の指針」(総合計画)

愛知芸術文化センターの活用が政治課題となったことに対して、有識者懇談会より一足先に、担当課を中心に国際的なイベントを開催する議論があった。2006年3月に策定された「新しい政策の指針」(総合計画)のなかでも、「愛知芸術文化センターを拠点として国際的に注目される文化芸術イベントの開催を目指す」[27]と明記され、このことがあいちトリエンナーレ開催の最初の公的なきっかけとされる[28]。

しかし、この「文化芸術イベントの開催」の記載がトリエンナーレを指していたのかは疑わしい。愛知県は必ずしも新しいイベントを作ることにこだわっていたわけでなく、県内で実施されている国際的なイベントを組み込めばよ

表 2-1 あいちトリエンナーレの政策立案・決定過程の主体・手段の整理

	政策立案		政策決定
主体	有識者懇談会	文化芸術課	知　事
(性格)	(知見・情報提供)	(執行機関)	(執行機関の長)
政策立案・政策決定される手段	『愛知の文化芸術振興に関する有識者懇談会報告書』(2006年12月)	「文化芸術創造あいちづくり推進方針」(文化基本計画)(2007年12月)	決裁(もしくは口頭での了解)

いとの認識だったようだ。実際、愛知芸術文化協会は、愛知県を拠点に第一線で活躍する芸術家・芸術文化団体による民間の横断的な組織であるが、その理事長藤井知昭が、有識者懇談会の3回目に特別委員とし出席し、次の発言をしている[29]。

　国際的な芸術祭を実施することも大切で、現在、愛知芸術祭をしようという動きがある。独自に新しいものを作る必要はなく、国際音楽祭や、バレエ・ダンスコンクールなど既存の国際的イベントを組み込めばいい。

▶2.2 『愛知の文化芸術振興に関する有識者懇談会報告書』[30]
2.2.1 有識者懇談会の開催経緯
　むしろ、あいちトリエンナーレの開催のきっかけとして最も重要だったのが、新たな文化基本計画策定を目的として設置された有識者懇談会での議論だった。議論の結果、「新しい政策の指針」(総合計画)での「国際的に注目される文化芸術イベント」から一歩踏み込み、「愛知ビエンナーレの開催」がその報告書に明記された。この有識者懇談会の提言があいちトリエンナーレ開催の決断に大きな影響を与えたと、2009年7月発行の機関誌「あいちトリエンナーレニュース vol.0」の冒頭に、神田知事自身が記している。

　行政が後世に残せるものは究極のところ文化しかない。

　こんな刺激的な言葉に出会ったのはもう随分前のことである。(中略)行政に身を置く者として強く心に響くものがあった。(中略)平成18年12月「愛知の芸術振興に関する有識者懇談会」(座長松尾稔元名大総長)から本県の文化芸術百年の軸をつくることをコンセプトに、その総合戦力として愛知ビエンナーレの開催の提言を受けたときには、すでに忘れかけていた冒頭の言葉を思い出すとともに、この国際芸術祭を核に後世に残し得る文化芸術づくりに積極的に挑戦することの意義を再認識したのであった[31]。

　また、神田知事は2006年5月有識者懇談会の初回に出席し、次の挨拶

をした。「愛知芸術文化センターは、有効利用されているか、今のあり方でいいのか、謙虚に反省しなくてはならない」「2大事業後のこれからの第一歩となるので、いろいろ議論いただき、アイデアは施策に取り入れていきたい」。愛知芸術文化センターの活用などについて踏み込んだ発言をしたことからも、彼のこの有識者懇談会に対する意気込みが伝わってこよう。

2.2.2 有識者懇談会の性格

　有識者懇談会での議論を紹介する前に、この懇談会が行政の決定方針の追認ではなかったことを確認しておきたい。

　通常審議会は、「行政機関がすでに決定した方針を確認しているだけで、形骸化している」★32と指摘されることも多い。この点について、有識者懇談会が、形骸化した審議会とは異なり、知事から提示を受けた課題・ビジョンを念頭に、知事に対して知見・情報提供を行う性格を有することを、座長の松尾が会議の冒頭に説明し、出席した有識者の了解を得ていた。

　とはいえ、知事に対する知見・情報提供といっても選択の幅が限られていた面もある。「新しい政策の指針」のなかで国際的な文化芸術イベントを展開していくことが示され、神田知事はこの会議の冒頭に愛知芸術文化センターの活用を示唆していた。しかし、前述のとおり愛知県はすでに県内で実施されているイベントを発展させることを念頭に置いていた可能性がある。しかも、実際の議論では、愛知ビエンナーレ開催と後述の政策のシステムづくりで意見が分かれ、結論が両論併記となった。こうした事情を勘案すれば、この有識者懇談会があいちビエンナーレ開催の提案を白紙の状態から行っていたことが、見て取れよう。

2.2.3 有識者懇談会での議論

　では、どのような議論を経て、有識者懇談会は愛知ビエンナーレ開催という政策を立案したのだろうか。

有識者懇談会の議論の概要と委員構成

　2006年5月から計3回開催され、そのうち最初の2回は、庶務（愛知県）

が整理した次の4つの論点について意見交換があった。

1) 世界・未来に貢献する文化芸術の創造と展開
2) 文化芸術を担い、支える人づくり
3) 地域文化を発掘・継承・発展する仕組みづくり
4) 多様な個性・価値を実現する文化芸術の場づくり

　最終回は、前2回の意見交換を踏まえ、座長と座長代理が庶務と連携しながら作成した骨子案をもとに、議論している。
　有識者懇談会は次の9名の委員から構成された(肩書はいずれも当時)[★33]。井上さつき(愛知県立芸術大学音楽学部教授)、栗岡莞爾(トヨタ自動車株式会社相談役)、清水裕之(名古屋大学大学院環境学研究科教授)、鷲見卓(中日新聞社事業局文化事業部長)、千住博(画家・京都造形芸術大学副学長)、佃典彦(劇作家・俳優)、藤田六郎兵衛(能楽笛方藤田流十一世家元・愛知芸術文化協会理事)、松尾稔(財団法人科学技術交流財団理事長・財団法人名古屋都市センター理事長・前名古屋大学総長)、マリ・クリスティーヌ(異文化コミュニケーター・国連ハビタット親善大使)である。うち座長を務めたのが松尾、副座長(座長代理)を務めたのが清水である。なお、議事概要では、座長・座長代理を除き発言者の氏名は匿名とされ、引用した発言が同一の委員の発言か否かも判明しない。

ビエンナーレ開催に関する議論

　ビエンナーレ開催に関する議論を中心に振り返ってみると、有識者懇談会の1回目が始まって間もなく、ある委員が光州ビエンナーレを念頭に置いた発言を行う。

　県にイベントを長期に続ける意思はあるか。韓国では、草の根レベルで始まった芸術祭が、続けるうちに社会的支援が年々拡大し、世界的に注目されるようになっているが、この国の行政が関わるイベントは、続けるほどに先細りになってしまう。地域の財界・市民が芸術支援にどれだけ本気になれるかが非常に重要。

しかし、他にビエンナーレに関わる発言はない。その後は1回目・2回目を通じて、愛知県立芸術大学・愛知芸術文化センターの在り方や、文化芸術の1％予算の確保、アーツカウンシル型組織の立ち上げなど政策の仕組みづくりについて、意見が主に出された。

愛知ビエンナーレ開催に関して意見交換らしきものがあったのは、有識者懇談会の2回目の前半に欠席委員の提案を事務局が読み上げた際である。

シンガポールビエンナーレ、上海ビエンナーレ（中国）、光州ビエンナーレ（韓国）のアジアビエンナーレに加えて、2008年から「愛知ビエンナーレ」を開催してはどうか。国際的に通用する人材を芸術監督に登用し、世界に通じる超一流の芸術家が集まる場にしていくことが重要である。

この意見を受け、別の委員は国内の成功事例を挙げ、ビエンナーレ開催に賛成する。

万博開催で、愛知の世界的な認知度も上がっており、国際的、定期的なイベントも大切。新潟のビエンナーレ（原文ママ）も見てきたが、海外から大勢のアーティストが来ており、驚いた。美術だけでなく、音楽、演劇などのいくつかの視点があった方がよい。

また、有識者懇談会の後半にも、別の委員が「某委員のビエンナーレの提案は、非常にわかりやすい。美術、音楽、演劇の分野のビエンナーレを、企業の協力を得ながら、開催できるとよい」と発言する。とはいえ、計11ページに及ぶ2回目の議事概要のなかで、これ以上のビエンナーレに関する発言記録は残っていない。

しかしながら、有識者懇談会の3回目の後半に全体の振り返りのなかで、ある委員が海外の事例紹介を中心にビエンナーレについて長時間発言する。これをきっかけに愛知ビエンナーレ開催の是非が議論されることとなる。

総合戦略を仮に設定すると、それは、愛知ビエンナーレになると思う。ビエンナー

レというと、一般的には前衛美術に限られるが、ここでは、演劇やヘリテージ、地域文化、新人賞などあらゆるものが含まれる一本の軸になるものと考えている。最近国内で流行っている横浜などの他都市のものは、前衛美術だけに限っているから成功していない。

　1995年に創設から100年を迎えたイタリアのベネチア・ビエンナーレでは、例えば併行してベネチアングラスの工芸展とか、巨匠の回顧展を開催するというようなことを行っていることを参考にすべきと考える。郷土や歴史の視点がある。

　アジア・パフォーミング・アーツ・センター★34を活用した取り組みでは、福岡や、上海、光州、シンガポールなどでやっているアジアのビエンナーレの二番煎じになる。今さら、アジア・ターゲットは古い。

　こうした意見以外にも、同委員は次のような根拠を述べ愛知ビエンナーレ開催を強く主張した。

　「日本再発」ではなく「日本発見」をテーマに、「日本のへそ」として愛知の面目躍如を図るべき。愛知は日本の文化の「へそ」である、という強い意識、自覚を持っていただきたい。

　このようにビエンナーレを核として種々の施策や施設をリンクするように整理するならば、自然とまとまりが出てくると思う。ビエンナーレにこだわるわけではないが、何か具体的なものを仮置きして見直してみるべきだと思う。

　文化は、必ず経済の中心地で起こる。今のニューヨーク、19世紀‐20世紀初頭のパリ、ロンドン、ルネサンス期のフィレンツェしかりである。ビエンナーレは、愛知のやらなければならない軸である。

　彼の発言を受け3人の賛意が続くが、特に開催を是とする根拠が加えられた様子はない。

　ビエンナーレ開催の賛成意見が続いたことから、座長代理の清水は、「議論をまとめる立場の側として発言させてもらうと、ビエンナーレの開催に異論はないが、愛知県の政策を考えているのだから、イベントを一本やりましょう、というわけにはいかない」と他の論点の議論を深めるよう水を向ける。これに

対して、ある委員が「ビエンナーレを結論とすることはできない。これまでのやり方で10年持ちこたえられる企画を作ることができるかどうか疑問であり、このことが問題」とビエンナーレ開催に明確に反対の態度を示す。

その後は、ビエンナーレの賛成論も息を吹き返す一方、政策の仕組みづくりの必要性を指摘する意見も強く主張される。意見が分かれたことから、結局報告書の提言では「政策の推進に向けて」という最終項目が設けられ、ビエンナーレ開催と政策の仕組みづくりという二つの提言が併記されることとなった。

では、ここまでの有識者懇談会での愛知ビエンナーレ開催に関わる議論を二点にまとめておこう。

一点目は、科学技術と芸術文化を県庁内で同時に議論していたにも関わらず、産業・都市政策と文化を全く無関係に政策化していたことである。愛知万博終了後、「科学技術」と「芸術文化」を二つの柱とする新たな地域づくりが模索され、「愛知県科学技術会議」と有識者懇談会がそれぞれ具体策を検討する。そうしたなか、松尾は「愛知県科学技術会議」の委員と有識懇談会の座長をともに務め、新たな地域づくりを担うキーパーソンでもあった。しかし、土木工学を専門とする松尾に連携の発想はなく、また、有識者懇談会の他の委員からも連携を示唆する意見はでなかった。もちろん、限られた時間の限界はあろう。しかし、科学技術と芸術文化を同時期に議論し、かつ、兼任した委員がいたのであれば、横浜市ではすでに産業・都市政策と文化の連携を図る創造都市政策の実践があったことから★35、そうした議論があってしかるべきだったのではないだろうか。

二点目は、愛知県がビエンナーレをなぜ開催するのか、地元の実情を踏まえた議論がほとんどなかったことである。内外のビエンナーレの成功事例があること、もしくは万博に替わる国際的かつ定期的なイベントの必要性などが、開催意義として挙がった程度だった。

以上から、有識者懇談会は、1) 産業・都市政策と文化を無関係に、2) 内外の成功事例を主たる理由として、愛知ビエンナーレ開催を政策立案し、2006年12月知事に提言を行っていた。

3. 文化芸術課の政策立案と知事の政策決定過程

▶3.1「文化芸術創造あいちづくり推進方針」(文化基本計画)の策定

　有識者懇談会による提言の2ヶ月後、2007年2月愛知県初のマニフェスト知事選が行われ、僅差で神田候補が当選する[★36]。少人数学級など教育実績がある石田芳弘（元犬山市長）候補は、教育・文化に力を入れることをアピールし、「アジアの女性映画の聖地づくり」を公約とした。これに対して、3期目への挑戦となる神田真秋候補は、相手方への対抗策として有識者懇談会の提言を取り入れ、「ビエンナーレのような国際芸術祭の開催」をマニュフェストに明記した[★37]。

　仮に、石田候補が知事に当選していたら、あいちトリエンナーレの開催はなく、「アジアの女性映画の聖地づくり」がめざされていた。しかも、「あいち国際女性映画祭」は、愛知県が出捐するあいち男女共同参画財団主催で、1996年から中部圏唯一の国際映画祭として実績を重ねていた[★38]。地域の実態を踏まえた政策としてはこちらに一理あったといえよう。しかし、実際は神田候補が当選したことから、2007年12月に文化芸術課が作成した「文化芸術創造あいちづくり推進方針」（文化基本計画）では、マニュフェストに記された国際芸術祭の定期開催が盛り込まれた[★39]。

　そして、政策に一理がない国際芸術祭については、「なぜ愛知県がやるのか」の議論がより必要だった。にも関わらず、そうした形跡は見られない。「文化芸術創造あいちづくり推進方針」の策定過程で、庁内の各課が参加して愛知県文化行政推進会議が開催され、また、パブリックコメントが実施された。愛知県文化行政推進会議は、文化芸術課が作成した「文化芸術創造あいちづくり推進方針（案）」の報告の追認に終わったのではないか。議事内容が非公開となっていることから推測でしかないが、愛知ビエンナーレ開催を後押しする知事の意向も伝わっている以上、庁内だけの会議では限界があるからだ。また、パブリックコメントでは「今後の継続を考えると拙速である」などいくつかの反対意見が出された。これに対しても「いただいたご意見や準備期間を勘案しながら、検討してまいります」という一般的な回答に終始した[★40]。

こうしてマニュフェストを錦の御旗に、文化芸術課が「文化芸術創造あいちづくり推進方針」に国際芸術祭の定期開催を明記することで政策立案し、知事がリーダーシップを発揮していく。

▶3.2 あいちトリエンナーレ開催の決定
芸術監督・名称・テーマの決定
　2008年3月あいち国際芸術祭(仮称)基本構想が策定・公表される。愛知芸術文化センターの複合機能を活かし、現代美術を中心に舞台芸術を含めた芸術祭を開催していく方針が示された。この段階で2年毎のビエンナーレではなく、トリエンナーレとして3年毎に開催することが決定された★41。

　同年4月文化芸術課内に国際芸術祭推進室を設置する。同年6月あいち国際芸術祭(仮称)実行委員会を設立した。構成メンバーとして名古屋市・名古屋商工会議所・中部経済連合会が加わる★42。とはいえ、事務局職員のほとんどを愛知県職員が占め、名古屋市、経済界などが実行委員会で意見を差し挟むことはほとんどなく、参加は形式的なものだった。

　同年7月国立国際美術館長(当時)の建畠晢が芸術監督に就任する。名称について、建畠は「あいちトリエンナーレ」を提案するが、愛知県はトリエンナーレという言葉が県民に馴染がないことを理由に、仮称として使っていた「あいち国際芸術祭」を推した。しかし、建畠が、3年に1回継続していくことを言挙げすることに意味があると考え、押し切る★43。同年10月に正式名称が「あいちトリエンナーレ2010」と決定され、同時にテーマも「都市の祝祭 Arts and Cities」と発表された★44。

リーマンショックを巡る延期・縮小論
　2010開催に向け順風満帆であったが、2008年秋以降のリーマンショックをきっかけにした世界的な金融危機で風向きが変わる。2008年12月11日の県民総務委員会であいちトリエンナーレ開催が取り上げられ、民主党の榊原康正議員は延期を迫った。

　この企画が3月の時点で出てきた時には、これから愛知県が元気を出してやっ

ていければ、非常にいいことだと思っていたが、ここへ来て、来年度の県税収入が3,000億円近くも減少する事態になっているわけであるから、いろいろな事業の見直しをしていかないと、とても愛知県の財政は持たないと思う。

　努力して準備してもらっているが、今までとは全く現状が違う。
（中略）
　今まで努力してやってきて、ここで急にストップということは難しいことは分かるが、今、民間会社は着々と手を打って、今までの事業をほとんどストップしている。例えば、アイシン精機が、西尾工場の隣に広大な土地を整備して、そこに工場を作っていたが、これを全部中止した。それくらい厳しくやっている状況である。これからは「やりかけたからこれは続けていかなければしょうがない」という発想ではなく、100年に1回の大変な時期と言われているのだから、しっかりと考えてもらいたい[★45]。

　当時の新聞報道によれば「『知事与党』の自民、公明の両県議団からは容認論が強い」[★46]が「『知事野党』の民主党からは『延期・縮小論』が出てい」[★47]たという。

　2008年末から翌年にかけ、神田知事は中止を含め明らかに判断に迷う。県幹部からは、「縮小するなら中途半端になるから延期した方がよい」との意見もでていた。そうしたなか、2009年正月に建畠監督と神田知事の会食が設定される。この会食で知事が監督に中止を伝えると勘ぐった職員もいた。建畠は会食をしたときの知事の心境について、そのインタビューで「正直やりたい。でも言い出せない。（知事は）迷っていた」と振り返る。「強引にではなく周りの雰囲気が醸成しないか」と知事は慮っていたという。こうした心情を反映するかのように、知事は議会での建畠監督の講演会を当初3月に予定していたのだが、1月末から始まる予算案の知事査定に間に合うよう前倒しを指示する。事務方も知事の心境を察知して動き、講演会は1月26日に設定された[★48]。

　講演会前日の朝日新聞朝刊は、「ホームレスが街にあふれているのに美術展とは、見識を疑う」（県議団幹部）との民主党の反対論を紹介しながらも、「『ニューディール』も芸術支えた」との建畠へのインタビュー記事を掲載す

る★49。こうした記事が掲載されれば、議員も注目せざるを得ない。だが、建畠は講演会を次のように振り返っている★50。

　一生懸命話すが空気が重い。（僕は）お客さんだからやじはとばない。（しかし、）反応がなにもない。しーんとして、あんなに話しにくいとは思わなかった。反発を感じるならまだいい。コンクリートの壁に向かってしゃべっているみたいで、5分位でしゃべれなくなっちゃう。しゃべれないと思ったら真ん中の人（女性議員）と目が合った。にこにこと笑った。頷いてくれる。その人だけ見てしゃべっていた。後で聞くとトリエンナーレを応援してくれている人だった。

　議会の議員の反応は、一人を除いて、芳しくなかったようだ。しかし、講演会前日の記事に畳み掛けるように、朝日新聞27日朝刊に、「建畠氏は『橋などの公共投資よりも、観光収入などの経済効果がある』と県議や県幹部らに開催意義を訴え、理解を求めた」、「県議会の会場には、県美術館所蔵の現代彫刻作品が展示され、県議らが興味深そうに眺めていた」★51との記事が掲載された。

　当初約20億円の予算を3分の1程度削減することで、民主党とも折り合いをつけた。雰囲気が醸成されたと判断し、神田知事は2009年2月初旬にゴーサインを出した。この時点をもって、知事の最終的なあいちトリエンナーレ開催の政策決定がなされた。3月25日2010に関わる2009年度予算が議決される★52。2010年度の本開催に向けて大きな一歩を踏み出すことになった。

まとめ

　あいちトリエンナーレの開催について、文化基本計画に定期開催が明記されるという点では、政策上の位置づけは一応なされた。とはいえ、有識者懇談会が、産業・都市政策と文化が全く無関係に、しかも、内外のビエンナーレの成功事例があるからという理由で、政策立案した。そして、強引と映らないよう慎重な配慮がなされながら、知事がリーダーシップを発揮し、あいちトリエンナーレ開催を政策決定した。有識者と知事主導であったがた

めに、なぜ愛知県がやるのかを市民らが議論をした形跡はない。このように文化イベント的過ぎる点で政策が一元的で、しかも地域の実態を踏まえないならば、首長の交替により容易に政策が変更される可能性がある。

　だからといって、本書は開催自体を否定することを目的とはしない。次章で詳述するが、2010はイベントとしては成功を収め、しかも、長者町会場の展開は、愛知県の無関心を意に介さず、地域コミュニティ形成の面で起爆剤ともなった。こうした効果をより確実にしていくため、政策立案・決定過程も踏まえながら、愛知県の政策評価を検討し、都市型芸術祭の意義と政策継続の道筋を本書では示していきたい。

注及び引用文献：

- ★1 あいちトリエンナーレ実行委員会『あいちトリエンナーレ2010開催報告書』, 2011年a.
- ★2 愛知県県民生活部文化芸術課「愛知の文化芸術振興に関する有識者懇談会 議事概要」, 2006年. 過去にウェブページで公開されていたが現在は公表されておらず, 2011年6月17日愛知県県民生活部文化芸術課から取り寄せた.
- ★3 西尾, 前掲書, 249ページ.
- ★4 愛知芸術文化センター「施設概要」, 2015年, available at http://www.aac.pref.aichi.jp/facility/（2015年5月1日最終確認）.
- ★5 愛知県総務部財政課『あいち財政の概要』, 2012年b, 1ページ.
- ★6 愛知県県民生活部文化芸術課『文化芸術創造あいちづくり推進方針――"愛知発"の文化芸術の創造と展開をめざして』, 2007年a, 2ページ.
- ★7 朝日新聞「万博総支出, 愛知2132億円 17年間, ほぼ半額を県債で」2006年6月2日朝刊1総合, 2006年b, 1ページ.
- ★8 中部国際空港「中部国際空港会社説明会資料」『ＩＲ情報決算説明会資料』, 2009年, available at http://www.centrair.jp/corporate/ir/pdf/kessan_setsumei2009.pdf（2015年5月1日最終確認）.
- ★9 愛知県の負担に関する記述は, 『虚飾の愛知万博』（前田栄作, 光文社, 2005年, 225-6ページ）を抜粋した.
- ★10 中日新聞「万博の収益129億円 試算より大幅増, 国と地元に等配分」2006年3月21日朝刊1面, 2006年, 1ページ.
- ★11 黒字額の記述を除き「閉幕後データ集」（愛・地球博, 2015年, http://www.Expo2005.or.jp/jp/data/index.html.（2015年5月1日現在））による.
- ★12 愛知県総務部財政課, 前掲書, 2012年b, 5ページ.
- ★13 愛知県企画振興部企画課『新しい政策の指針――今を越え, さらに世界で輝く愛知づくり』, 2006年.
- ★14 朝日新聞「活況中部『飛躍の年に』国際化推進へ抱負 地元経済4団体トップ年頭会見」2006年1月12日朝刊2経済, 2006年a, 11ページ.
- ★15 松尾が2000年から2004年まで「愛知県科学技術会議」の座長を務めたことは, 資料等に公表されていないことから, 2012年8月21日愛知県産業労働部産業科学技術課に電話で確認した.
- ★16 愛知県産業労働部産業科学技術課「愛知県科学技術会議開催要項」, 2012年a, available at http://www. pref.aichi.jp/0000007208.html（2015年5月1日最終確認）.
- ★17 愛知県産業労働部産業科学技術課「第4回会議議事録（要約）」『平成15年度第4回（平成16年2月4日開催）議事概要』, 2004年, available at http://www. pref.aichi.jp/cmsfiles/contents/0000007/7249/gijiroku_4.pdf（2015年5月1日最終確認）.
- ★18 愛知県産業労働部産業技術課『愛知県科学技術推進大綱「第2期基本計画」』, 2006年, 34-5ページ.
- ★19 総事業費が公表されていないため, 2012年8月21日愛知県産業労働部産業科学技術課に電話で確認した.
- ★20 愛知県産業労働部産業科学技術課「『知の拠点』に『あいち産業科学技術総合センター』がオープンします」（2012年1月4日記者発表資料）, 2012年b, .
- ★21 「知の拠点あいち」あいちシンクロトロン光センター「『知の拠点あいち』に『あいちシンクロトロン光センター』がオープンします！」『新着情報』, 2013年, available at http://www.astf-kha.jp/synchrotron/news/post-8.html（2015年5月1日最終確認）.
- ★22 神田真秋『忙中美あり――身近な美の発見』求龍堂, 2009年.
- ★23 愛知県県民生活部文化芸術課, 前掲書, 2007年a.

★24 西尾, 前掲書, 249ページ.
★25 同書, 251ページ.
★26 愛知の文化芸術振興に関する有識者懇談会『愛知の文化芸術振興に関する有識者懇談会報告書——文化芸術あいち百年の軸をつくる』, 2006年.
★27 愛知県企画振興部企画課, 前掲書, 35ページ.
★28 あいちトリエンナーレ実行委員会, 前掲書, 2011年a, 14ページ.
★29 愛知県県民生活部文化芸術課, 前掲書, 2006年.
★30 有識者懇談会の委員の発言は議事概要（愛知県県民生活部文化芸術課, 前掲書, 2006年）から引用し、それ以外の内容は有識者懇談会報告書から引用した.
★31 あいちトリエンナーレ実行委員会『あいちトリエンナーレニュース vol.0』, 2009年b.
★32 真渕勝『改訂版 現代行政分析』放送大学教育振興会, 2008年, 63-4ページ.
★33 愛知の文化芸術振興に関する有識者懇談会, 前掲書, 28ページ.
★34 正式名称は「アジア太平洋パフォーミングアーツセンター連盟」といい、舞台芸術の拠点を担うアジア太平洋地域の主要な総合芸術文化施設で構成される連盟である. 1996年10月に12の施設及び組織が参加して発足した. 現在では、19か国1地域63団体の施設及び組織で構成される（AAPPAC「AAPPAC」, 2014年, available at http://www.aappac.net/aappac/index1.jsp（2015年5月1日最終確認））.
★35 野田邦弘, 前掲書, 2008年, 80-3ページ.
★36 中日新聞「愛知県知事選 神田知事 接戦制し3選 石田氏振り切る」2007年2月5日朝刊二面, 2007年b, 1ページ.
★37 中日新聞「激突2・4知事選 県民の暮らし守ります 3候補マニュフェスト比較」2007年1月21日朝刊県内総合, 2007年a, 19ページ.
★38 あいち男女共同参画財団「これまでの映画祭」「あいち国際女性映画祭」, 2015年, available at http://www.aiwff.com/2015/about-aiwff.html/（2015年5月1日最終確認）.
★39 愛知県県民生活部文化芸術課, 前掲書, 2007年a, 9-10ページ.
★40 愛知県県民生活部文化芸術課「文化芸術創造あいちづくり推進方針（案）に対する意見募集の結果について」, 2007年b, available at http://www.pref.aichi.jp/0000009071.html（2015年5月1日最終確認）.
★41 愛知県県民生活部文化芸術課「あいち国際芸術祭（仮称）の正式名称・テーマが決定しました」（2008年10月14日記者発表資料）, 2008年.
★42 あいちトリエンナーレ実行委員会, 前掲書, 2011年a, 13-5ページ.
★43 2012年4月5日建畠晢（京都市立芸術大学学長・当時）へのインタビュー.
★44 愛知県県民生活部文化芸術課, 前掲資料, 2008年.
★45 愛知県議会事務局『愛知県議会委員会活動記録』（平成20年11月から平成21年5月まで）, 2009年, 20-1ページ.
★46 朝日新聞「芸術祭、不況風 予算削減方針、延期論も あいちトリエンナーレ2010」2009年1月25日朝刊1 社会, 2009年a, 35ページ.
★47 同記事, 35ページ.
★48 会食の経緯等は2012年4月5日建畠へのインタビュー.
★49 朝日新聞, 前掲記事, 2009年a, 35ページ.
★50 2012年4月5日建畠へのインタビュー.
★51 朝日新聞「トリエンナーレ・建畠監督、県議らに意義訴 美術展『橋より経済効果』」2009年1月27日朝刊, 名古屋・1地方, 2009年b, 27ページ.
★52 愛知県議会事務局議事課『定例愛知県議会会議録（一）』, 2009年.

第 3 章

あいちトリエンナーレ2010
開催とその後
(2009-2013)

前章では、あいちトリエンナーレの政策立案・決定から開催までを明らかにした。すなわち、有識者懇談会が、産業・都市政策と全く無関係に、内外の成功事例の後追いで、あいちトリエンナーレを政策立案した。そして、知事がリーダーシップを発揮して政策決定していた。その結果、政策が一元的に、しかも有識者と知事主導で、地域の実態を踏まえないまま、あいちトリエンナーレは開催されていた。

表3-1 2010決算表　　　　　　　　　　　　　　　　　　　　単位：100万円

			決算			
			2008	2009	2010	計
収入	事業収入		1	8	275	284
	負担金	愛知県	53	156	449	658
		名古屋市		52	153	205
	計		53	208	602	863
	協賛・助成金			2	58	60
	合　計		53	218	936	1,208
支出	事業費	計画策定費	22			22
		現代美術	15	83	554	652
		舞台美術		26	220	246
		普及・教育		12	26	38
		祝祭的展開		2	22	24
		ボランティア		3	21	24
		広報	15	89	87	191
	計		51	215	931	1,197
	管理費	運営会議開催費	1	1	1	3
		その他管理費	1	2	4	8
	計		3	3	5	11
	合　計		54	218	936	1,208

［参考］

	2008	2009	2010	計
緊急雇用		88	435	523
総事業費（緊急雇用含む）	54	306	1,371	1,731

（報告書をもとに筆者作成）

1. 2010開催の効果

　その開催効果全般を本章では明らかにしていくが、果たしてイベントとして成功だったのだろうか。来場者数等は周知のとおり大盛況だった。加えて、文化施設を利活用したい、また内外の芸術祭に比肩する規模のイベントをしたい、という愛知県の思惑を反映し、愛知芸術文化センターを拠点とした展覧会や公演など華やかなプログラムが並ぶ。

　その一方、閉幕前後から2013年にかけて、長者町地区ではあいちトリエンナーレが地域コミュニティ形成の面で起爆剤となった。地域に継続的に影響を与えたことは、トリエンナーレの継続の道筋を明らかにするための重要な手がかりとなると考えられるが、愛知県の資料を見る限り長者町会場でのこうした影響が十分に認識、把握されているとは言い難い。そこで、行政が見落としがちではあるが、長者町会場の展開に着目していきたい。

　まずは、本節で2010開催の効果を概観する。つづいて、2では長者町のエリアで何が起きたのかをつぶさに見ていく。愛知県に地域づくりの視点がなかったにも関わらず、そもそも長者町地区はどういう経緯で会場と決まったのか。そして、何が地域社会に起爆をもたらしたのだろうか。ここまでは、PDCAサイクルのD（実行）にあたる。

　一方、3・4では長者町地区で起きたことを政治学者のパットナムが使うソーシャルキャピタル／社会関係資本の概念を用いて主に分析する。地区の分析はPDCAサイクルのD（実行）とC（改善）の間に位置する。すなわち、主にP（計画）の段階で想定していなかったD（実行）によるインパクト（波及効果）を理論化し、C（評価）の指標を変え、次回以降はアウトカム（成果）として位置付けるために行う（はじめに参照）。

▶1.1 来場者数と経済波及効果

　まずは、2010の実施上の効果を、分かりやすい数字である来場者数と経済波及効果から見てみよう。来場者数は想定の30万人の2倍近い572,023人である。当初予算の18.8億円（緊急雇用含む）に対して決算額は17.3億円で、最終的に公的負担を軽減し収支を揃えたが、実質的には

1.5億円の黒字だった（**表3-1**）★12。また、経済波及効果は78.1億円となった★3。来場者数が想定の倍近くとなったこと、収支が実質的に黒字となったこと、経済波及効果が総事業費の約5倍であったことなどから、イベントとしては成功したといえる。

▶1.2 来場者数等以外の効果

次に、来場者数等以外の効果を見ると、『あいちトリエンナーレ2010開催報告書』★4には、17.3億円かけた効果が様々な数字で記載されている。そのうち主だった効果が、「あいちトリエンナーレ実行委員会運営会議」（2011年3月25日）の配布資料（以下運営会議資料）★5により、三つの開催目的に即して「開催目的別の評価」としてまとめられている（**表1-6再掲**）。

以下では、アーティスト数や会場毎の内訳などを『あいちトリエンナーレ2010開催報告書』で補いながら、運営会議資料にもとづき三つの目的順に効果を紹介しよう。

表1-6 2010開催目的別の評価

目的	取り組み	結果	まとめ
世界の文化芸術の発展に貢献	131組のアーティストが参加し、約8割が新作、または日本初演・世界初演となる公演	世界初演のパフォーマンス等の再演が内外で決定	愛知芸術文化センターを拠点として次回も展開
	国内外での記者発表会の実施（13回）	新聞、テレビ等のマスメディアで1,300件近く掲載・放映	
文化芸術の日常生活への浸透	名古屋城等都市空間でのスペクタクル作品を展開 長者町会場などで作品展示 ベロタクシー等の運行	7割以上の来場者が芸術に対する興味・関心が高まったと回答 長者町関係者の多くが、長者町が賑わった（9割以上）と考えている	まちなか展開、教育関係事業の継続の検討
	キッズトリエンナーレで、52回の創作プログラムを実施	子どもの来場割合が約14%、2万人が参加、9割以上が楽しかったと回答	
地域の魅力の向上	県内アーティスト（全体の1割）の参加や地元芸術団体等と共催	来場者の8割が、文化芸術の振興に効果ありと回答	サポーターズクラブの活動継続 地元の芸術系大学等の連携
	ボランティア参加者は1千人、サポーター登録者数は、5千人をそれぞれ超えた 地元芸術大学、名古屋ボストン美術館等から、並行企画の開催（10機関・13企画） 長者町の協力、大学連携	ボランティアは満足度が高い サポーターは会期終了後も活動を継続 会期終了後に、長者町関係者による自主的な取り組みが始まっている	

（運営会議資料から筆者が抜粋、要約し作成）

写真3-1 ジャン・ホァン《ヒーロー No.2》(2010)、愛知県美術館、© あいちトリエンナーレ実行委員会

1)〈世界の文化芸術の発展に貢献〉

　第一の目的については、現代美術、パフォーミング・アーツ、オペラの展示・公演など《新たな芸術の創造》により《世界の文化芸術の発展に貢献》したとする。

　現代美術については「世界各国から75組のアーティストが参加した日本最大規模の国際展覧会」★6となった。会場ごとの内訳は、愛知芸術文化センターが28組、名古屋市美術館が12組、長者町会場が26組、納屋橋会場その他20組となっている。「その作品の多くは世界初または日本初紹介」である(**写真 3-1**)。

　パフォーミング・アーツは「21組のアーティストによる世界初演、日本初演となる最先端の公演を実施」した。愛知芸術文化センターを主な会場として「国内外の最先端かつジャンルを超えた先鋭的・複合的なパフォーミング・アーツをほぼ毎週開催」(**写真3-2**)し、「これまで日本でほとんど紹介されていなかったビジュアル・アーツとパフォーミング・アーツの境界領域に位置する作品を多数紹介」した。世界初演となった複数の作品の国内外における再演も決定する。

写真3-2 スティーブン・コーヘン《Chandelier》(2010)、愛知芸術文化センター

オペラは「あいちトリエンナーレ2010プロデュースによる、新制のオペラ オッフェンバック作曲『ホフマン物語』を上演」した。粟國淳が演出し「愛知芸術文化センター大ホールの機構を使ったオペラ公演」であった。スロベニア国立マリボール劇場にて再演が決定した。

また、これらの〈新たな芸術の創造〉は、新聞・テレビ等のマスメディアで1,300件近く掲載・放映され、〈新たな芸術の発信〉により〈世界の文化芸術の発展に貢献〉したという。

2)〈文化芸術の日常生活への浸透〉

　第二の目的については、次の三つの展開により7割以上の来場者が「芸術に対する興味・関心が高まった」と回答するなど、《文化芸術の日常生活への浸透》が図れたとする。

　三つの展開を紹介すると、一つ目の展開が、都市空間でのスペクタクルな作品である。草間彌生は無数の銀色の鏡が水面を埋め尽くすインスタレーションを、オアシス21の屋上にある水を使った施設「水の宇宙船」において展示した(**写真3-3**)。オアシス21[*7]は愛知芸術文化センターに隣接し、栄駅とも接し、公園・バスターミナル・商業施設が一体となった複合施設である。それに対して、池田亮司は、9月24日、25日の2日間名古屋城二の丸広場で、成層圏まで到達する64台のサーチライトによる強烈な白色光と、10台のスピーカーから出力される音の波を組み合わせたインスタレーションを行う(**写真3-4**)。

　二つ目の展開が長者町会場で、約30組のアーティストが作品を展示し、

写真3-3 草間彌生《And show at Oasis21》(2010)、栄、撮影：尚士鉄夫

写真3-4 池田亮司《spectra [nagoya]》(2010)、名古屋城

長者町関係者の多くが「長者町が賑わった」(9割以上)と考えた。

　三つ目の展開が、ベロタクシーと「草間の水玉プリウス」である。オリジナルのラッピングを施したベロタクシー18台を、開催期間中会場間の移動手段として運行し、約2万人が乗車した。事業費は約8,900万円で、緊急雇用を活用する。また、「草間の水玉プリウス」を、愛知芸術文化センターと長者町会場間でシャトル運行し、約8千人が乗車した。トヨタ自動車株式会社からプリウスが貸与され、トリエンナーレ出展作家である草間彌生が水玉模様でラッピングをデザインした(**写真3-5**)。事業費は約2,100万円で緊急雇用を活用した。

3)〈地域の魅力の向上〉
　第三の目的については、県内アーティストが全体の約1割を占めたこと、民間団体との連携、ボランティア・サポーターの参加、長者町の協力により、〈地域の魅力の向上〉が図れたという。

一つ目に、民間団体との連携を紹介すると、企画公募で16の地元文化芸術団体等と共催で舞台公演を実施した。また、前衛芸術の拠点として古くから知られる民間の七ツ寺共同スタジオ★8と、現代美術と演劇のコラボレーション企画を実施した。このスタジオは1972年二村利之代表が名古屋市中区大須に開設し、地域の演劇センター／街のアート拠点として、名古屋はもとより日本全国の現代演劇や舞台芸術の活動を支え続けてきた。

　二つ目に、ボランティアの参加登録者は1,090人（実数）で、トリエンナーレ会場の案内・作品の看視・アーティストサポート・ガイドツアーなどのトリエンナーレ実行委員会の主催事業のお手伝いといった活動を延べ7,029回行う。また、ボランティアスタッフとして雑務をこなすだけでなく、自分たちで様々なイベントを企画したいとの声を受け、筆者がその立ち上げに関与したのが「あいちトリエンナーレ・サポーターズクラブ」だった。登録者は5,373人を数え、トリエンナーレを応援する様々な活動を通して継続的に会員がトリエンナーレを支えていく組織を目指した。

　三つ目に、長者町関係者による自主的な取り組みが始まったことが取り上げられている。

　以上が、運営会議資料などから愛知県が認識している2010の開催効果の効果の概要である。

▶ 1.3 地域コミュニティ形成面での影響

　効果を概観したところ、愛知芸術文化センターを拠点とした展覧会・公演等祝祭的なプログラムとともに、その作品・公演数と来場者数などの数字が並ぶ。それは、文化施設を利活用したい、また内外の芸術祭に比肩する規模のイベントをしたいという、愛知県の思惑を反映したものだった。前者の思惑は第2章で述べたとおりだが、後者の思惑は、愛知県が民間のシンクタンクに委託した内外の芸術祭についての二つの事例調査から、窺い知れる。2007年2月に三菱UFJリサーチ＆コンサルティング社が『文化芸術環境調査（資料編）』★9を、2008年2月国際芸術祭構想検討調査協働企業体（構成：（株）地域計画建築研究所名古屋事務所・（特）日本室内楽アカデミー・（特）世界劇場会議名古屋）が『国際芸術祭構想検討調査業務実施

報告書』★10 を、それぞれ作成した。これらの報告書では内外の芸術祭の内容や規模が詳しく紹介されており、愛知県がその規模を意識したことが容易に想像できる。

　この点、芸術監督を務めた建畠晢も「トリエンナーレはなぜ数十万人も集められるのか」との問いかけに対して、「ある臨界点を超える求心力が働くには、スケールメリット（が必要条件だ）」と答えたうえで、十分条件について次のように話す。

　スペクタクルが実現した。オアシスとか、まちなかに宣伝塔みたいなのが幾つか立ち上がった。あとは意外に効果があったのがベロタクシーだった。ベロタクシーはまちなかにずっと入ったから、あれはすごく期せずして宣伝になった。誰が考えたのか。少なくとも僕じゃない。貸自転車でなくベロタクシーを発想したのは功労者だ。結構目立った。まちを歩いていると必ず目にした。あれは「行かなければ」という雰囲気になっていた（**写真3-6**）★11。

　こうした建畠の発言からも、「都市の祝祭」というテーマのもと祝祭的な視覚効果や雰囲気を重視していることが伺える。

　もちろん、あいちトリエンナーレが文化事業として捉えられたことから当然ではあるが、あいちトリエンナーレ実行委員会運営会議配布資料などから伺える愛知県の認識は、掲げる三つの目的や指標が芸術文化中心に捉えられ、効果に作品・公演数、来場者数などの数字が並ぶ。そして、作品展示・公演というアウトプット（成果）などをもって三つの目的が達成されたとしているように見受けられるが、やや論理に飛躍があるのではないだろうか（第1章3.1参照）。芸術文化中心の姿勢は、作品展示が長者町の賑わいを作り、主に視覚面で《文化芸術の日常生活への浸透》に一役買ったことを理由に、次回のまちなか展開事業を検討していることにも表れている。

　それに対して、本書では、長者町関係者らによる自主的な取り組み（自発的活動）に着目する。こうした取り組みは、主催者が企図していなかった点でインパクト（波及効果）に当たるが、取り組みを発展させアウトカム（成果）として具体的に捉えていくことが、あいちトリエンナーレを存続させる説得力に

写真3-5 草間の水玉プリウス（2010）、©あいちトリエンナーレ実行委員会

写真3-6 ベロタクシー（2010）、©あいちトリエンナーレ実行委員会

なるとの論を展開していく。まずは、次節で、長者町会場の展開が図らずも地域コミュニティ形成の面で起爆剤となった点を明らかにしていこう。

2. 2010開催により長者町地区で何が起きたのか

▶2.1 調査対象・調査方法

本節の前提として、調査対象、調査方法、地域づくり・まちづくり・地域コミュニティ形成の区別について、説明しておく。

調査対象

一つ目に、調査対象は長者町地区の共同体であり、その共同体を「長者町」と記している[★12]。

長者町地区は、名古屋有数の繁華街である名古屋駅周辺と栄地区に挟まれた伏見地区に位置する（**図2-1参照**）。伏見地区は、都心の中心部で交通の便がよく、有名企業の本社や支店が立ち並ぶオフィス街である。桜通・伏見通・錦通など戦災復興区画整理で整備された大通には、近代的な背丈の高いオフィスビルが立ち並ぶ。長者町地区は、そうしたビルに囲まれる形で存在し、地区の住居表示の錦二丁目にほぼ重なる（**写真3-7**）。錦二丁目は、南北に広小路通・桜通、東西に本町通と伏見通に囲まれた20街区を指す。うち錦通以北が長者町地区といわれ、一街区の広さは100メートル四方なので、地区全体の広さは400メートル四方である。長者町通・島田町通・桶屋町通の南北3本、伝馬筋・袋筋・本重筋の東西3本の筋で16に碁盤割され、通ごとに長者町・島田町・桶屋町・伝馬町・袋町・本重町の6町内会がある。

その共同体は、名古屋長者町織物協同組合（以下織物協同組合）以外に錦二丁目（名古屋市中区）地区内の地権者・町内会・事業者・居住者・従業員等で構成される。その共同体の実数は定かではないが、織物協同組合の組合員数は37組合[★13]、錦二丁目の居住者は413人である[★14]。それに対して、地区内には桜通・伏見通など大通に面して大企業の本社、支社がいく

つか存在することから従業員数は2万だとまちではよくいわれる。2004年に名古屋・錦二丁目まちづくり連絡協議会ができるまでは、有力者のほとんどが組合に属することから事実上組合が地区の意思決定を行ってきた。

写真3-7　北側から眺めた長者町全景　撮影：名畑恵

　実は、あいちトリエンナーレ開催前は地区全体を指す町名として、「錦二丁目長者町」とか「伏見長者町」が使われていた。錦通以北の16街区全体を長者町地区と呼ぶことに対して、長者町通から離れた地区に住む人々からは「違和感を覚える」との声も多かったからだ。ところが、あいちトリエンナーレ開催の際、愛知県が事情に疎いことが幸いし、「長者町地区」を錦二丁目全体を指す言葉として使ったことから、そうした使い方が定着しつつある。しかも、まちのブランディング戦略としてこの傾向がまち全体で好意的に捉えられている。

　なお、**図3-1**は、地区の概要とともに、のちに紹介するえびすビル、アートの拠点、まちに残されたアート作品（2015年5月時点）を図に落とし込んだ。読み進むに当たり、適宜参照されたい。

調査方法

　二つ目に、調査方法は、筆者が愛知県職員及びあいちトリエンナーレ実行委員会事務局員として、2009年4月から2011年3月まで長者町会場を担当し、そのプロセスを内部者として観察した知見にもとづくものである。そして、より客観的な分析のために愛知県と長者町の打合せ時の議事録等を参照し、開催後に関係者にインタビューを行った。

　こうした手法に対しては、筆者が自らプロセスに関わり内部者として観察したものであるため、当事者に密着しながら参加するものの外部者として観察する「参与観察」と比して、客観性の担保が不十分との指摘も予想され

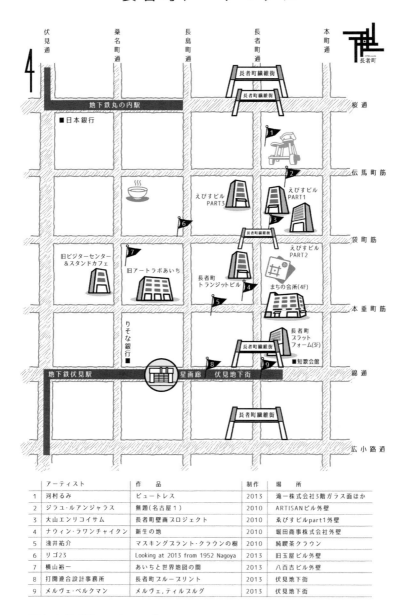

図3-1 長者町アートマップ

©あいざわけいこ

	アーティスト	作品	制作	場所
1	河村るみ	ビュートレス	2013	滝一株式会社3階ガラス面ほか
2	ジラユ・ルアンジャラス	無題(名古屋1)	2010	ARTISANビル外壁
3	大山エンリコイサム	長者町壁画プロジェクト	2010	恵びすビルpart1外壁
4	ナウィン・ラワンチャイクン	新生の地	2010	堀田商事株式会社外壁
5	淺井祐介	マスキングプラント・クラウンの樹	2010	純喫茶クラウン
6	リゴ23	Looking at 2013 from 1952 Nagoya	2013	旧玉屋ビル外壁
7	横山裕一	あいちと世界地図の間	2013	八百吉ビル外壁
8	打開連合設計事務所	長者町ブループリント	2013	伏見地下街
9	メルヴェ・ベルクマン	メルヴェ,ティルブルグ	2013	伏見地下街

る。しかしながら、アートプロジェクトは、主催者がまちの人とともにそのプロセスに関わっていくことが重要である。拠点に情報が集まることから、主催者は多くの情報を網羅的に把握することができ、かつ、主催者しか知りえない情報も多い。

　また、心理学者のクルト・レヴィンが提唱した「アクションリサーチ」が、近時日本でも心理学・社会学や建築学などの分野で認知されるようになってきた。アクションリサーチとは「研究されるだけの存在であった対象者が（あえて）研究者的立場をも有するようになるケース」[★15]なども含め「望ましいと考えられる社会的状態の実現を目指して研究者と研究対象者とが展開する共同的な社会実践」[★16]だとされる。

　とはいえ、客観性の担保は十分に配慮されなければならないし、主催者は多くの情報を把握できる一方で、主催者ゆえ入ってこない情報があるのではないかという疑念に答える必要がある。

　そこで、筆者が当事者として関わった2009年4月以降の長者町地区という共同体に関わる情報については、共同体で公知の事実を分析の対象とすることを原則とした。およそ情報が公開される見込みがない特定の主体のみが有する情報は、客観性の担保が十分でないからである。共同体で公知の事実とは、主催者も含めいかなる立場の者であっても共有されている蓋然性が一定程度高い情報である。具体的には1) 行政とまちの打合せ時の議事録 2) まちの人たちが作成したちらし等 3) まちの人が執筆した雑誌等の寄稿文 4) まちに流布した噂や評判などである。議事録の中には筆者が作成したものもあるが、作成後内容について必ず出席者の確認を得た。まちの噂や評判の存在は、筆者が研究者の立場であることを明らかにして行ったまちのキーパーソンに対するインタビューで確認した。

　逆に、主催者しか知りえない情報については、1) 公表された、もしくは一般人が入手可能な資料 2) 公表の了解を得た関係者へのインタビューにもとづくものとし、守秘義務（地方公務員法第34条第1項）に反しないよう慎重を期した。

地域づくり・まちづくり・地域コミュニティ形成

　三つ目に、本書では地域づくり・まちづくり・地域コミュニティ形成という三つの類語を使っているが、以下の区別をしている。地域づくりとは、自発性・協働性の有無、一過性のイベントか否かを問わずおよそ地域活性化を目的として行われる取り組みを広くいう。これに対し、まちづくりは、自発性・協働性を必須の要件とし、「市民、行政、企業の協働により、環境（人口・自然・歴史・文化・産業・制度・情報など）の質を持続的に育み、それに関わる人間の意識・行動も育まれていくプロセス」である。これは、長者町地区で実践を行う延藤安弘の「まち育て」の定義を借用した。延藤は、まちづくりが90年代以降、駅前再開発、トップダウンの都市計画等も指して使われ手垢にまみれたことから、本来の意味を取り戻すべくまち育てを提起し、本定義を提唱する[★17]。本書では延藤のまち育てと同義でまちづくりを使う。

　なお、地域づくり・まちづくりの効果としては、交流人口の増加、経済波及効果、地域コミュニティ形成などが挙げられる。効果の一つとして挙げられる地域コミュニティ形成とは、地域の人々の自発性・協働性が育くまれることである。一般に地域づくりは三つの効果のうち前二者に関心が置かれることが多いのに対し、まちづくりは自発性・協働性に力点を置くことで地域コミュニティ形成に注目する。

▶2.2　2010開催以前[★18] ── 長者町地区のまちづくり

　では、長者町会場の展開が地域コミュニティ形成の面で起爆剤となったことを見る前に、あいちトリエンナーレ開催以前の長者町地区のまちづくりの概要（2.2）と地区が会場として決定されたプロセス（2.3）に言及しておきたい。

2.2.1　長者町の歴史について

　その歴史は清洲越しに遡る。関ヶ原の戦いで天下を取った徳川家康が、地形が水害に弱かったことなどから、1612年-1616年にかけ尾張の中心地を清洲から名古屋に移した。清州にあった長者町が名古屋に移されたことで、名古屋長者町の歴史が始まる。中心となる本町通から一本入った西の通であったことから、江戸時代中期から昭和初期までは花街として賑わっ

た。戦後は、東京の日本橋・大阪の船場と並ぶ三大繊維問屋街の一つとして栄えた。ところが、小売店の衰退とともに小規模の問屋が次々と廃業する。1970年代最大で約90社加盟していた織物協同組合は、2000年前後には加盟社が半減した。メインストリートの長者町通沿いですら空ビル・空店舗の割合が10％近くになり、風俗店の進出が見られるようになった。国勢調査によると、地区の人口は2000年525人、2005年465人、2010年413人で、2000年以降500人を切った[19]。

2.2.2 まちづくりの概要

こうした危機感のなか、長老グループと、若手経営者の一部を中心にまちづくりの試みが始まる。以下では、2010開催以前に、足掛け10年でまちづくりが一定の成果を挙げるまでを見ていこう。

ゑびす祭り開催とえびすビル立ち上げ

戦後繊維問屋街として発展した長者町地区では、先代を引き継いだ50-60歳代の二代目経営者らが長老グループとして、2000年以降会社経営やまちづくりで長者町の牽引役となっていく。2001年から衣料品の格安販売を中心としたゑびす祭りを毎年開催し、当初は2日間で6万人、10年後には2日間で10万人を集客するほどに成長した。その一方で、三代目の30-40歳代の若手経営者のまちづくりへの参加は一部に止まっていたのだが、堀田勝彦（名古屋・錦二丁目まちづくり連絡協議会副会長・当時／堀田商事株式会社代表取締役社長）が、若手リーダーとして頭角を現す。彼はまちづくりを始めた当時の状況を次のように語る[20]。

　僕がまちづくりをやり始めた10年前、お祭り（ゑびす祭り）をやる段階で、「問屋に関係のない人を、なぜ集めないといけないのか」と皆に言われた。その当時の理事長は洋服の小売店が（ゑびす祭り）に出店すると、「なんで問屋街で小売りをやるんだ」と文句をつけにいった。飲食店はもちろん論外である。「問屋業は身内だが、それ以外は皆外の人だから、来てもらったら困る」というところからまちづくりがスタートした。

それでも「こうしたお祭りをやることで、通常接点がない織物協同組合と地区内の大企業、あるいはオーナーと従業員間の距離を縮め、風通しを良くした」と堀田は話す。

2002年から2004年にかけ、問屋だった空ビルを借り受け、リノベーションを行い、織物協同組合が計3棟のえびすビルを立ち上げる（**図3-1参照**）。飲食店・生活雑貨店・中古家具屋・デザイン事務所・写真スタジオ・ギャラリーなどが入居し、のちに広告代理店、IT企業の経営者ら新たなまちづくりの担い手が生まれるきっかけとなった。こうした取り組みは、「繊維不況で空いたビルを、若い店主たちの手で再生」などと新聞記事で幾度も紹介された[★21]。

当時の長者町

筆者が長者町地区の存在を初めて知ったのは、こうした記事がきっかけだった。名古屋に住んで間がないこともあったが、当時は名古屋在住の人でも長者町の名前を知らないのが普通であった。都心のど真ん中にありながら忘れられていたまちだったのだ。さっそく長者町通に出かけると、「小売りお断り」の看板を表に掲げた問屋が軒を並べ、一般の人が立ち寄りがたい異空間であった。また、4、5階建ての同じぐらいの背丈の問屋の建物が立ち並び、築40年を超える建物も多い。通りをまたぐのは、何枚もの「長者町繊維問屋街」という大きな看板だ。いかにも昭和といった風情を残す独特の景観を有していた。

一方で、新聞で取り上げられたビルはわざとコンクリートや配管をむき出しにし、カフェ・ギャラリーや雑貨店が入居していた。たった1棟ではあるが、時代の半歩先を行く女性のハートを捉えようとする心意気が感じられた。実際、ビル1階のオーガニックを売りにしたカフェは近隣のオフィス街で働くOLらで昼も夜も賑わっていた。のちにあいちトリエンナーレで長者町に関わることになるとはつゆ知らず、長者町地区に何度か足を運んだ。そのカフェを若手リーダーである堀田がプロデュースしていたことは、あいちトリエンナーレに関わってから知る。長者町は、立ち寄りがたい異空間と独特の景観、それらにコントラストをなすカフェ・雑貨店・ギャラリー、そのアンバラン

さに面白さ・魅力を感じさせるまちだった。もちろん、それが、堀田らがまちづくりで走り始めた成果のあらわれとは当時は知る由もなかった。

まちづくりの専門家によるコーディネート

　空きビル再生が軌道に乗ると、織物協同組合だけに限定されない地権者・事業者らを巻き込んだまちづくりを目指し、2年間の準備期間を経て2004年名古屋・錦二丁目まちづくり連絡協議会（以下まちづくり連絡協議会）が設立された。しかし、当初は大手ディベロッパーによる開発主導の色合いが濃く、事業者の一部にしか広がらない限界があった。

　そうしたところに、2004年10月まちづくり講演会で神戸市真野地区をはじめとした全国のまちづくりで実績のあった延藤安弘（愛知産業大学大学院造形学研究科教授・当時）がたまたま講師を務める。それを契機として延藤と彼が主宰するNPO法人まちの縁側育くみ隊が、長者町のまちづくりに関わる。2006年秋には、短歌を活用したワークショップとまちからの公募を交え、世界初の「うた（短歌）」に託してのまちのビジョン「まちづくり憲章」を制作する。日本人の表現として定着していること、錦二丁目には短歌会館が存在することが短歌を用いた理由とされたのだが★22、こうした表現やアート的要素をまちづくりの手法に巧みに取り入れることこそが、延藤が実践するまち育ての真骨頂にほかならない。延藤がまちづくりに関わったことで、織物協同組合・地権者・町内会・事業者らへの広がりを生んでいく。

　ちなみに、延藤が編著した『人と縁をはぐくむまち育て——まちづくりをアートする』★23の副題が示すとおり、幻燈会をはじめ（2.4.2参照）、延藤自身がアート的要素をまちづくりの手法に取り入れることを明確に意識している。とはいうものの、現代アートの活用を直接的な目的としない点で、のちにあいちトリエンナーレをきっかけに取り組まれたアートによるまちづくりとは異なるものだった。

　2008年からは3棟目となったえびすビルの2階に、交流拠点として「まちの会所（かいしょ）」が設けられた。「NPO法人まちの縁側育くみ隊と愛知産業大学延藤研究室が、名古屋・錦二丁目まちづくり連絡協議会から依頼を受け」★24たからだ。「まちの会所」のいわれは、「名古屋では400年前の清須越の時に

家康が都心の街区中央に神社・仏閣・火の見櫓などの人々の出会いの可能性のある場所を作り、それを『会所』と称した」ことにもとづく。いずれもビルのオーナーの好意で、2011年からは場所を上長者町（中区丸の内）に、2013年からは再び下長者町（中区錦二丁目）に移転した（図3-1参照）。この「まちの会所」が、2010の開催の際は、長者町とあいちトリエンナーレ実行委員会事務局との話し合いの場となった。また、約束を取り付けてまちの人と会うとお互い構えてしまうのに対し、たまり場ともなっていた「まちの会所」での偶然の出会いが展示場所確保の交渉を進めるのに役立つことも多かった。

　2009年には、2006年制作の「まちづくり憲章」を発展させ、延藤らのコーディネートのもと、2011年に向けこの地区の将来を描く「マスタープラン2030」の策定に取り掛かる。これら以外にも、2005年からは名古屋市とまちづくり連絡協議会が協働で、「伏見・長者町ベンチャータウン構想」を稼働させる。需要のないビルの3階や4階をリノベーションし、ベンチャー企業を誘致する「IDラボ」を3棟立ち上げた。

まちづくりの成果と課題

　以上から、長者町地区での2010開催前のまちづくりの成果をまとめると、二代目経営者からなる長老グループと、若手経営者の一部が中心となり、ゑびす祭りを毎年開催し、えびすビルを立ち上げた。こうした活動に加えて、延藤や彼が主宰するNPOがコーディネートし、マスタープランの作成に取り掛かり、織物協同組合だけでなく地権者・事業者・町内会への広がりを生んでいた。

　小林恒夫織物協同組合事務長（当時）によれば、2010開催後の数字であるが「名古屋・錦二丁目まちづくり連絡協議会の正会員数

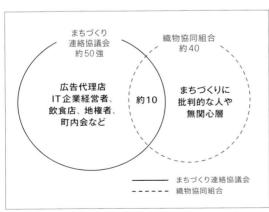

図3-2 まちづくり連絡協議会と織物協働組合の構成

は約50強程度であり、そのうち織物協同組合の組合員は約2割で、残りの8割は広告代理店経営者等まちづくりの新たな担い手や飲食店・地権者・町内会長などからなる」[25]という。2010開催前後で正会員数やその構成に大きな変化は見られないとのことであるから、延藤らのまちづくりによってまちづくりの新たな担い手や飲食店・地権者・町内会長などに広がりを生んでいることが伺える。ちなみに、織物協同組合の全組合員数は約40なので、そのうち名古屋・錦二丁目まちづくり連絡協議会の正会員は約3割に過ぎない（図3-2）。

　こうしてまちづくりの取り組みが織物協同組合以外への広がりを生みつつも、そのなかでは多少の温度差があり主に二つの課題があった。

　一つ目の課題は、織物協同組合の三代目からなる若手経営者に広くまちづくりに関わってもらうことである。若手経営者は青長会というグループを作り、2000年頃までは経営者セミナーを企画したこともあった。しかし、あいちトリエンナーレ開催以前はメンバーこそ14–5人いるものの、定期的な飲み会を開き親睦を図る程度にとどまっていた[26]。

　二つ目の課題は、まちづくりに批判的な人たちや無関心層を取り込んでいくことである。というのも、まちづくりには様々な利害が絡み、長者町地区は都心の中心部でもあり、不動産価格の上昇でひと儲けをたくらむ人もいれば、現状のままでよいという人もいたからである。

▶2.3　2010長者町会場の決定

愛知県の当初の想定と記者発表

　後述するように（4.3.3参照）、アートプロジェクトが地域づくり、特に、地域コミュニティ形成の面で成果をあげるには、アートプロジェクトによる負荷をまちが受け止める力の大きさが一つの要素となる。こうした点からは、会場を決定する際にそれまでのまちづくりの取り組みの有無は考慮されてしかるべきであろう。しかし、アートプロジェクトによる地域づくりに関心がなく、そのノウハウもなかった愛知県は気にしていなかった。もちろん長者町地区がまちづくりで実績があることなど知る由もない。

　筆者は、長者町会場を担当した2009年4月以降長者町地区を会場と決

定するプロセスに関わった。会場決定のプロセスに関し4月以降は筆者の認識は愛知県の認識といえる。筆者は長者町地区の空きビル再生の取り組みを知っていたが、それ以外のまちづくりの取り組みを知らなかった。また、会場決定にあたりまちづくりの取り組みの有無を考慮する必要性の認識も当時はなかった。

　実際、2008年3月のあいち国際芸術祭（仮称）基本構想の段階では、2010の会場は、「愛知芸術文化センターを拠点とし、隣接都市空間などまちの中への展開を検討します」[27]としたに過ぎない。しかも、この段階でまちなか展開として想定されたのは、愛知芸術文化センターの隣接都市空間にあたるオアシス21やテレビ塔などを指していた。あいちトリエンナーレが政治の舞台の議題として浮上したきっかけが、愛知芸術文化センターの活用であったことの当然の帰結でもあった（第2章1参照）。

　ところが、2009年3月25日の記者発表で隣接都市空間の項目にオアシス21・テレビ塔などの公園や施設以外に初めてオフィス街や商店街などが記載される[28]。そして、その3ヶ月後の6月23日に、長者町地区を会場として展開すること、前年に2010のPRを主な目的としプレイベント「長者町プロジェクト2009」（以下プレイベント）を開催することが記者発表された[29]。

　筆者は、愛知県病院事業センターがんセンター中央病院の経理事務から異動となり、4月1日隣接都市空間の一つとしての扱いで長者町地区を担当する。担当者となった時点では、長者町で展開することすら確定していなかった。まちへの足掛かりが全くない状況でキーパーソンを探すことから始め、6月の記者発表までの3ヶ月間、事務局がある愛知芸術文化センターと長者町を自転車で10分の距離を幾度も往復したことを記憶している。

建畠芸術監督の提案

　愛知県は地域づくりに関心がなかったにも関わらず、どういう経緯で長者町地区が会場と決まったのか。主要な役割を果たしたのが2008年6月芸術監督に就任した建畠だった。以下では、建畠へのインタビュー[30]を引用しながら、長者町地区が会場と決定されるプロセスを明らとする。

　なぜまちなか展開を考えたかについて、建畠は大きく二つの理由を挙げ

る。一つには、「都市の祝祭」というテーマ及び総事業費約13億円（緊急雇用を除く）の規模感を可視化するため、美術館以外の会場を考える必要があったことである。二つには、生きているまちに関わりたいと考えたことである。「決して純粋にアートイベントをやりたい愛知県（の方針）に合わせたわけではないが、アートによるまちづくりを意識したわけではない」と建畠は話す。そのインタビューを紹介しよう。

　トリエンナーレ・ビエンナーレは美術館の展覧会とは違う。スケールメリットを最大限に発揮しないといけない。ということは、美術館規模、ホワイトキューブとは違った、それに加えてのトリエンナーレならではの会場を考えないといけない。それは、名古屋というまちと直接的に関わることである。もう一つは、都会でやることも含めて生きているまちと関わりたい（と考えた）。シャッター商店街を活性化しようみたいな発想は、県の方にもなかったかもしれないが、僕にもなかった。（あくまで）トリエンナーレの魅力を最大限発揮するためにということだった。だから、村おこし、まちおこし的な発想からまちに出ていこうということではなかった。

　なぜ生きているまちなのかについて、建畠はヴァルター・ベンヤミンの『パサージュ論』を引き合いに出す。ここでパッサージュとは、「ナポレオン3世治下のオスマン男爵のパリの大改造によって次々と姿を消していった」[31]パリのアーケード商店街をいう。

　戦争で焼けたまちの大改造で味気がないまちとなった名古屋でも「パサージュ」を回復させることができないか。「パサージュ」をまちなかに挿入することで、他者の光景が生じる。他者の光景はまちなかにないといけない。だから生きているまちを考えた。

　そのうえで、こうした他者の光景の必要性を、建畠はトリエンナーレの開催意義から説き起こす。

　他者を受け入れることと、それによって喜びを共有したりコミュニケーションを

とったりしたことが、観客の記憶に残る。それが多様な価値観を許容する社会の形成に寄与し、ひいては戦争抑止力にもなる。

　建畠にとって、生きているまちとは「パサージュ」を指した。名古屋のまちなかにパサージュ的な場所を探そうとしたのだ。長者町地区を探した経緯について、2009年3月頃の当時の興奮を思い出しながら建畠は次のように話した。

　なんとしてもまちを探したかった。名古屋は、幸か不幸か都市計画が成功したまちでパサージュがない。（名古屋一の繁華街であり大通りに面した）広小路でやってもしょうがない。パサージュではない。アンチームな雰囲気のあるまちを、拝戸さん（愛知県美術館主任学芸員）と一緒に探した。最初に行ったのが長者町（地区）だった。あるシンクタンクが不動産屋を紹介してくれた。

　そのシンクタンクとは、株式会社都市研究所スペーシアで、まちなか展開を企図した芸術監督の建畠の意向を受け、あいちトリエンナーレ実行委員会事務局は、2008年度に長者町地区で空ビル・空店舗の調査に当たらせていた★32。その後日談であるが、実際に必要だったのは無償提供してくれる物件情報だったので、賃貸借物件を前提としたこの調査結果が活かされることは一切なかった。

　小池（建夫）さん、やくざみたいで怖かった（笑）。いろいろ案内してくれた。（元繊維問屋則武商店の建物で、2階に置いた反物をそのまま1階に投げ下ろし、客に見せるために）真ん中が吹き抜けになっているスターネットジャパンビルを見に行って陶然とした。「貸してくれる」とも言っていないけど、これしかないだろうと思った。生きているまちで、通りの感触がアンチームな感じがした。まちの雰囲気、まちの狭さ、通りの狭さ。声をかけられたら、向こうに声が届く。それから、（長者町は）それほど流行っていなかった。生きている現役なまちで、しかも、大成功しているまちでは駄目だろう。あれが隆盛を極めている繊維問屋街なら入れてくれる余地はない。生きているまちなのにそれなりにシャッターが降りたり、空いている店があって、

我々を受け入れる余地があるということもあった。絶妙だった。まちの人には小池さん以外は会っていない。小池さんはやくざみたいだったし、本当は全然怖くなかったのだけど、最初の挨拶では怖かった。「いろいろたくさん見て歩こう」と（拝戸さんと）言っていたけど、これしかないだろうと決めた。他は見なくていい。全部調べても長者町（地区）になったと思う。こっちが勝手に決めただけで、まちの人に話しているわけでも相談したわけでもない。会ったのは小池さんだけだった。

　小池はゴルフ場経営者の顔も持つが、不動産会社スターネットジャパンを経営し、兄の小池隆が長者町で問屋を経営する縁で、長者町地区に空きビルや伏見地下街の店舗を複数所有する。筆者が彼と最初に出会ったのは、「まちの会所」だった。のちに筆者らとのお酒を何度も酌み交わすつきあいのなかで、あいちトリエンナーレに理解を示し、スターネットジャパンビル、伏見地下街店舗等展示場所の無償提供で協力をえた。

あいちトリエンナーレ実行委員会事務局の対応

　こうして建畠は、パサージュをイメージできる場所として、まちの雰囲気や通りの狭さなどから長者町地区を会場と提案した。しかしながら、政策決定を担うのは愛知県知事及びあいちトリエンナーレ実行委員会である。その意向を最大限尊重するが、芸術監督には決定権限が与えられていない。愛知県、特にあいちトリエンナーレ実行委員会事務局（以下事務局）は建畠監督の提案をどのように受け止め、長者町を会場として決定したのだろうか。

　神田知事は「できれば美術館で完結してほしい」という意見をかなり持っていらして、外に出ていくことに最初は少なくとも消極的だった。知事の意向もあったのだろうけど、事務局の人も消極的で、なるべく集約してという感じではあった。「（長者町会場を）やめてください」とは言われなかった。「絶対困ります」という感じではなくて、ただ、「困ったことを言い出した」みたいな感じではあった。

　（長者町プロジェクトを実施することを公表した2009年6月以降も）事務局からは「しょぼくれたところではなく、もっと立派な商店街でやったらどうですか」と繰り返し言われた。（立派な商店街にあたる）広小路は、実際（事務局が）動いたけど、（展

写真3-8《室内森／粘土神》(長者町プロジェクト2009)、長者町繊維卸会館、撮影：山田亘

示場所が）見つからなかったようだ。別に拒絶したわけではないけど、僕としては魅力を感じなかった。あそこで大きな会場を用意されても美術館でやればいい。「どっちとりますか」というと長者町（地区）に惹かれた。事実、広小路は（展示場所が）揃わなかった。成功している商店街はなかなか難しい。

　（とはいうものの）事務局の方も、知事も、プレイベントが成功してガラッと雰囲気が変わった。それから、吉田さん（吉田有里あいちトリエンナーレ2010アシスタントキュレーター）が連れてきた（淺井裕介など）滞在型のアーティストがいてまちの雰囲気も変わった（**写真3-8**）。

　2010出展作家の一人である淺井裕介は、プレイベントでも展示会場の一つである長者町繊維卸会館や旧玉屋ビルで、テープを用いて成長していく植物画《マスキングプラント》を制作した[33]。実際にアーティストと接することで、あいちトリエンナーレに親近感を持つ声がまちの人たちのなかに増えた。それに対して「学芸会の延長ではないか」との厳しい声もあった。

建畠のインタビューに話を戻すと、知事が「美術館で完結してほしい」という意見を持っていたこと、知事の意向もあり事務局がオアシス21やテレビ塔以外のまちなか展開に消極的なスタンスであったことが伺える。加えて、長者町地区を会場とすることを長者町と合意してからも、パサージュと対照的な広小路を会場として推す力が事務局から建畠監督に強く働いていた。何らかの圧力が愛知県に働いていたのではないか。
　とはいえ、芸術監督である建畠が長者町地区を会場に強く推す以上、事務局も無碍にはできない。2009年4月以降は隣接都市空間の一つとの扱いではありながらも、長者町地区を会場として先方と交渉を進めることを前提に、担当者を置く。先にも紹介したが、企画事務を担当したのが筆者である。そして、キュレーションを担当したのが吉田有里あいちトリエンナーレ2010アシスタントキュレーター（以下吉田有里アシスタントキュレーター）だった。あいちトリエンナーレではキュレーション担当としてキュレーター以外にアシスタントキュレーターを置く。長者町会場は若手アーティストが多いこと、かつフットワークが要求されることから、若手の吉田有里らが担当した。

長者町の対応

　2009年4月8日筆者らが事務局員として、まちづくりの若手リーダーである堀田（当時42歳）に2010の開催を初めて打診する。長者町の受け止め方はどうだったのだろうか。
　まちづくりに先頭に立って取り組む堀田は「（展示場所確保の困難さなど）そういったことを理解した上で、お互いどう進めるか考えましょう」[★34]と前向きだった。彼は、あいちトリエンナーレが開催されることでのまちのメリットを、のちのインタビューで次のように話す[★35]。

　たとえば、住宅地のまちづくりなら、安全安心のまちづくり・老人に優しいまちづくりなど選択と集中とかはなくて何かを切り捨てるという作業はない。コミュニティがまとまっていけば、まちづくりができる。一方、商業地になると選択と集中によって、何かまちの方向性を決めたり価値を高めたりしながら、高付加価値のまちをめざさないといけない。どこのまちもアートを取り入れたいと思っている。それは戦略

的にアートに対して考えている人もいれば、本能的に思っている人もいる。（アートが）お金を生むということでなく、アートがないと成熟したまちにならない。カフェ・レストランだけではまちの魅力はそこにはない。アートが隙間に見えてくると初めて成熟したまちになる。

　（ビルを再生した）えびすビルパートⅠにギャラリーが入っている。15坪で４万円はありえない賃料である。デザイン会社・クリエイティブな業界をまちに入れ込むということでやっている。ギャラリー・アートはチャンスがあれば、お金を生まなくても入れ込んでいくというのがもともとあった。しかし、アートは入れ込みにくい。入れ込もうと思っても、予算がなかったり、いろいろある。「現代アートをまちでやると、部屋が赤く塗られるとかビルが緑になる」という話があったように、まちの人が理解するのが難しい。難しい部分を愛知県というとても信頼に足るところが、まちにとって入れ込みにくい部分をまちになじませる最良の手段というのが、僕の始めだった。

　愛知県は、芸術監督も含めアートによるまちづくりを意図しなかった。それに対して、長者町では少なくとも若手リーダーの堀田は、これまではやろうとしても上手くいかなかったりしたのだが、長者町地区の展開がアートをまちづくりに取り入れていくきっかけとなることを強く期待していた。もちろん、アートをまちづくりに取り入れたいとの彼の考えは、2010開催前は、まちづくりの核となっていた長老たちも含め長者町では到底理解されるものではなかった。

▶2.4　2010の開催準備と開催★36

　愛知県、特に、幹部らはアートプロジェクトによる地域づくりに関心がなかっただけでなく、長者町地区を会場としたくなかった節すら見受けられた。長者町地区を会場として強く推したのが芸術監督の建畠であるが、「（商店街を活性化しようという発想ではなく）トリエンナーレの魅力を最大限発揮するために」、「生きているまちに関わりたい」などの彼の発言から伺われるのは、アートによるまちづくりではなく、アートがまちを面白く活用する視点だった。これに対して、長者町では若手リーダーがアートをまちづくりに取り入れるきっかけとしたいと強く期待したものの、まち全体では当初は愛知県任せと

いう態度が見え隠れする。

　ところが、長者町地区が2010の会場として決定されると、まちづくりに対する無関心層も含む地区の地権者・事業者らが展示場所確保や作品制作に協力し、開催終了後も事業者有志らがアートイベントを定期的開催するなど、図らずも地域づくりで成果を挙げ、まちにとって起爆剤となっていく。以下では、展示場所確保・作品制作の協力の順に、長者町で一体何が起きたのか、そのプロセスとともに明らかにしていく。

2.4.1 展示場所の確保等
展示場所確保

　長者町会場は都市部ゆえ、展示場所確保は困難を極めた。長者町地区の家賃相場は当時1坪1万5,000円／月であった。1フロア30坪だと月額45万円に相当する。2009年秋に2010のPRを主な目的としたプレイベントを実施し、当初5ヶ所程度の展示を予定した[★37]。準備を含めると4ヶ月間必要なので、賃料だけで900万円かかる。だが、予算は約620万円で、制作費相当分しかない。会場受け入れを打診した2009年4月当初から、長者町に展示場所の無償提供を求めざるを得なかった。

　5月下旬織物協同組合の総会が開催され、展示場所の無償提供を条件に受入れの可否が議論された。「（長者町は）芸どころ、骨董の町としての歴史もあったが、そうした文化が薄れてきている。トリエンナーレの展開が文化の芽を植えつけるきっかけにしたい」などの若手リーダーである堀田の積極的な発言もあり、正式な受入れが決定される。とはいうものの、織物協同組合の代表的な意見は「人とお金は出せない。出すとすれば場所ぐらいか」であった。こうした発言からは、「展示場所の無償提供は協力するものの、場所の確保も含めその他全て愛知県がやるならどうぞやってください」とのまちの当初のスタンスが伺える。

　当時の総会の様子を建畠は次のように語る[★38]。

（二代目の長老たちは）何を言っているかわからんけど、若いものが一生懸命やるのだったら、やってもいいのではないかみたいな感じだった。プレゼンの内容自体

はちんぷんかんぷんみたいだった。「どれぐらい儲かるのか」と聞かれ、「一銭も儲からない」というと「変なこと考える奴がいるんだ」と不思議がられた。「儲かるどころかお金いっぱい使って回収もしない」と言ったら、「何を考えているかさっぱりわからない」と言われたのを覚えている。堀田さんが一生懸命言っているから、とりあえずやってみるかという感じだった。拒絶はされないけど不思議がられた。

　こうして2010の受入れやプレイベントの展示場所の無償提供について長者町の了解が得られたものの、個々の空ビル・空店舗の所有者の理解が直ちに得られるわけではない。「空いているから貸してもよい」と最初に協力的な態度を示した長者町繊維卸会館を所有する吉田（吉田商事株式会社会長）ですら、吉田有里アシスタントキュレーターと筆者らが幾度も通い、3ヶ月を要してようやく覚書を締結できた。他の空ビル・空店舗についても、堀田をはじめとした長者町が持つネットワークを活用して、所有者を紹介してもらう。展示場所確保の目処がたった8月末までに、吉田有里アシスタントキュレーターらが地権者のもとに足を運んだ回数は約40回に及ぶ。こうして幾度も足を運んで信頼関係を作っていった結果、愛知県は7ヶ所約700㎡の無償提供を受け、プレイベントでは9作家が展示を行った。

　展示場所の無償提供を呼びかけたことで、これまでまちづくりに参加しなかったり、関心が薄かったりした地権者らの協力が得られたことから、長者町側の窓口でもあった堀田は、展示場所の無償提供が今後のまちづくりにメリットがあることを認識した。その一方で、2010長者町会場の予算はアーティスト制作費約2,000万円、会場設営費約1,500万円（人件費、広報費、会場運営費別）で、プレイベントの総予算約620万円の5倍以上の規模で行われ、展示場所確保に一定額を支払う余地はあった。だが、愛知県はできる限りコストを削減したかった。それぞれの利害が一致し、2010についても愛知県と長者町は地権者らに展示場所の無償提供を求めることで合意する。

　2010の展示場所確保の取り組みはプレイベント期間中から始まり、開幕直前までに吉田有里アシスタントキュレーターらは50人以上の地権者らと接触し、計約120回の交渉を行う。幾度も顔を出すことで顔なじみとなり信頼関係を作っていく。ところが、愛知県の幹部らは飲み会の席などで「展示

場所が確保できないなら長者町でやらなくてもよい」、「展示場所確保は長者町で目処を立ててほしい」など長者町の協力が先に有りきで進めようという態度を見せることもあった。建畠の先の発言にあったように「広小路を会場としたい」との思惑があったのかもしれないが、当然のことながら長者町の信頼を損ねた。こうした長者町と県幹部らの意識の擦れ違いを埋めるために、現場は、長者町でなく愛知県が展示場所を確保するのだというスタンスを貫く。たとえば、必ずしも期日までに覚書を交わすことにこだわらず口約束で済ますなど、長者町の人たちと同じ目線で融通を利かせた。時には「愛知県に貸すのでなくあなた方に貸すのだ」と地権者らから言われることもあった。こうして2010でもプレイベント同様に、これまでまちづくりに関心が薄かった地権者・事業者・居住者らから、展示場所確保のため多数の協力をとりつけることができたのだ。

企画の協働

　協力は展示場所確保に止まらない。プロジェクトの円滑な実施を目的として、「あいちトリエンナーレ2010長者町プロジェクト推進会議」を設置し、長者町の有力企業3社のそれぞれの代表者3名・愛知県4名・名古屋市1名の計8名をメンバーとした。そのもとには、実働部隊として「長者町プロジェクト推進チーム」を作り、若手経営者7名・まちづくりに取り組んできたNPO法人まちの縁側育くみ隊6名・吉田有里アシスタントキュレーターと筆者ら事務局5名の計18名がメンバーとなった。両組織とも展示場所確保の協力を得ることを主な目的として発足したが、「長者町プロジェクト推進チーム」は長者町の若手経営者らと愛知県の現場が企画を協働する組織に発展していく。

　最初のきっかけが、プレイベント開催中2009年10月12日（月・祝）に実施した「アートリンク」だった。出展作家の山本高之＋出口尚宏が、長者町通に歩行者天国エリアを設け、洗車パフォーマンスを行うことを、愛知県に提案する。筆者らは、愛知県警察中警察署に歩行者天国実施の相談で7月から幾度も通う。しかし、「道路は車が走るところで、停めるところではない。車3台でパフォーマンスと言われても伝わらない」とにべもない。

写真3-10 草間彌生オリジナルデザインのリボン
（長者町プロジェクト2009）、©TY

　見通しが立たないなか、閑散とする土日祭日の活性化が長者町の課題でもあったことから、9月に入り「長者町プロジェクト推進チーム」が主体となり、まちとの協働企画として次の三つを実行していく。一つには、歩行者天国の実施は、中田良平下長者町町内会長（当時・2010年1月逝去）の協力を仰ぐこととした。防犯等で常日頃から中警察署に学区単位で協力している中田会長の効果は絶大だった。中田会長とともに相談に出かけると、コーヒーの提供を受けたうえ、それまでとは一転和やかに手続きの説明を受け、歩行者天国実施の許可を得ることができた。一時は諦めかけた洗車パフォーマンスが実現する（**写真3-9**）。二つには、まちぐるみのイベントであることを示すため、NPO法人まちの縁側育くみ隊がワークショップ「タンケン・ハッケン・ホットケン」を同時開催した。参加した子どもたちは、長者町を探検し、発見し、ほっとけないことを布絵に表現した。三つには、まちから飲食店に働き掛け、通り沿いのカフェ・パン屋が定休日のお店をオープンさせた。しかも、これは、まちにとって土日祝日の活性化に一歩踏み出す意味を持った。

　また、若手経営者らと愛知県の現場の信頼関係や絆を強めることにも貢献したのが、「草間彌生オリジナルデザインのリボン」を配布する仕掛けである。株式会社堀田商事の代表取締役である堀田は、家業でのぼりを扱っている。プレイベントの少ない予算の中で約30万円の広報費をやり繰りした筆者は、堀田にのぼりの購入を相談した。それに対して、堀田は家業の売り上げを捨てて、その30万円をフランスのフォンタネル社製リボンの購入に充て、会場で観客に配付するアイデアを披露する。堀田のアイデアをもとに、長者町プロジェクト推進チームがデザインをはじめとした企画提案を担い、草間彌生のデザイン協力にも発展した。こうしてリボンを身につけた観客が展示会場やまちなかを回遊することで、リボンがまちと人とアートのつながりを作っていく仕掛けが作られたのだった（**写真3-10**）。

写真3-9 みがきッコ（山本高之＋出口尚宏）《みがきっコ・ジャンボリー2009》、あいちトリエンナーレプレイベント「長者町プロジェクト2009」でのイベント、長者町通

ゑびす祭りの同時開催（企画の協働）

　こうして若手経営者らと愛知県の現場が信頼を積み重ねていくなか、ゑびす祭りを例年の11月でなく10月に時期をずらして、2010と同時開催するか否かが長者町で議論となった。広小路や納屋橋での他のまちなか展開が噂となり（**図2-1参照**）、「トリエンナーレの開催場所が分散するようであれば協力するメリットはない」と長者町から愛知県を牽制する意見も出されていた。

　こうした意見に対して、愛知県の幹部らは「他地区での展開は建物を借りるだけだ。住民と肩を組んだ展開は長者町だけであり、まちなか会場のメインである」と度々出向いて理解を求めた。神田知事がプレイベントを視察し長者町に関心を示したことで、この頃には幹部らの態度も徐々に変わりつつあった。2010の集客が全く読めないなか、ゑびす祭りの10万人の集客が愛知県にとって魅力に映ったという事情もあった。それでも、長者町では「祭りというのは日を変えるものではない」「例年通りと思っている出店業者や客への周知が大変だ」など、祭りの実務を担う三代目若手経営者を中心に反対意見が根強かった。

　とはいうものの、祭りの準備を考えると早急に結論を出さなければならな

い。2010年1月26日のゑびす祭り実行委員会準備会で、芸術監督の建畠も交え、結論を出す場が設けられた。当日の様子を振り返ってみよう。

「ゑびす祭りは地域のお祭り、トリエンナーレは芸術イベントであり、性格が違う。別にやった方がよい。同時開催しなくても長者町としてトリエンナーレに様々な協力をすればよい」「トリエンナーレは昨年より規模を大きくするという。昨年ですらゑびす祭りの準備で一杯一杯だった。果たして一緒にやれるのか」など同時開催に消極的な意見が、実務を担う長者町の若手らを中心に次々と出される。

中堅の丹羽幸株式会社総務本部総務部リーダー米津文彦も「見に来る人にとっても、お祭りをやっているのか、トリエンナーレをやっているのか中途半端にならないか」と強く反対した。丹羽幸株式会社は織物協同組合で八木兵株式会社と並ぶ有力企業の一つで、織物協同組合の会議では米津が出席するのが慣例となっており、彼の発言は若手らに影響力を持っていた。若手だけでなく中堅も反対したことで、議論の流れは別々に開催することに傾いていた。こうした状況に建畠はじめ愛知県側は頭を下げて同時開催をお願いし、まちの意見を聞いているほかなかった。

ところが、議論の終盤、長老の一人浅野隆司（ゑびす祭り実行委員長・当時／綿常ホールディングス株式会社代表取締役）が反対する米津に「あんたの気持ちもわかるが、長者町はこれだけのことができるパワーを持ったまちなんだと世

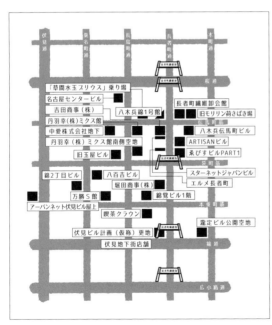

図3-3 2010長者町会場
©あいざわけいこ

間に示したらすごいんじゃない」とやや小声で話しかける。これに対して、部屋に響き渡るような大声で米津が「わかった」と反応する。「ゑびす祭りとトリエンナーレを一緒にやることがまちの活性化につながるなら、多少の苦労は目をつむろうではないか」[*39]。この一言が流れを劇的に変えた。

　その言葉を受け、態度を明らかにしていなかった長老格の山口兼市（織物協同組合理事長／八木兵株式会社代表取締役）が「トリエンナーレをやることで、連絡調整など大変なこともあるかもしれない。ゑびす祭りを全国に、世界に売り込むチャンスだ。新しい挑戦をしたい」と引きとる。満場拍手で同時開催という結論が出された。若手経営者だけでなく、中堅や長老も巻き込んで、長者町があいちトリレンナーレに当事者として取り組むきっかけが生まれた瞬間だった。

長者町の当事者意識の芽生え

　ゑびす祭りとの同時開催を決めてからは、山車の練り歩きなど長者町が愛知県とイベントの企画を協働で練るなかで、長者町の愛知県の幹部らに対する不信感も自ずとなくなる。同時に、若手経営者・中堅・長老たちがあいちトリエンナーレを一緒に盛り上げていこうという勢いが増してくる。

　また、信頼関係が通用しない地区外に本拠を持つ大企業との交渉で吉田有里アシスタントキュレーターらが1時間以上座り込んだことが噂となって広まる。この逸話は、堀田へのインタビューにもとづいたアエラの記事[*40]でも紹介された。こうしたエピソードが、「彼女らがそこまでやるなら、自分たちもひと肌ぬごう」と長者町に一層の当事者意識を育てる。それに加えて、開催が間近に迫り、心理的にお祭り感が高まったこともあっただろう。開催数ヶ月前には、その大企業に対し嘆願書を提出し、まちぐるみで圧力をかけた。かくして、展示場所確保を我が事のように心配し、様々なアイデアを提案し、行動するにいたった。結果として、長者町は計29ヶ所約5,000㎡を展示場所として無償提供し、約9,000万円相当の賃貸料を負担した（図3-3）。

　幾人ものまちの人たちが応援してくれるからだろう。会期が近づくにつれ、筆者はまちの大きな力を背中で感じていた。というよりも、自分という存

在が消え、まちの力そのもので先方との交渉にあたり、次々と展示場所の無償提供の交渉がまとまっていったことを記憶している。

2.4.2 作品制作の協力

　作品制作の際、住民の協力を必要とせず、展示作品をまちなかの展示スペースに置くだけでは、アーティストや作品が地域コミュニティ形成面で大きな影響を与えるにはいたらない。例えば、ジュー・チュンリンは、長者町の光景を取り込みながら、独特のドローイングを組み合わせたコマ撮りのアニメーション作品を制作した[★41]。会期前の5月下旬から長者町界隈に滞在し、長者町での制作期間が最も長いアーティストであるが、地域コミュニティ形成という観点からは大きな影響を与えたとはいえない。

　アートによる地域づくりという視点がなかったこともあり、長者町会場ではアーティストがまちや他者を巻き込むプロジェクト型の作品はそれほど多くはなかった。それでも、地域コミュニティ形成の面で起爆剤となった作品が少なからずあった。長者町の人たちの関わりを必要とした代表的な二つの作品について何が起きたのか、そのプロセスとともに明らかにしていきたい。

ナウィン・ラワンチャイクン《新生の地》

　一つ目の作品が《新生の地》である。建畠と拝戸雅彦（あいちトリエンナーレ2010キュレーター）がまちに関わりあるアーティストを探していた。そうしたところ、イタリアとタイに住むピエル・ルイジ・タッツィ（あいちトリエンナーレ2010キュレーター）が推したのが、福岡在住のタイ人アーティストで、社会とアートをつなぐ作品で実績があったナウィン・ラワンチャイクンだった[★42]。彼は、長者町で歴史を作ってきた事業者・住民らにインタビューし、それをもとに絵画《新生の地》を作成し、大型の壁画として屋外にも設置した（**写真3-11**）（**図3-1参照**）。

　ナウィンから「女性を半分入れて約10名のまちのキーパーソンをインタビューしたい」と要望がありアーティストとまちの間をつないだのが、名畑恵（NPO法人まちの縁側育くみ隊事務局長）である。選びきれない名畑は20名程度の年齢・住所・詳細なプロフィールを記したリストを作成し、ナウィンに

写真3-11（上）ナウィン・ラワンチャイクン《新生の地》(2010) 堀田商事株式会社壁面、©あいちトリエンナーレ実行委員会
写真3-12（下）ナウィン・ラワンチャイクン、展示風景 (2010) 長者町繊維卸会館、©Netwrok2010、撮影：岩崎明夫

手渡す。幾度かのやり取りの末選ばれた14名の中には、まちづくりに参加しなかった人や、50年以上まちで毛糸屋と喫茶店をそれぞれに営む女性二人が含まれていた。完成した絵画では、この二人の女性が真ん中に鎮座する。彼女らを取り囲むように、まちの歴史を作ってきた約20人の肖像が描かれた。そこには、モデルとなった彼らが長者町の思いを込めて詠んだり、「まちづくり憲章」で詠まれたりした短歌が、添えられた。完成した絵画はまちの権力構造と全く無縁のものとなっていた[43]。

滝勇はインタビューを受けた一人で、その後を継ぎ問屋を経営する滝一之（滝一株式会社代表取締役）は当時の様子を次のように話す[44]。

あの人が書きたいと思ったのは、元気で活気があって、笑いっていうエネルギーがまちを良くしていく、そういう人たちが集まってソサイエティができていくのをイメージしていた。だから父の妹が大きく出て、歯を出して笑っている。（その絵とは別に、チェンマイの繊維街に生まれた）ナウィンさんが、日本と文化が違うけど、都市（の繊維街）で生活するタイの人たちと日本人を仮想で、（同じ絵の中に）差別とかもない理想郷として書いた（**写真3-12**）。あの人が訴えられたことはそういうエネルギーが必要だということだと思う。ナウィンさんは「そういうまちをこのまちに望んでいるんだ」と受け止め、「まちのことは何もやっていなかったら、ちょっとやらなあかん」と思ったりした。

インタビューにまつわるエピソード
インタビューにはナウィンの了解を得て、名畑や代表の延藤もNPO法人まちの縁側育くみ隊の調査として同行した[45]。作品が地域コミュニティ形成面で直接影響を与えた話からはやや逸れるが、ここでナウィンのインタビューにまつわるエピソードを紹介しよう。実は、滝と名畑と延藤が顔を合わせたのは、ナウィンのインタビューが初めてだった。滝はそれまでまちづくりについて、まちに多くの不動産を持つ特定の人の資産運用を目的とするものだと思い、まちづくりには一切参加していなかったからだ。

（ナウィンとの）話が終わって、「帰ります」と言って、玄関を跨いだときに「スミ

レ咲いてますよ」と話をした。（歩道と会社の玄関の隙間の）細いところに、毎年咲く。みんな知らない。気がつかない。すると、名畑さんと延藤先生が急に感激した。僕は何に感激したかわからなくて、「他の雑草を抜いて、何年も前から世話している。ちょっと乾燥すると水をたまにやったり」と、そういう話をしたら一生懸命写真を撮られて、「こういうところに目をつける人がいるんだ」という話になって、（それまで）僕は誰にも言わなかったが、ある日たまたま話したらああいう風になっちゃった。

　名畑は、「まちの会所」にもどり、思わず「大物がつれたぞ」と声を上げたという。「父親が長命であることから、昔のことを知っているだろう」と名畑らはナウィンとともに滝を訪ねたのだが、この「スミレの花」のエピソードがそれまで全く交流がなかった両者を結び付けるきっかけとなっていく。そのほぼ1年後2012年春、知人の浅野隆司（ゑびす祭り実行委員長・当時）から「滝君もまちづくり連絡協議会に入ってくれんか。何もしないでいいから」と説得され、「籍だけで何もしないから」と滝は入会する。丁度マスタープランが作成された直後で、初参加の会合で「まちの人が分かるように手引き編を作ったらどうか」と滝が発言する。それなら、「滝さん一緒に作成してください」と言われ、自ら作る羽目となる。この時初めてマスタープランを読み、まちづくりへの誤解が解けたという。

　それ以降、滝は、ゑびす祭りやまちづくりにキーパーソンとして積極的に関わっていく。あいちトリエンナーレ2013では、展示場所確保の際地権者への働きかけの労を惜しまなかった。また、長者町を訪ねた多くの若手アーティストを食事に誘い、滝の言葉を借りれば「いい加減なおもてなしでなく、亭主としておもてなしした」という[★46]。

　絵画を作成するプロセスでまちや人の歴史を遡るインタビューをナウィンが行ったことが、滝をはじめとしたまちの人同士の「出会い」に後々影響を与えていくのだった。

《長者町ゑびすパーティ with ナウィン》
　作品が地域コミュニティ形成に直接寄与した話に戻そう。ナウィンは、絵画《新生の地》を壁画として飾るだけでなく、そのお披露目を兼ねた《長者町ゑ

びすパーティwithナウィン》を開催し、訪れる者や長者町の人たちの「出会い」を作りたいと考えた。ナウィンは、このパーティを「作品として、長者町が関わるかたちで開催したい」と要望した。

　当初は織物協同組合が受け皿として挙がったが、織物協同組合は意思決定に時間がかかることから、開催日までに準備が間に合わないことが危惧された。そこで、意思決定の仕方が曖昧な若手経営者のグループである青長会に白羽の矢が立つ。ナウィンの要望に対して、青長会は、飲み会で親睦を図る程度の活動に止まっていたこともあり、当初は二の足を踏んだ。しかし、ナウィンらの説得の結果、ようやく重い腰をあげる。一度腰をあげるとイベントを企画する楽しさや直前のお祭り感もあったのだろう。キュレーターらのサポートを受けながら、愛知県と打合せを重ね様々な企画を考えた。会場は壁画が掲げられた堀田商事北側の駐車場を借り上げることとした。前日から会場設営を始め、仮設ステージを作った。

　8月21日(土)の18時から、まずは、愛知県立芸術大学学生のサウンド・パフォーマンスと草間の水玉プリウスの登場とともにそのパーティは始まった。ナウィンの合図とともに幕がかけられた壁画のお披露目が行われる。サポーターズクラブは、そのパーティに水風船やうちわづくりの屋台を出して参加した。

　続いて、延藤による星空幻燈会が開催された。スライド映写機の使用にこだわる幻燈会は、延藤がまちづくりの実践で続けてきた。延藤の言葉を借りると「まち育ての現場におけるヒト・モノ・コトの有機的関連の様相をいきいきと写真に収める。(中略)活きのよいビジュアル・イメージが詰まったスライドを物語的に編集する。(中略)ゲントークとは、言葉と映像による世界の捉え直し、あるいは状況をつくりかえ再構成していくストーリー・テリングである」★[47]という。この日は星空の下、特設スクリーンにスライドを映しながら、長者町の歴史やあいちトリエンナーレをきっかけとした長者町とアートの出会いを延藤が語った。先ほどの滝と延藤の出会いを強く結びつけた「スミレの花」のエピソードも「都市に咲く花」として紹介された。

　その後、若手経営者が結成した長者町バンドの演奏が行われたほか、途中からはあいちトリエンナーレ出展作家のトーチカが飛び入りで参加した。

トーチカは、ナガタタケシとモンノカヅエによるクリエイティブユニットで、デジタルカメラによる長時間露出とコマ撮りアニメの手法を融合し、空中にペンライトの光でアニメーションを描くという画期的な作風、《PiKAPiKA》を編み出している[★48]。この日は、ナウィンの壁画が掲げられているビルの壁面に、観客とともに作った作品をプロジェクターで映し出していた。

　最後のフィナーレでは、参加者全員がバンドの演奏に合わせ踊る姿が見られた。あいちトリエンナーレやまちの関係者のなかには感極まって泣き出すものもいた。2010の会期の初日ということもあり、昼間各会場を見て回った観客もこのパーティに参加した。観客数は主催者発表で計350人を数えた。青長会が初めて企画し、しかも、主催者ともなった大規模なイベントが、長者町会場のオープニングに相応しいパーティとなった。

　地域コミュニティ形成に直接寄与したこのパーティに関わる話をもう一つ紹介しよう。堀田は次のように記す。

（前略）その場でナウィンさんの力作絵画の壁画バージョンの除幕式も行われた。このまちの多くの人がそこに訪れる。絵の中にあった軍服姿の若い男性、現在もこのまちで生活している90歳を超えた人も家族に付き添われこのパーティに参加した。

　まちづくり、すなわちまちを変えていくには様々な意見の対立もある。そのためにまちで生活する全ての人がそういったものに参加するとは限らない。この老人は町の組織に批判的な人でもあった。そんな人が笑顔でこういったパーティに参加していることこそアートの力だと感じた。

（中略）そしてこの老人あるいは会場の使用に反対した人の大きな変化を見るにつけ、アートとまちの関わりの素晴らしさを感じた[★49]。

　ここで紹介された老人は長者町通沿いで問屋を経営しながらも、組合中心のまちづくりにはそれまで一切参加することはなかった。この老人こそ先に紹介した滝一之の父親にほかならない。

KOSUGE1-16《長者町山車プロジェクト》

　二つ目の作品が、筆者がアートの力を目の当たりにした《長者町山車プロ

ジェクト》である。まちの人と一緒に作品を作るアーティストとして日本で数多くの実績があったこと、作風が「都市の祝祭」というテーマと合致したことから吉田有里アシスタントキュレーターが推したのが、車田智志乃・土谷享の二人組によるアーティストユニットKOSUGE1-16だった。彼らは、戦争で消失した長者町地区の山車に替えて、アート山車を制作する。

　制作過程では織物協同組合の二代目の長老たちにその歴史をインタビューし、「昭和25年頃から30年頃、長者町に早川豊彦さんという丁稚さんがいた。彼は身長150cmに満たない小さな体ながら、大きくて頑丈な運搬用自転車を操っていた」[★50]という小話をからくりに取り入れた。長老たちは、アーティストによるインタビューによって知らぬ間に作品制作に協力する結果となったり、戦争で焼失した山車を再生することでまちの誇りを感じ始めたりしていた。

山車の練り歩き

　KOSUGE1-16は、こうした山車の制作にとどまらず、ゑびす祭りで長者町の人たちがその山車を曳くことを企てる。これに対して、長者町は、山車を曳きなれず事故の危険もあることから、曳き手を余所から雇うことを提案する。しかし、KOSUGE1-16は「長者町の人が山車を曳くことで、長者町の人が力をあわせる。それこそが作品の意図だ」と譲らない。

　その企図を、あいちトリエンナーレ終了から1年後に長者町に寄せた文章[★51]で、メンバーの一人である土谷享は次のように語る。

　（中略）"つくる""みる"という関係に"ささえる"という軸を立てた。それは日本という地域が近代化の過程で置き去りにし、置き去りにされてしまった事自体も忘れてしまった"ささえる"という軸である。つくる事にもつくった後にも支えが必要、そんな面倒なアートを目指したのが、この「長者町山車プロジェクト」である。（中略）「長い年月をかけて新陳代謝を繰り返していくと、やがて山車が人々を支える逆転がおこるのではないか」。実はこの妄想が現実になった時にはじめて、山車と町の"もちつもたれつ"が成立し、同時にアートとしての自立を成し遂げると予想している。補足すると、山車がアートなのではなく、人々と山車の関係性そのものがアート

なのである★52。

　山車という面倒なものをあえて長者町に投げ込むことで、地域の支え合いを促そうとしたのだ。KOSUGE1-16はまちづくりの核となっていた若手経営者と話し合いを重ねる。彼らの企図がこれまでのまちづくりの経験からも長者町にとって必要だと感じられたこともあるだろう。若手らは山車の曳き手を自ら担うことを受け入れた。

　9月5日長者町通の一部を通行止めにし、山車の試運転が3時間にわたって行われた。しかし、2ｔもある山車を素人集団が操るのは容易ではない。まっすぐ進もうとしても力を均等にかけなければ方向がずれてしまう。いわんや、曲がり角での方向転換は息が乱れ、何度やっても動かないことが多々あった。上手くいかなければいかないほど、個々の曳き手が勝手なことを言い出し、益々まとまらない。社長の集まりであることが災いしたのか、まさに船頭多くして舟山に登るである。滑ればよいとばかりに路面にござや竹をまき散らしたことがそもそも間違っていた。やっとのことで山車が動いても、そのござや竹に足を救われ、曳き手が山車に巻き込まれそうになる。いつ事故が起きてもおかしくない状況だった（**写真3-13**）。

　長老の一人である吉田俊雄（ゑびす祭り実行委員会テナント渉外部長、吉田商事株式会社代表取締役会長）は、山車の試運転を見て気が収まらない。翌朝、筆者の携帯電話が鳴った。山車がテナントに突っ込んだり、買い物客と接触して事故を起こしたりすることを危惧し、人通りが多い長者町通での山車の練り歩きの中止を求めた。それでもKOSUGE1-16も含めた話し合いが行われ、「安全を確保できるほどの練習の成果が確認できたら」という条件付きで決着した。

　山車の曳き手たちは仕事を終えてから数回にわたり練習を行う。試運転で生じた長老の事故に対する不安を解消すべく、京都の祇園祭の山車の辻回しを研究した。そうすると、息さえあえば少人数でも山車を動かせることが分かった（**写真3-14**）。ゑびす祭り当日、例年どおり2日間で約10万人の人出となった。そうしたなか、事故を起こすこともなく、辻回しの技量も上達し、まさに観客を魅せる腕前となっていた（**写真3-15；3-16**）。

写真3-13 《長者町山車プロジェクト：かたい山車》の試運転（2010）、長者町通、撮影：児玉美香

写真3-14 《長者町山車プロジェクト：かたい山車》の辻回しの練習（2010）、旧モリリン名古屋支店ビル荷さばき場、撮影：児玉美香

写真3-15 KOSUGE1-16《長者町山車プロジェクト:かたい山車》(2010)、長者町通、撮影:石田亮介

写真3-16 長者町ゑびす祭で曳かれるKOSUGE1-16の《長者町山車プロジェクト:かたい山車》(2010)、長者町通、撮影:石田亮介

▶ 2.5 2010閉幕後 ★53
2.5.1 アートイベント等定期的開催など

山車の存続

　山車の練り歩きは多くの観客の喝采を博した。とはいうものの、「山車を長者町に残すことは、保管場所や維持費の確保がままならないことから無理だ」というのがゑびす祭り開催前の長者町の大多数の意見だった。力を合わせたことが長者町に残っていくことを企図したKOSUGE1-16も、長者町の負担を考え、山車を残すこと自体は半ば諦めていた。ところが、曳き手らが練習を重ねて技量を向上させ、その結果山車の練り歩きを成功させた達成感が風向きを変えつつあった。

　あいちトリエンナーレ終了直後の11月1日（金）、山車の曳き手を主なメンバーとして、山車の存続を議論するための話し合いの場が「まちの会所」で持たれた。長者町会場の展示が前日に終了し、保管場所が見つからなければ他の展示作品同様に山車を廃棄するしかなかった。解体したとしても、それなりの広さと高さと雨よけの屋根が必要だ。話し合うが、山車を保管できる場所が容易にみつからない。しかも、仮に保管場所が見つかったとしても、年間約50-100万円が見込まれる修繕等維持・活動費をいかに捻出するかに頭を悩ました。山車を残したい気持ちはあるが、アイデアも浮かばないし、お金も足りない。議論が堂々巡りをし始めたころ、声をかけていなかった浅野（ゑびす祭り実行委員長・当時）がたまたま顔を出す。事情を察し、その場で一本の電話をする。知り合いの看板業者に、郊外の倉庫を無償で借りられないかを相談したのだ。すぐに先方から前向きな返事をもらう。とにもかくにも、これで保管場所が決まった（**写真3-17**）。

アートイベント等定期的開催

　その一方で、山車の維持・活動費は、後日若手経営者の1人である佐藤敦（株式会社エフェクト代表取締役）が中心となり、寄金を募るアイデアが出された。お金の相談は、大口スポンサーとなる長老の理解がないと始まらない。11月19日（金）長老格の山口（織物協同組合理事長／八木兵株式会社

写真3-17　山車会議　左から佐藤敦・土谷亨（KOSUGE1-16）・堀田勝彦；手前左から吉田有里・米津文彦・浅野隆司（2010年11月1日）、「まちの会所」、©TY

代表取締役）と浅野（ゑびす祭り実行委員長・当時）の二人を交え、山車の曳き手を主なメンバーとした話し合いの場が、株式会社八木兵錦1号館の応接室で再度持たれた。佐藤は「山車の活動費を集めるという名目では地区全体の合意が得られそうにない。2010が終わっても長者町でアートに関する活動をし、そのための寄金を集めたい」と話す。山口が「やったらいいじゃない」と後押しした。

　こうして事業者の有志らが長者町アートアニュアル実行委員会を設立し、2010年11月29日（月）「錦二丁目長者町地区×あいちトリエンナーレ2010サンクスパーティ」を開催する。そして、「長者町界隈アートアニュアル宣言」を発表し、年間を通じて長者町界隈ならではのアートを発信し、アートイベントを継続的に実施していくこととした。

2.5.2 アートセンター設立支援
まちからの申し入れ
　長者町アートアニュアル実行委員会がアートイベントの定期的開催を宣言

写真3-18 鴨料理屋での会食　左から堀田勝彦・浅野隆司・山口兼市・吉田俊雄（2010年11月1日）、長者町、©TY

した以外にも、2010閉幕前後から長者町地区の地域コミュニティ形成に様々な変化が見られた。

　2010が開催されるまでは、愛知県が何か依頼をするたびに、長者町は駆け引き材料として「あいちトリエンナーレを次回も長者町地区でやるのか」と繰り返し問うた。ところが、会期中多くの観客が訪れるのを目の当たりにし、「会期が終わっても作品を残してほしい」「会期終了後も、まちにアートの拠点を残せないか」との声が自然発生的にあがる。のみならず、2010年10月中旬、山口（織物協同組合理事長）・堀田を含む長者町の代表5人が愛知県庁に出向き、大久保裕司県民生活部長（当時）に1）2010終了後も長者町地区にアートの拠点を残すこと 2）次回も長者町地区を会場とすることを申し入れた。「次回も長者町地区でやりたい」と変化したのだ。

　県庁に出向くだけでなく、会期終了直後の11月1日（月）の晩、長者町地区に新しくできた鴨料理屋で長者町の代表らは大久保部長を囲んで一席を設ける（**写真3-18**）。まちの会所で山車の曳き手たちが話し合いで山車の保管を決めた後でもあった。その席で大久保部長からは次の発言がある。

長者町でやることはやぶさかではないが、今回の成功を見て、いろんなところから声がかかる。それを覆すだけのことを長者町が考えなければならない。知事も変わる。神田知事はコンパクトにやることにこだわった。愛知県のイベントなので他地区のことも考える必要がある。実は、神田知事は最初長者町でやることに対しても抵抗した。監督が「やる」といったので押し切った。それに対して、知事は「やるならきっちりとやってください」ということだった。

　こうした話のなかで、大久保部長から「知事を呼んで、感謝会をやったら」との提案がある。この提案が、前述の長者町アートアニュアル実行委員会が主催する11月29日（月）「錦二丁目長者町地区×あいちトリエンナーレ2010サンクスパーティ」開催につながっていく。愛知県幹部の提案を利用してアートによるまちづくりにつなげていく。そうしたまちの強かさすら感じられよう。

アートセンター設立支援
　さて、長者町地区にアートの拠点を残すというまちからの申し入れについては、愛知県の幹部は当初は乗り気ではなかった。それでも、長者町アートアニュアル実行委員会をはじめとした長者町地区での活発な動きを受け、万勝S館を活用したアートセンター設立に向け、少しずつ舵を切り始める。長者町会場の展示場所であった万勝S館は、4階建てでほぼ直方体の建物で、地下も含め展示面積が約480㎡あった。期間中、1階がサポーターズクラブの拠点となり、ATカフェを営業した★54（**写真3-19**）。万勝S館は同会場で最大の広さを有し、拠点として機能していた。会期終了後もアートセンターとして活用していく声が自ずと高まり、愛知県もその声を受け止めざるをえなくなっていたのだ。
　とはいえ、万勝S館を所有する株式会社万勝との交渉は容易ではなかった。山本勝（株式会社万勝代表取締役）は「長期間ならビジネスベースでないと貸せない」との一点張りで、「トリエンナーレをやることが、うちの商売にどう結びつくのですか」とアートの力に懐疑的だった。それでも、まちの有力者の幾人かがアートセンター設立に協力するように株式会社万勝に声をか

けた。堀田と筆者らも幾度も顔を出し話し合いを重ねる。筆者ら愛知県との窓口となったのが株式会社万勝総務課長の三浦逸郎だった。三浦は、期間中ほぼ毎日万勝Ｓ館に設置されたATカフェに顔を出し、アートセンター設立にも当初から理解を示してくれた。社内でも会社の経営方針も含め相当突っ込んだ話し合いが行われたという。その結果、12月末の堀田と筆者ら愛知県側との交渉の席で、株式会社万勝の山本は「まちづくりに協力する」として、格安の賃料でアートセンターとして賃貸することを英断した。この英断に一番驚いた顔をしたのは、その場に同席した三浦だった。

　相当な無理を言って株式会社万勝の協力を取りつけた以上、もう後には引けない。しかし、年が明けても大久保部長はなかなかゴーサインを出さない。賃料が格安とはいえ、人件費を含めた年間負担が1,000万円を超えることに難色を示していた。そこで、芸術系大学のサテライトギャラリー・カフェ・教育機関の誘致を模索する。カフェ・パン屋の誘致は、堀田ら長者町が知恵を出し交渉を進める。しかし、条件が容易に折り合わない。教育機関には専門学校を含め、片っ端から愛知県が声をかけた。2010年度が終わろうとする3月に入り、ようやく名古屋学芸大学が手を挙げる。そして、事業費は緊急雇用で捻出し、地元のアートNPOに企画を委ねていくことも決まった。翌年から事業を始めるにはぎりぎりのタイミングだった。大久保部長が首を縦に降る。それは、2011年3月11日あの東日本大震災で名古屋でも大きな揺れが始まったときだった。愛知県は図らずもおきた長者町の地域コミュニティ形成面での効果に戸惑いつつも、アートセンターをオープンする準備を進めることとなった。まちが、えびすビルを運営していくために作ったまちづくり会社を通して、賃借人となり、家賃の支払いや簡単な修繕を担うことで協力することも決まった。県がビルの管理を担うとコストがかかるからだ。2011年夏にようやくアートセンター「アートラボあいち」をオープンした。

2.5.3 文化産業の導入・育成を明記したマスタープランの策定[*55]

　長者町地区が会場となったことで、アートをまちづくりに取り入れていくきっかけになることを堀田は強く期待した。愛知県にアートセンターを作らせ

写真3-19 ATカフェ（2010）、万勝S館、©TY

てしまう動きと同時並行で、彼の期待が現実化していく。2011年4月まちづくり連絡協議会の総会が開催され、2008年から策定が開始されたマスタープラン「これからの錦二丁目まちづくり構想（総合計画2011-2030）」が承認された。2010の開催以前は、繊維産業からの転換を図るとしてファッション産業の導入の項目が「マスタープラン（案）」に書き記されるに止まっていた。しかし、開催の成果がまちに受け入れられたことで、文化産業の導入・育成が明確に位置づけられた。具体的には、デザイン事務所など文化に関わる産業の集積、アートセンターの設立支援、ミニシアターなどの文化施設の誘致が謳われた[★56]。こうして長者町地区では、2010がきっかけとなり、アートイベントの定期的な開催にとどまらず文化産業の導入・育成を明記したマスタープラン策定などアートを取り入れたまちづくりをしていく気運が生まれていった。

2.5.4 2011年から2013年までの長者町地区の動向

　2010開催をきっかけに、事業者らが山車を存続させ、アートセンターを設立した長者町地区の勢いは、その後も止まらない。

長者町アートアニュアル実行委員会

　佐藤らが立ち上げた長者町アートアニュアル実行委員会は、2011年には100人を超える旦那衆から、2012年には150人を超える旦那衆から活動資金や人出などの協力を得て、山車の練り歩きを毎年継続していく。そして、2011年から「長者町スタジオ」、2012年3月から「長者町プラットフォーム」を、同年5月から「アーティスト・イン・レジデンス」のそれぞれの供用を開始した。

　「長者町スタジオ」は堀田が以前から温めていたアイデアで、えびすビルの空室を電気代等実費負担のみでアーティストが借り受け、制作場所として使っている。「アーティスト・イン・レジデンス」と「長者町プラットフォーム」は、広告代理店主である佐藤が、それまで使っていたえびすビルの事務所が手狭となり、問屋だったビルを新たに借り上げたことがきっかけとなった。佐藤の事務所以外のスペースに建築家らが入居した。その建築家とはあいちトリエンナーレでアーキテクトを務め、かつ、長者町アートアニュアル実行委員会副会長を務める武藤隆である。長者町アートアニュアル実行委員会の運営者である佐藤と武藤は、そのビルの余剰スペースを、「長者町プラットフォーム」として長者町を拠点とする団体のイベントやミーティングのスペースとして提供したり、出車の保管スペースとして活用している（**図3-1参照**）★57。

若者らのグループ

　こうして2010閉幕前後から2012年にかけて、山車の存続やアートセンター設立支援など次々と連鎖反応が起こり、大きなエネルギーを生み出す状況が生じる。閉幕前後大きな役割を果たしたのが堀田らを中心とする長者町の事業者らであった。のみならず、その後連鎖反応の触媒となり、かつ、自らまちに大きなエネルギーを生み出しているのが、あいちトリエンナーレの

写真3-20 Arts Audience Tableロプロプ「オーディエンス筋トレテーブル #03『アートと言葉／自分らしく伝えるのって難しい〜福住廉氏を迎えて〜』」(2012)、長者町プラットフォーム、撮影：三浦一倫

　サポーターズクラブの活動などをきっかけに長者町に関わることとなった若者らである。彼らの活動とまちとの関わりを紹介していこう（**表4-4参照**）。
　「長者町まちなかアート発展計画」は、あいちトリエンナーレをきっかけに長者町に関わることになった若者らのグループの一つで、サポーター・ボランティア・アートファンらが中心で、約20名程度である。アサヒ・アート・フェスティバルなどから助成金をえて、2011年、2012年夏に「ちいさなアートジャンボリー」と称する展示やワークショップなどを、長者町地区を会場に開催した。代表者らは長者町で働くだけでなく移り住み、長者町アートアニュアル実行委員会が運営を始めたアーティスト・イン・レジデンスの世話役を務めている★58。
　また、「Arts Audience Tablesロプロプ」は、トリ勉（トリエンナーレ勉強会の略称）を発展的に解消し設立された。トリ勉は会期中サポーターらが自主的に企画運営していた勉強会である。サポーターズクラブはそもそも市民らの自主企画を促そうと作られたのだが、2011年4月あいちトリエンナーレ実

写真3-21 「小さな乗り物/little vehicle」展 2010年9月、星画廊／STAR GALLERY、撮影：渡辺英司

行委員会が勉強会の財政的支援を打ち切ってしまう。それでも、2011年10月には上記名称に変更して、活動の継続を決めた。ブログや批評等文章でアートを伝え、表現力を磨くことを目的とし、月1回のオープンミーティング、年2回の美術館ツアー、2ヶ月に1回程度のレビュー勉強会などを開催し、毎回約20名程度が参加する（**写真3-20**）[★59]。

　この2グループのほか大ナゴヤ大学の学生が、「長者町ゼミ」を立ち上げた。大ナゴヤ大学は、市民大学の一つで、NPO法人が管理・運営し、生涯プログラムを提供している。シブヤ大学の姉妹校として大ナゴヤ大学が名古屋にも作られ、その大ナゴヤ大学の講義であいちトリエンナーレが取り上げられたことがきっかけとなった。長者町に興味・関心を持った生徒らがゼミを立ち上げ、まちを拠点に様々な活動やイベントを継続的に行っている。

　なかでも、ユニークなのが「長者町カルタ大会」だ。そもそもこのカルタは、まちの会所に縁を持つ名畑をはじめとした4人の女性ユニットがまちの会所hanareを立ち上げ、公益財団法人トヨタ財団の「地域社会プログラム」の助成を受け、2010年に制作したものだった。400年前からのまちの記憶と今の願いを載せたまちの人の声を読み札にしたのだ[★60]。これを知った長者町ゼミのメンバーが、「作っただけでは意味がない」と、実際にカルタを使っ

てまちでカルタ大会を開催した。その後、吉田俊雄（下長者町町内会長）が大会の意志に賛同。「色は匂えど長者町カルタ」普及会を立ち上げるきっかけとなった。今では定期的に「長者町カルタ大会」が開催され、まちの日常風景となりつつある[★61]。

アートの拠点

　こうした若者らのグループができると同時に、既に紹介したとおり長者町アートアニュアル実行委員会の拠点となっているビルなどアートの拠点が長者町に次々と生まれている（**図3-1参照**）。

　最初に作られたのが、「星画廊／STAR GALLERY」である。2010出展作家渡辺英司がオーガナイズする。伏見地下街の1店舗約16㎡のスペースを、無償で借り受けた。2010年1月に開設以降、地元若手アーティストらに声をかけ、個展や企画展を継続的に開催する（**写真3-21**）。地下街の他の店舗で若者らが活動する呼び水ともなった[★62]。ちなみに、この店舗のオーナーは小池で、建畠が長者町地区を会場として決めるきっかけとなったスターネットジャパンビルの所有者として既に紹介した（2.3参照）。

　つづいて、2011年8月には、前述のとおりアートセンター「アートラボあいち」を、愛知県が長者町地区にオープンした。そのオープニングは、大村秀明愛知県知事や河村たかし名古屋市長が立ち会う華々しいものだった[★63]。その後は、若者ら・アーティスト・まちの交流拠点として機能し、2013の会場ともなる[★64]。

　その後、2012年5月には「長者町トランジットビル」を建築家東田泰穂が立ち上げた。繊維問屋のビルを借上げ、リノベーションを施し、アートをコンセプトにしたコンプレックスビルとした。東田は、それまで名古屋の秋葉原的存在といってもよい大須商店街に拠点を置いていたが、長者町のアートの将来性・面白さ、より具体的にはネットワークの発展性に魅力を感じ、事務所を移転した[★65]。その事務所以外に、多くのアーティスト・クリエーターらがスタジオやアートスペースを構えている。コーディネートしたのが武藤勇である。彼は、名古屋でアートNPO「N-mark」を設立し、プロジェクト主体の活動を継続してきたが、これを機会にそのビルにアートスペース「N-mark

B1」をオープンさせた★66。

ネットワーク構築

　長者町地区に集うこれらのグループや拠点が、いかにネットワークを構築していくかが課題となっていた。そうしたところ、2011年8月アートアニュアル実行委員会・「長者町まちなかアート発展計画」・「長者町ゼミ」・NPO法人まちの縁側育くみ隊が協働して「長者町大縁会」を開催し、トークイベント・ワークショップなどを実施した。2011年は8月の1日だけだったが、1回目の成功でやや勢いづく。2012年は8月に2日間、11月のゑびす祭りにも合わせ開催した。加えて、2012年夏には長者町界隈の飲食店や名古屋大学大学院生命農学研究科生物圏資源学専攻生物材料工学研究室が新たなグループとして加わり、イタリアンやフレンチなどの屋台が軒を並べたり、間伐材を利用したストリート・ウッド・デッキが会場に設置されたりした★67。

　若者らは、こうしたグループ間のネットワークを作ろうとするだけでなく、時には、アーティストが住むまちづくりをめざす長者町の話し合いにも参加するなど、まちとの新たなネットワークが築かれつつある。まちの人たちも彼らの存在が気になって仕方がない。2013年に入ると若者らとまちの人たちの交流の場が町内会主催で設けられた。2013年3月11日（月）「若者らがなぜ長者町に集まるのか知りたい」というまちの人たちの思いがきっかけとなり、吉田商事株式会社の1階を会場にして「ワカモノとまちが出会うしゃべり場企画」が持たれ、約30人が参加した。

　きっかけを作った一人である小出祐弘（本重町町内会長）はその思いを次のように話す★68。

　ずっと繊維問屋で栄えてきた地域、最盛期を知っている。でも、衰退してきて歯抜けになってきて、活気のないまちになってきた。なのに、名畑君（NPO法人まちの縁側育くみ隊事務局長）や古谷君（長者町アートアニュアル実行委員会のメンバー）をはじめ若い人たちが、たくさんいる。「何が良くってこのまちにきたんだ？ 若い連中がこちらに住むようになったり、どうしてもわからん。俺一人聞くのもったいないし、昔からの古手に話してくれや」といったのが始まりだった。

その会では長者町に関わることになった様々なグループの活動が報告された。会場からは長者町について「顔が見える関係がある」「文化施設が近くにたくさんある」「まちの景観が面白い」などの意見が出される。小出は「こんなこと、なんで面白いんだろうという面もある。それなりの意義を彼らが見つけてきてくれたんだ。意外なところに目をつけるんだな」と印象を持ったという[69]。若者らやまちの人たちが、これまで気づかなかったまちや人の魅力を相互に知る場となった。実は、このシンポジウムは長者町地区のこれまでのまちづくりの取り組みで初めて錦二丁目（長者町地区）の町内会の主催で開かれたのだった[70]。

　町内会が若者らを招いてシンポジウムを開いたのに対して、2013年4月25日（木）には、「長者町まちなかアート発展計画」がこれまでの活動報告会をまちの人に向けて開催した。計約30人が参加し、まちの人たちからは、「こういう人たちが住んでくれることが財産だ」と若者らの存在を歓迎する意見が出されるとともに、「伏見地下街ですでに作品が出来上がったのを見たが、作品がまちに現れることが楽しみだ」と2013に対する期待感も聞かれるようになった[71]。

小括

　ここまでで長者町地区で何が起きたのかを明らかにしてきた。長者町地区では2010開催前からまちづくりの取り組みがあった。織物協同組合以外の事業者・町内会・地権者への広がりを生みつつあったが、まちの中での温度差があった。また、若手リーダーの堀田を除き、アートに対する理解も十分ではなかった。

　そうした状況で、まず、展示場所確保により、一時的にせよまちづくりに関心が薄かった人たちの協力が得られた。また企画の協働により、イベントの企画や広報など協力をした。

　続いて、作品制作の協力などによって、飲み会で親睦を図るに止まっていた青長会が長者町会場のオープニングパーティを主催したり、そのパーティにまちづくりに批判的な人が笑顔で参加したりした。

　アーティストは地域の支えあいを企図して山車を制作し、その練り歩きを

働きかける。それをきっかけに、閉幕前後長老グループと、若手経営者の一部が核となり、山車をまちで受け入れ、その練り歩きをゑびす祭りで毎年継続する。

　2012年には、活動拠点「長者町プラットフォーム」と、「アーティスト・イン・レジデンス」のそれぞれの供用を開始する。のみならず、愛知県のアートセンター設立を支援したり、文化産業導入・育成を明記したマスタープランを作成したり、アートを取り入れたまちづくりをしていく気運が生まれる。一方で、あいちトリエンナーレをきっかけに長者町に関わることとなった若者らのグループが様々なイベントを、時にはネットワークを作りながら開催し、まちの人たちの対話を始める。こうして、愛知県の無関心を意に介さず、長者町会場の展開が地域コミュニティ形成の面で起爆剤となったのだ。

3. ソーシャルキャピタルによる分析

▶3.1 ソーシャルキャピタルによる分析

　第1章4で見たとおり、アートプロジェクトは、人々の自発性、もしくは地域・社会の課題にコミット（接触・接続）することを特徴とする。だとすれば、2010長者町会場の展開は、アーティストが地域の支えあいを促したり、サポーターズクラブで自主企画の実現を促したりしたことで（1.2 3）参照）、人々の自発性に働きかけたことから、アートプロジェクトに当たることになる。そして、地域コミュニティ形成の面で起爆剤となった点について、先行研究に倣い政治学者パットナムが使うソーシャルキャピタル／社会関係資本を用いて主に分析をしていく。

　なお、前節までの調査結果以外にも、関係資料や既存のアンケート結果など多面的な分析・考察を適宜取り入れ、客観性に配慮した。また、長者町地区は、その効果が数ヶ年で明確に現われ、かつエリアも限定されることが、効果とともにそのプロセスの分析・考察に適しているといえる。

先行研究

　2000年前後からは行政の関わりのもと、アートプロジェクトが地域活性化やまちづくりを目的の一つとして実施されることが多くなってきた。しかし、そもそも地域活性化に資するのであろうか。たとえば、大地の芸術祭では、たしかに、来訪者による交流人口増と主に宿泊業・飲食業への経済波及効果がその報告書からも伺われる[72]。しかし、観光関連産業以外の地場産業の衰退、居住人口減などの地域課題の解決に、現時点では明白に結びついているわけではなさそうだ。

　その一方で、同じく大地の芸術祭を事例に、松本文子ら[73]・鷲見英司[74]・寺尾仁[75]が、それぞれソーシャルキャピタルを分析の指標として地域コミュニティ形成の効果を認めている。それに対して、長者町地区は、日本を代表する大都市の一つ、名古屋の中心部にあり、かつては繊維問屋街として栄えた。過疎地とは異なる様相を呈しながらもまちの活性化という課題を抱えていたところ、長者町会場の展開が地域コミュニティ形成の面で起爆剤となった。そこで、長者町地区を事例としてソーシャルキャピタルを指標とし、アートプロジェクトが地域コミュニティ形成面で与える影響を分析する。

　ここで上記の鷲見・松本ら・寺尾の研究をやや詳細に紹介し、本章の分析の意義を敷衍しておきたい。

　鷲見は、大地の芸術祭について第3回開催時の2006年と第5回開催時にアンケート調査を行い、統計を用いた実証分析により「大地の芸術祭が橋渡型ソーシャル・キャピタル（原文ママ）を構築していることに貢献した」[76]とする。たしかに、統計調査による定量的分析はソーシャルキャピタル形成の有無の分析には優れているが、なぜソーシャルキャピタルが形成されたのかなど具体的プロセスを明らかにするには定性的分析が必要となる。ちなみに、後述のとおり、ソーシャルキャピタルには「結束型ソーシャルキャピタル」と「橋渡し型ソーシャルキャピタル」の二種類がある。前者は同質的な結びつきであるのに対し、後者は異質な人や組織を結びつける。アートプロジェクトを通じたアーティスト・サポーター・ボランティアら外部との交流による変化を分析する本章では、主に後者に焦点を当てている[77]。

　それに対して、定性的な分析をしたのが松本らと寺尾である。松本らは、

大地の芸術祭の第2回開催時に、集落の区長へのインタビュー調査の分析を行った。その分析で、「大地の芸術祭の活動が集落においてソーシャルキャピタルを形成し、協働を促す地域づくりとして効果があったということ」[78]が確認されたという。また寺尾は、地元新聞・関係者へのインタビューにより、集落・町内、こへび隊、アーティストの三つの立場を選び、十日町広域地域のソーシャルキャピタルが革新・蓄積されたこと、および組織論により組織的知識創造を経験したことを示した。

　しかしながら、大地の芸術祭は第1回開催から10年以上が経過し、その間アーティスト・ボランティアら外部との交流が促されたものの、交流の頻度や期間は集落により様々である。芸術祭を通じて外部との交流によりソーシャルキャピタルが形成されたのか否か、その具体的プロセスを集落ごとに見ていく必要があろう。実際、10年以上長期間アーティストら交流を継続した事例は、大地の芸術祭では現時点ではそれ程見られない。廃校や空き家を使ったプロジェクトが本格的に始まるのは第3回からで、それまで集落と交流しながら制作する作品がほとんどなかったからだと考えられる（第1章1参照）。

　松本らの研究について付言すれば、そもそも第2回開催までの数ヶ年でソーシャルキャピタルが形成されるのかという疑問がある。また、区長へのインタビューをもとに包括的に分析をしているが、区長以外の集落関係者やアーティストにもインタビューを行い、個別の集落ごとに分析するアプローチも必要だと考える。

　そこで、上記の先行研究を踏まえた本章の分析の意義とは、アートプロジェクトが地域コミュニティ形成面で与える影響について、以下の2点を明らかにすることにある。

1）個別の地区・集落に着目し、その具体的プロセスを対象に定性的に分析すること
2）数ヶ年でソーシャルキャピタルが形成されることは困難であろうが、既にまちづくりで形成されていた橋渡し型ソーシャルキャピタルを数ヶ年でまちの人たちが自ら進んで活性化させたこと

　なお、本章の分析の社会的意義に言及しておくと、アートプロジェクトの

効果を個別のプロジェクトごとに丁寧に検証していくことで、アートプロジェクトが地域活性化への過大な期待を背負わない状況を作ることに寄与したいと考えている。過大な期待を放置すれば、アートプロジェクトをやりさえすれば地域活性化に資するような風潮を生み、期待に応えられないアートプロジェクトが否定され、ひいてはアートプロジェクトが今後地域活性化をはじめとした社会の様々な分野で貢献していく芽を摘みかねないからである。

パットナムの示唆
　本項の最後に、分析の指標とする橋渡し型ソーシャルキャピタルに関わるパットナムの示唆に触れておきたい。パットナムは、「社会関係資本は、主目的が純粋に芸術的なものである文化活動の価値ある副産物となることがしばしばある」★79とし、その根拠については次のように記述している。

　社会関係資本の構築には、われわれが社会的、政治的、職業的アイデンティティを乗り越え、自身とはよく似ていない人々とつながることが必要となる。これはチームスポーツが社会関係資本産出のよい場となる理由である。このつながりにおいて、同じぐらい重要であるにもかかわらずあまり活用されないのが、芸術、文化活動である★80。

　このようにパットナムは、橋渡し型ソーシャルキャピタルが芸術の副産物となる根拠を「社会的、政治的、職業的アイデンティティを乗り越え、自身とはよく似ていない人々とつながること」とするが、なぜ芸術や文化活動は異質な人や組織をつなげることができるのかまでは明らかにしていない。本書ではその問いに対して直接答えることは困難としても、少なくともその手掛かりを示すこととしたい（4.2.3参照）。

▶3.2 分析の評価指標と基準
3.2.1 ソーシャルキャピタルの定義
　長者町地区を事例にソーシャルキャピタルで分析するにあたり、その評価指標と基準を設定するが、前提としてその定義を明らかにしておく。ソーシャ

ルキャピタルの定義・概念には、日本国内で広義に捉える説と狭義に捉える説があり、整理が必要となる。

　この点、金子郁容らが提唱する「遠慮がちなソーシャルキャピタル」をはじめ、ソーシャルキャピタルは①信頼②規範③ネットワークの3要素で足りるとの見解が有力である（広義説）。ちなみに、「遠慮がちなソーシャルキャピタル」とは、パットナムらが主張した西洋中心の個人の自発性を前提とする「強い自発性によるソーシャルキャピタル」ではない。隣近所の"おつきあい"や"お互いさま"という心持ちを重んじる日本の地域コミュニティに配慮した概念で、保健指導員コミュニティでの分析から発見されたという★81。こうした広義説に立てば自発性が不要となるので、数ヶ月でソーシャルキャピタル形成が認める余地がでてくる。松本ら★82もこうした立場によるとも考えられる。

　たしかに、医療・保健の現場、もしくは、堀田も指摘したように「安全・安心のまちづくりや住宅地のまちづくりなどであれば、コミュニティがまとまっていけばまちづくりができる」（2.3参照）ので、まちづくりでもこうした「遠慮がちなソーシャルキャピタル」を始めとした広義のソーシャルキャピタルが機能しうる。

　しかし、たとえば商業地でまちの性格そのものを変革していく場合は、地域住民らの利害が対立し、にも関わらず利他性が強く求められることから、狭義のソーシャルキャピタルをめざさなければならないだろう。また、パットナムは、ソーシャルキャピタルが蓄積された共同体では自発的な協力が得ら

表3-2 日本でのソーシャルキャピタルの定義・概念の争い

		理由
広義説	①信頼②規範③ネットワーク	パットナムの定義を形式的に引用
遠慮がちなソーシャルキャピタル（金子ら）		日本の地域コミュニティに配慮
狭義説	①信頼②規範③ネットワーク④①〜③が地域、もしくは、共同体で一般化されること⑤自発的な協力が継続的に促進されること（吉田） 人々の間の自発的協調関係の成立をより促進する、市民社会の水平的ネットワーク、一般的信頼、一般化された互酬性の規範（坂本）	ソーシャルキャピタルの趣旨を強調

れ、集合行為のジレンマ（dilemmas of collective action）が解決できるとしている。ここで集合行為のジレンマとは、各個人が不利益を甘受しあえば全員にとって望ましい結果となるが、各個人は自己の利益しか考えないことが合理的であるため全員にとって不利な結果が生まれてしまうことを指す★83。その趣旨からすると、ソーシャルキャピタルは自発的な協力が得られるものでなければならない。

したがって、ソーシャルキャピタルは狭義説に立つべきである。加えて、ソーシャルキャピタルは地域、もしくは共同体の変化をとらえる指標だから、自発的な協力を得られることが、個人的に知っている範囲でなく、見知らぬ人々も含むその地域、もしくは共同体に一般化されていなければならない。かつ、資本であるから、継続性が必要となる。

以上から、ソーシャルキャピタルは ①信頼 ②規範 ③ネットワークの3要素に加え、④ ①〜③が地域、もしくは共同体で一般化されること、かつ上位概念として ⑤自発的な協力が継続的に促進されることが必要と解する（狭義説）★84。ちなみに、坂本治也も新しい概念としての存在意義と議論の混乱回避を理由にソーシャルキャピタルを狭義に解する。すなわち、「人々の間の自発的協調関係の成立をより促進する、市民社会の水平的ネットワーク、一般的信頼、一般化された互酬性の規範」とし、上位概念として「自発性」が必要とする（表3-2）。

この点、全国のまちづくりに関わった経験と長者町地区での現在の実践を踏まえ、延藤安弘はまちづくりでの自発性の必要性を次のように指摘する。

生命系・経済系の両面が生き生きと弾むまちの再生、まちの賑わいの回復・再創造のためには、まちの活動風景づくりが肝要である。（中略）現代の都市も地方も個々の「私」がバラバラになり「相互に『もの』化されること」、すなわちコレイフィケーション（co-reification）は日常的な風景になっているが、自発的な協働によって自分の住むまちにおいて人間が尊厳をもって生きることができる生彩ある活動風景づくりをもたらすことが可能である★85。

これまでの都市・まちづくりマスタープランは、対象としての空間と属性としての

人間と機能としての諸活動の合理的関係づくりのリアルな構図であった。それは客観的・物理的状況の外的診断と一定の処方箋をなしていたが、人・まちが自らよくなる内なる治癒力を発見しそれを育て、さらに人々の自発的協働的関係から生まれる予期しえない物語り的ファンタジーを位置づけ方向づけることはなかった[86]。

地域の人々が自ら進んで活動する「自発性」という「本来の意味での勇気」を状況に応じて引き出すことが、私たちコーディネーター・ファシリテーターの役割である[87]。

このように長者町地区で自発性に着目したまちづくりに取り組む延藤は、これからのまちづくりにとって地域の人々の自発性こそが肝要であると指摘する。こうしたことからも、本書で取り扱う長者町では自発性に着目して分析を行い、ソーシャルキャピタルを狭義に捉えることとする。

なお、ソーシャルキャピタルを狭義に捉え、分析の評価指標とするにしても、その概念自体はストックとフローが曖昧であり、従来の資本の概念を逸脱するとも考えられる。しかし、坂本[88]が指摘するとおり「豊かなソーシャル・キャピタルの蓄積により豊かなソーシャル・キャピタルの創出につながるという好循環が一方で見られ（中略）このような自己強化性や累積性のメカニズムを示すメタファーとして『資本』という表現を用いることには、一定の妥当性があるといえよう」。

3.2.2 結束型・橋渡し型それぞれのソーシャルキャピタルと、狭義のソーシャルキャピタル及び地域コミュニティ形成との関係

前項で定義を明らかにしたソーシャルキャピタルについて、同質的な結びつきである「結束型ソーシャルキャピタル」と異質な人や組織を結びつけるネットワークである「橋渡し型ソーシャルキャピタル」という二つの類型をパットナムは示している。結束型ソーシャルキャピタルの例としては、民族ごとの友愛組織・教会を基盤にした女性読者会・洒落たカントリークラブが[89]、本書に即せば同業者組合の典型である織物協同組合が挙げられよう。それに対して、橋渡し型ソーシャルキャピタルの例としては、公民権運動・青年

組織・世界教会主義の宗教組織が★90、本書で該当するものとしてまちづくり連絡協議会が挙げられる。

こうした結束型・橋渡し型それぞれのソーシャルキャピタルと、狭義のソーシャルキャピタルの自発性、および地域コミュニティ形成との関係はいかに考えるべきかについて、表3-3で整理した。

結束型ソーシャルキャピタルは、人や組織が同質なので、結束が容易である。形成や継続が簡単で、自発的な協力が促進されやすい。しかし、同質な人や組織ゆえ内向き・排他的になりやすいので、地域コミュニティ形成につながらないことが多い。一方、橋渡し型ソーシャルキャピタルは、人や組織が異質なので、結びつくのは容易ではない。その形成は簡単ではなく、そのうえ、一旦形成されたとしても、自発的な協力は委縮しがちで、集合行為のジレンマが最も働きやすい。組織自体が形骸化してしまい、継続は一層困難である。とはいえ、異質な人や組織が結びついた点で、外向きで開放性が高い。それゆえ、自発的な協力関係の壁さえ乗り越えれば、橋渡し型ソーシャルキャピタルは地域コミュニティ形成につながる可能性が大きい。この可能性を現実化するための理念・使命やそれを具体化するための戦略（政策）が、アートプロジェクトには求められることになる。

3.2.3 評価の指標と基準

それでは、長者町地区の分析にあたり狭義のソーシャルキャピタルを評価指標として活用するとしても、その評価基準をいかに考えるか。

長者町地区ではまちづくりにより橋渡し型ソーシャルキャピタルが既に形成されていたのだが（4.1参照）、そうした場合、既に形成されていたソーシャ

表3-3 結束型・橋渡し型ソーシャルキャピタルと自発性及び地域コミュニティ形成との関係

	説明	特徴	自発性との関係	地域コミュニティ形成の可能性
結束型ソーシャルキャピタル	同質的な結びつき	内向き排他的	形成容易	×
橋渡型ソーシャルキャピタル	異質な人や組織を橋渡しするネットワーク	外向き開放的	形成困難	○

ルキャピタルを自ら進んで活性化させたという顕著な現象を表するものとして、プロアクティブ化の有無を評価基準として使う。こうした意味から「地域住民らの自発性」が、それに加えて、ソーシャルキャピタルは資本であることから「継続性」が、プロアクティブ化の要件となる。

ただ、ソーシャルキャピタルの評価基準として継続性を必要と考えるとしても、一時的・個別的な影響・変化を捉える意義はある。そこで、継続的な変化を捉えるソーシャルキャピタル（狭義）の要件を勘案しながら、筆者独自の概念として人的協力・ネットワークを評価指標とし、影響・変化を捉えていく。その評価基準は必ずしも自発性に捉われない。例えば、アーティストらの働きかけにもとづく自発的とまではいえない変化も捉えるため、「プロアクティブ化」と区別し、「活性化」と称することとする。以上を踏まえ、人的協力・ネットワークとソーシャルキャピタルの評価指標と基準を設定する。

人的協力・ネットワークの活性化[*91]

人的協力・ネットワークとは地域住民らの相互の協力関係やネットワークである。したがって、地域住民らの ①提案力・行動力が著しく向上した、または ②ネットワークが著しく広がった場合に、活性化と呼ぶこととする。プロアクティブ化と異なり、地域住民らの自発性は問われない。人的協力・ネッ

表3-4 評価指標と基準

	指標	基準	
一時的な変化	人的協力・ネットワーク	活性化	地域住民らの ①提案力・行動力が著しく向上すること、 または、 ②ネットワークが著しく広がること （一時的・瞬間的、特定の仲間やグループでもよい）
継続的な変化	SC（狭義説）	形成	①信頼 ②規範 ③ネットワーク ④①〜③が地域、もしくは、共同体に一般化されること ⑤自発的な協力が継続的に促進されること
		当該地区にすでに橋渡し型SCが形成されている場合	プロアクティブ化	①自発的な対外的活動、 または、 ②自発的な参加の広がり のいずれかが著しく向上し、かつ、継続性を有していること

トワークは資本ではないので、活性化は一時的・瞬間的でもよい。しかも、必ずしもその地域、もしくは共同体で一般化されている必要はなく、特定の仲間やグループで存在すれば足りる。

ソーシャルキャピタルのプロアクティブ化
　上記の人的・協力のネットワークの要件に加えて、ソーシャルキャピタルは、資本であるから継続性が問われ、かつ狭義説に立つので自発性が要件となる。しかも、活性化ではなくプロアクティブ化としたことで地域住民らの自発性が強く問われる。そこで、ソーシャルキャピタルのプロアクティブ化とは、対外的な活動の点では ①自発性が著しく向上し、活動を継続すること、または、参加の広がり（ネットワーク）の点では ②広がりが著しく向上し、自発的な参加が継続することとなる。端的には、自発的な対外的活動、または ②自発的な参加の広がりが要件となる（**表3-4**）。

4. 2010長者町会場の分析

　長者町地区を分析する際の評価の指標・基準を設定したことから、2010長者町会場の展開が地域コミュニティ形成面で与える影響について、そのプロセスや根拠を分析していく。本節の前半では人的協力・ネットワークを指標、活性化の有無を基準とし、後半ではソーシャルキャピタルを指標、プロアクティブ化の有無を基準とする。
　これらの分析の前に、2010開催以前から長者町地区では活発なまちづくりが行われていたことから、まちづくりによるソーシャルキャピタル形成の有無やその特徴を考察しておきたい。長者町会場の展開が数ヶ年で地域づくりの起爆剤となったのは、それまで10年間のまちづくりの取り組みがあったからこそだと考えられるからである。

▶4.1 まちづくりによる橋渡し型ソーシャルキャピタルの形成
　「『問屋業は身内だが、それ以外は皆外の人だから、来てもらったら困る』

というところからまちづくりがスタートした」と堀田は語る。まちづくりが始まる2000年以前、長者町地区では織物協同組合内の問屋経営者らが同質的に結びついた結束型ソーシャルキャピタルが認められた。

　これに対して、空きビル・空き店舗が目立ち、風俗店の進出が見られるようになった危機感から、織物協同組合の二代目からなる長老グループと、若手経営者の一部がまちづくりに取り組む。同業者組合の内向き・排他的な部分を払拭し、繊維以外の人たちを積極的にまちに受け入れ、開放性を高めていく。

　まず、2001年から開催したゑびす祭りによって、大企業と繊維問屋間、もしくはオーナーと従業員間それぞれの距離を縮め、風通しを良くした。まちづくりのきっかけとして行われたゑびす祭りが、同業者組合とそれ以外の地域内の人々のネットワークとまではいえないが、一定の関係づくりに役立ったのだ。

　つづいて2002年から2004年にかけ、えびすビルの立ち上げによって、飲食店・広告代理店等繊維以外の若い店主が加わり、新しいまちづくりの担い手が生まれるきっかけになった。同時期に、2年間の準備をへて、2004年まちづくり連絡協議会が設立された。まちづくり連絡協議会は、地権者・住民ら地域の様々な関係者を構成員とする団体という点で、橋渡し型ソーシャルキャピタルの典型例である。橋渡し型ソーシャルキャピタルは、一般的に年月が経つと、構成メンバーが異質ゆえ集合行為のジレンマが働き易く形骸化しやすい。長者町では、当初大手ディベロッパーによる開発主導の色合いが濃かったこともあり、利他性が弱く、かつ一部の事業者にしか広がらず、設立当初から形骸化の危機にあった。

　そうした状況に対して、延藤と彼が主宰するまちづくりNPOがコーディネートし、短歌による「まちづくり憲章」を制作するなど表現やアート的要素をまちづくりに積極的に取り入れていく。組合内だけでなく地権者・町内会・事業者・居住者・行政等異質な人や組織を橋渡しし、様々な価値観を包摂しながら開放性を高めていった。その結果、二代目からなる長老グループと、若手経営者の一部がまちづくりの核となり、マスタープラン作成にとりかかるなど自発性・協力性が継続的に向上した。

　こうして長者町では、かつては結束型ソーシャルキャピタルが見られたが、

ゑびす祭りの毎年開催・えびすビルの立ち上げ・まちづくり連絡協議会の取り組みが相俟って、信頼・規範・ネットワークが地域全体に一般化され、かつ自発的な協力を促していった。しかも、こうした活動が継続的に観察できることから、活発な橋渡し型ソーシャルキャピタルが形成されていたといえる。

　ただ、この橋渡し型ソーシャルキャピタルには二つの限界があった。一つめは、自発的な対外的な活動の限界である。若手経営者のグループである青長会（14、5人）は、2000年頃までは経営者セミナーを企画したこともあったが、あいちトリエンナーレ開催以前は飲み会で親睦を図る程度に止まっていた。二つめは、自発的な参加の広がりの限界である。一部ではあるものの、まちづくりに批判的な人たちや無関心層を取り込めていなかった。こうした限界が長者町会場の展開により時には乗り越えられていくのだが、以下で分析していきたい。

▶4.2　2010長者町会場の展開による人的協力・ネットワークの活性化

　長者町地区では、まちづくりによって活発な橋渡し型ソーシャルキャピタルが形成されていた。それを踏まえ、まずは、長者町会場の展開による一時的・個別的な変化について、人的協力・ネットワークを指標として、その根拠の考察を交えながら分析する。

4.2.1　展示場所の確保等
展示場所確保

　まずは、展示場所確保である。その様子を、吉田有里アシスタントキュレーターは、2010年10月1日「東京アートポイント計画 2010 Tokyo Art Research Lab 熊倉純子ゼミ公開講座」の山出淳也（BEPPU PROJECT代表）との座談会で、次のように話す[★92]。

　建畠さんから「まちに住んでくれ」と言われ、コツコツと毎日長者町に通い、いろんな人にあいさつをした。会合にも何度も出た。まち一番の有力者である山口社長（織物協同組合理事長、八木兵株式会社代表取締役）が意外と最初から乗り気で、「何でもやってみろ」という人だったので、毎日会いに行き、美術に限らずいろいろ

話をした。山口社長が「協力する」と言ったので、ほかの方も「あの社長が言うなら」と徐々に心を開いてくれた。「東京からわざわざこのために来ているのだから、すごいことに違いない」とみんなに言われた。よそから来たというのも結構可愛がられるポイントの一つだったと思う。プレイベントを開催したときは、土地の所有者のおじさんたちと展覧会を1対1で回る「ドキドキ・デート・プラン」というガイドツアーを何十人にも行った。いつも「場所を貸してください」と言って回っていたので、長者町で「お・ね・だ・り・姫」というあだ名がついた。途中からは「た・か・り・屋」となり、開催直前は「ヤ・ク・ザ」になった。

　この座談会でコーディネーターを務めた熊倉純子（東京藝術大学音楽学部音楽環境創造科教授）は、「『よそもの』は利害関係がないので、誰にも突撃できますよね。それに加えて『わかもの』だとまちの人たちが気兼ねなく叱れて、仲良くなるのでしょうね」と、「よそもの」「わかもの」が地域コミュニティ形成に果たす役割の重要性を指摘する★93。

　地権者らに幾度も顔を出したことはもちろん 1) まちの人たちと同じ目線で敬意を払ったこと 2)「よそもの」であるがゆえに利害に捉われなかったことなどが相乗効果となり、吉田有里アシスタントキュレーターらは長者町から信頼を獲得していく。それに加えて、3) 規模が大きく、展示場所の無償提供を多数必要としたことが、集合行為のジレンマが結果的に解決される仕組みとして機能した。個々の所有者が「まちのためになるなら」と利他的な協力をすることで、場所の無償提供がその数の多さから全体としてプロジェクトの実現に貢献したのだ。

　まちづくりによって長者町地区ですでに形成されていた橋渡し型ソーシャルキャピタルは、まちづくりに批判的な人たちや無関心層をとりこめない限界があった。しかし、上述の 1) – 3) が相乗効果を生み、まちづくりに関心が薄かった地権者・事業者・町内会・居住者らからも展示場所確保のため多数の協力をとりつけることができ、著しくネットワークが広がり活性化した。

企画の協働

　また、まちづくりの核となっていた長者町の若手経営者と愛知県の現場

が、プレイベントの一部の企画を協働で練るなかで信頼を積み重ねていく。ゑびす祭りをあいちトリエンナーレと同時開催することを長者町が決めたことも契機となり、長者町が若手だけでなく中堅・長老を巻き込み、あいちトリエンナーレを盛り上げていこうという勢いが増す。この点、建畠は長者町が当事者意識を持つにいたった理由について、「『行政が決めたから、あるいは、予算がありますからここでやります』という感じではなく、(吉田有里アシスタントキュレーターらが) 一生懸命というのは分かる。(そうだからこそ、まちの人たちが) 一緒にやろうという気持ちになる」[★94]と指摘する。加えて、開催が間近に迫り、心理的にお祭り感が高まったこともあっただろう。展示場所確保のため、外部資本に嘆願書を提出し、まちぐるみで圧力をかけた。

　二代目からなる長老グループと、若手経営者の一部が核となり長者町は、プレイベントの一部を企画したり、外部資本に対しまちぐるみで圧力をかけたり、もともとあった提案力・行動力が著しく向上し、人的協力が活性化した。それは、1) 企画を協働したことや 2) 担当者の情熱 3) 心理的にお祭り感が高まったことなどが当事者意識を育くんだためと考えられる。

4.2.2 作品制作の協力

　次に、アーティストが人々の自発性に直接働きかけたことで、地域コミュニティ形成面で起爆剤となった二つの作品を取り上げる。

ナウィン・ラワンチャイクン《新生の地》

　一つ目の作品が壁画《新生の地》である。その壁画のお披露目として「長者町ゑびすパーティwithナウィン」を開催した。ナウィンらの説得で青長会が重い腰をあげた結果、長者町会場のオープニングを兼ねたパーティを開催し、これまでになかった行動力を発揮した。また、ナウィンがインタビューし、壁画にその肖像を描いたことがきっかけとなり、まちづくりに批判的な人が笑顔でこのパーティに参加した。こうした説得やインタビューでナウィンが人々の自発性に直接働きかけたことで、青長会が行動力を発揮したり、まちづくりに批判的な人を取り込んだりした。結果、行動力の向上、またネットワークの広がりが著しく見られ、人的協力・ネットワークが活性化した。

では、なぜこうした作品協力がそれまでのまちづくりでは容易に起こらない変化を促したのか。
　この点、熊倉純子は「実はアートプロジェクトの非常に大切なポイントが、この『公』と『私』の相関関係である」[★95]とし、次のように説明する。

　アーティストという強烈な個性が外部からやってきて、地元の人々に私有地や共同体の要となる場に作品を設置するとき、アーティストは公人としてではなく、絶対的な私人としてまちの人々ひとりひとりと対峙する。アーティストの描くヴィジョンは時に荒唐無稽ではあるが、そのヴィジョンの強烈な明確さと、あくまで個人として体を張って活動に取り組む真摯さは、地権者やその場所になんらかの帰属意識を強く感じている人々の鎧をはぎ取って、未知の地平へと誘うパワーをもっているようだ[★96]。

　おそらく長者町の人たちが青長会にまちのイベントを持ちかけたり、まちづくりに批判的な人をまちづくりのイベントに誘ったりしても、断られたり、関係が悪化したりする可能性が高いと思われる。アーティストが公的な大義名分をかざさないことで、通常は摩擦が生じるような負荷をかけることが、案外すんなり受け入れられてしまうことがある。ナウィンらが絶対的な私人としてまちの人と対峙したことが、変化を促したのだ。

KOSUGE1-16《長者町山車プロジェクト》

　二つめの作品が《長者町山車プロジェクト》である。最初に、KOSUGE1-16は、山車を制作する過程で長老たちにインタビューを行った。それによって、長老たちは知らぬ間に作品制作に協力する結果となったり、戦争で焼失した山車が再生されることでまちの誇りを感じ始めたりしていた。KOSUGE1-16は、こうした山車の制作だけでなく、長者町の人たちが山車を曳くことを企てた。事故の危険もあることから若手経営者は当初抵抗するが、KOSUGE1-16の地域の支えあいを促したいという企図を汲み、曳き手を自ら担う。また、事故を危惧する長老たちの反対に与せず、研究や練習を重ね技量を向上させた。反対していた長老たちも本番では裏方となっ

て応援した。こうした点から、二代目からなる長老グループと、若手経営者の一部は、アーティストの地域の支えあいを促す仕掛けがあったことで、もともとあった提案力・行動力が著しく向上し、人的協力が活性化した。

その後、こうした人的協力の活性化が、山車をまちで受け入れ、毎年練り歩きを継続することにつながっていくことは、次項で紹介する。

4.2.3 人的協力・ネットワークの活性化のまとめ

以上から、人的協力・ネットワークが活性化した主体・内容・根拠をまとめると、表3-5のとおりである。

それらに加え、次の根拠も挙げられよう。まちづくりはまちの活性化など目的が明確で、建築協定・地区計画による所有権の制限など利害・損得が絡むことが多い。それに対して、アートプロジェクトはそもそもの目的がアート（芸術）である。その曖昧性や利害・損得が絡むことが少ない点では、協力を得やすい面があるだろう。「2010では、長者町の人たちがアートだからこそ協力し、楽しみながら取り組んだ。アートは敵を作らない」とまちづくりの怖さを知る堀田は話す。

表3-5の根拠を含めたこれらの理由は、芸術が異質な人や組織をつなげ

表3-5 人的協力・ネットワークの活性化のまとめ

		人的協力・ネットワークの活性化		
		主体	内容	根　拠
展示場所の確保等		—	ネットワークの広がり	1) 同じ目線で敬意を払ったこと 2)「よそもの」として利害に捉われなかったこと 3) 展示場所の無償提供を多数必要としたことが、集合行為のジレンマを解決する仕組みとして機能したこと
		二代目長老グループ、若手経営者の一部	行動力・提案力の向上	1) 企画を協働したこと 2) 担当者の情熱 3) 心理的にお祭り感が高まったこと
作品制作の協力	新生の地	三代目若手経営者（青長会）	行動力の向上	アーティストが私人として対峙したこと
		—	ネットワークの広がり	アーティストが私人として対峙したこと
	長者町山車プロジェクト	二代目長老グループ、若手経営者の一部	行動力・提案力の向上	アーティストの地域の支えあいを促す企図

ることで橋渡し型ソーシャルキャピタルが形成されるとパットナムは指摘するが（3.1参照）、「なぜ芸術が異なる人や組織を結びづけるのか」という問いへの手掛かりともなろう。

▶4.3 長者町会場の展開による橋渡し型ソーシャルキャピタルのプロアクティブ化

前項では一時的・個別的な変化について人的協力ネットワークを指標として分析してきたが、ここからは継続的な変化についてソーシャルキャピタルを指標とし、①自発的な対外的活動 ②自発的な参加の広がりという基準に則して分析する。

4.3.1 自発的な対外的活動

KOSUGE1-16が地域の支えあいを促そうと働きかけたことで、閉幕前後に二代目からなる長老グループと、若手経営者の一部が山車をまちで受け入れることを決め、翌年以降毎年ゑびす祭りで山車の練り歩きを継続する。2011年にはアートセンターの設立を支援したり、2012年には活動拠点「長者町プラットフォーム」と、「アーティスト・イン・レジデンス」の供用を開始したり、連鎖反応が次々と起こる。開催準備から閉幕前後を経て足掛け3、4年で、長老グループと、若手経営者の一部が核となり、大きなエネルギーが生じ止まらないという意味で、臨界点を超えて自発性が向上し、対外的活動を継続した。アーティストが事業者の自発性に働きかけたことがきっかけとなり、橋渡し型ソーシャルキャピタルがプロアクティブ化したのだ。

それに対して、織物協同組合の若手経営者のグループである青長会について、元会長の佐藤敦は次のように話す[★97]。

個々のメンバーのなかには積極的にまちづくりや2010に関わりを持つものが現われ、会としても2011年4月にはよそのまちづくり活動の見学を実施するなどの変化が見られた。しかし、2011年ゑびす祭りで長者町アートアニュアル実行委員会が山車の練り歩きを実現するが、青長会としての協力は得られなかった。揺り戻しがある。

青長会に関しては、行動力を発揮したことは継続的とはいえず、橋渡し型ソーシャルキャピタルのプロアクティブ化に寄与したとまではいえない。

4.3.2 自発的な参加の広がり

　一方で、閉幕後以降、参加の広がりの点でもソーシャルキャピタルがプロアクティブ化した。もちろん、これまでも指摘したとおり、まちづくりに批判的な人や無関心層の参加が依然としてまちの課題ではある。それでも、自社ビルの無償提供をきっかけに株式会社万勝がアートセンター設立に協力したり、ナウィン・ラワンチャイクンのインタビューを縁として滝がマスタープラン作成に参加したり、2010をきっかけにまちのキーパーソンである複数の事業者が継続的にアート活動やまちづくりに関わることとなった。また、あいちトリエンナーレのサポーターズクラブでは、若者らが様々な自主企画を実現したが、こうした活動をきっかけに長者町に関わることになった若者らが、閉幕後様々なグループを作り、継続的にアートイベントを開催したり、まちに活動の拠点施設を設けたりした。

　以上から、あいちトリエンナーレ閉幕後、キーパーソンである複数の事業者や新たに長者町に縁を持った若者らがアート活動やまちづくりに関わることで、主体が多様化した。広がりが著しく向上し、自発的な参加が継続している点で、ソーシャルキャピタルがプロアクティブ化したのだ。そして、若者らが主体として参加したのは、サポーターズクラブで自主企画の実現を促し、若者らの自発性に働きかけたことが一要因となっている。

4.3.3 橋渡し型ソーシャルキャピタルの考察と課題

　ここで、なぜ橋渡し型ソーシャルキャピタルがプロアクティブ化したのかを改めて整理しておきたい。直接的要因となったのは、KOSUGE1-16が山車を制作し、地域の支えあいを促そうと練り歩きを働きかけたことや、サポーターズクラブで自主企画の実現を促したことである。ともに人々の自発性に働きかけたことが直接のきっかけとなった。間接的要因や背景として考えられるのは、10年間のまちづくりで橋渡し型ソーシャルキャピタルが形成されていたことだろう。吉田有里アシスタントキュレーターは、「まちの人の受けて

くれる力が大きかった（からこそ展覧会ができた）」と話す[★98]。アートプロジェクトによる負荷を受け止めるまちの対外的な活動の自発性が大きければ大きいほど、その限界を乗り越えることで自発性がより向上する関係にあるのだ。

これらに加えて、堀田は「錦二丁目長者町地区×あいちトリエンナーレ2010サンクスパーティ」が11月にできたことやアートセンターを設立したことが、限界に挑戦し、その限界を皆で乗り越えた奇跡だったと振り返る[★99]。

一方で、延藤は別の角度から分析を加える[★100]。

トリエンナーレは、3年に1回というイベント的仕掛けの方が目立つが、（美術館の展示空間である）ホワイトキューブだけでなくまちを舞台にした。この長者町は奇妙な隙間だらけで、アーティストがそれを表現したが、それを皆がお手伝いしたり、山車のように様々なことが次から次におこっていく。そのプロセスで皆の気持ちが膨らみ、開放されていく。多様なエクスプレッション行為をトリエンナーレが生み出し、皆は自分なりのまちへの関わりの窓を開き始めた。ひとたび窓を開いたら心地よい風が入ってくるから、終わってからも皆はこの心地よさのなかに身を置いておきたいと思って持続させる。

僕は、まちづくりでなくまち育てという。その関係が滑らかになっていくのが表現である。表現行為という切り口はこれまでまちづくりになかった。しかし、その意味は、自分が住んでいる地域、まちと関わって、関わりにおける感動を表現することにある。自己表現とは、まさに自己から始まって協働で表現をしていくことによって、私が高まりまちも育っていくのである。

延藤がここで指摘するのは、まち育てにおける表現の大切さである。人間の根源的な要求である表現がまちに開かれている状況こそが、持続可能な活動に必要だという。

この点、熊倉純子も「プロジェクトのプロセスを共有することが、アートプロジェクトのもう一つの重要な要素である」[★101]として、そのプロセスを次のように説明する。

アートはまちに負荷をかけてゆくプロセスのなかで、関係する人々の心の奥の扉

を開き、既存の社会的関係に自然と新たな接続を生じさせ、それが刺激となって人々は思いがけぬ表現欲求を抱くようになり、その結果、行動も以前より少し大胆になり、余所者たちの交流を積極的に楽しむようになるのである[102]。

　この説明を受け、「アートが未知のコミュニケーションを誘発し、そこに多くの参加する場を作り出すのがアートプロジェクトだ」[103]と熊倉は指摘する。
　アートから負荷を受けるプロセスで人やまちが変容する瞬間について、延藤は「まちへのかかわりの窓を開き始めた」といい、熊倉は「関係する人々の心の奥の扉を開き」という。両者が奇しくも似た表現を使う。「アートが未知のコミュニケーションを誘発し、そこに多くの参加する場を作り出す」[104]。もちろん偶発的に生じる場合もあろうが、コーディネーターの意識的な働きかけのもと、こうした表現の場がまちに開かれている状況こそが自発性・協力性を継続的に向上させるのだろう。
　プロアクティブ化した橋渡し型ソーシャルキャピタルの可能性と課題にも触れておこう。
　アートプロジェクトでは通常行政やNPOなど実施主体が中心となり、アーティスト・住民・観客らの異質な人や組織を結びつけながら、橋渡し型ソーシャルキャピタルを形成する。それに対して、長者町ではまちづくりに関わる事業者ら住民が主体となっている。愛知県がアートによる地域づくりに関心がなく、継続してトリエンナーレの会場となる保証もないことで、結果として実施主体でなく事業者や若者らが主体となっている点に特徴がある。そうした特徴を活かしながら、アートを媒介として事業者・地権者・町内会・若者・アーティスト・行政・専門家らのより多様な価値を包摂し、そのなかの様々なグループを橋渡ししながら、ソーシャルキャピタルを発展させていくことが期待できよう（図3-4）。
　もちろん、長者町の橋渡し型ソーシャルキャピタルの今後について全てが順風満帆でない。青長会やまちづくりに批判的な人たちや無関心層がまちづくりへの具体的な関わりをいかに継続していくかという課題がある。また、あいちトリエンナーレ開催以前から、もしくは、それをきっかけとして長者町地区には様々なグループが存在している。まちづくり連絡協議会・青長会・

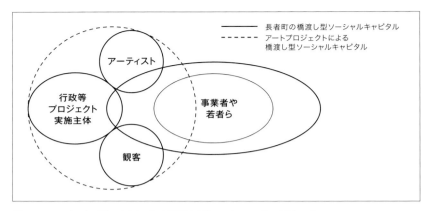

図3-4 アートプロジェクトによる橋渡し型ソーシャルキャピタルと長者町の橋渡し型ソーシャルキャピタルの比較

NPO法人まちの縁側育くみ隊・「アートラボあいち」・長者町アートアニュアル実行委員会・「長者町まちなかアート発展計画」・「Arts Audience Tables ロプロプ」・「長者町ゼミ」などである（**表4-4参照**）。その多様性ゆえに全体のネットワークの構築が課題となっている。

　こうしたネットワークの構築の課題がいかに解決されていくのか。あいちトリエンナーレなど大規模なイベントが開催され、それに向かって皆が短期間力を合わせているときは良いが、平常時において団体・個人がそれぞれ内向き、排他的な性格を強めたり、足の引っ張り合いをしたりが全くないとも限らない。長者町地区は引き続き2013の会場となるのだが、2013開催により長者町会場の展開がこれまでの地域の変化をさらに促進するのかについては、次章で見ていきたい。

長者町会場のインパクト（波及効果）のまとめ

　ソーシャルキャピタルによる分析をしてきたが、愛知県の企図なく長者町会場の展開が起爆剤となったことから、これらの効果はアウトカム（成果）でなくインパクト（波及効果）にあたる（第1章6参照）。本節の最後に、長者町会場のインパクト（波及効果）をまとめておくが、反面、愛知県がまちづくりを標榜しなかったからこそ生じた面もあるので、アートプロジェクトでまちづく

りを標榜することの是非と、今後愛知県は長者町地区にいかに関わっていくべきかにも触れておきたい。

　長者町会場の展開にあたり、愛知県は地域づくりの意図がなかった。芸術監督の建畠もアートによるまちづくりという視点ではなく、まちを面白くアートが活用することに重きを置いた。にもかかわらず、実際は長者町会場の展開が地域づくりの起爆剤となった。その影響を分析したところ、一時的な変化について、展示場所確保と企画の協働では、まちづくりに関心が薄かった地権者・事業者らから、多数の協力をとりつけ、ネットワークが著しく広がった。またイベントの企画や広報などをしたり、地区外に本拠を持つ大企業にまちづくりで圧力をかけたり、長老グループと、若手経営者の一部が核となり長者町は提案力・行動力が著しく向上した。作品制作の協力では、ナウィン・ラワンチャイクンが説得することで、青長会がパーティを開催したり、このパーティにまちづくりに批判的な人が参加したりした。加えて、KOSUGE1-16が地域の支えあいを促したことで、若手経営者有志が技量を向上させ、長老たちが裏方となって応援し、山車の練り歩きを実現した。アーティストが事業者の自発性に直接働きかけることで、長老グループと、若手経営者の一部は、行動力・提案力が著しく向上し、ネットワークが著しく広がった。以上から、人的協力・ネットワークが活性化した。

　それに対して、継続的な変化については、KOSUGE1-16が地域の支えあいを促したいと働きかけたことで、閉幕前後に長老グループと、若手経営者の一部が山車をまちで受け入れることを決め、翌年以降山車の練り歩きを毎年継続する。そして、アートセンターの設立を支援したり、活動拠点「長者町プラットフォーム」と、「アーティスト・イン・レジデンス」の供用を開始したり、連鎖反応が次々と起こる。大きなエネルギーが止まらないという意味で臨界点を超えて自発性が向上し、対外的活動を継続している。また、キーパーソンである複数の事業者がアート活動やまちづくりに新たに関わったり、長者町に縁を持った若者らがアート活動を継続したりするなど主体が多様化し、広がりが著しく向上し、自発的な参加が継続している。以上から、アーティストやサポーターズクラブの活動などが、事業者と若者らの自発性に働きかけたことで、短期間で橋渡し型ソーシャルキャピタルがプロアクティ

ブ化したのだ。

アートプロジェクトでまちづくりを標榜することの是非

　これらのインパクト（波及効果）のうち、特にまちづくりに批判的な人を取り込んだことは、あいちトリエンナーレ開催前から進めた約10年間のまちづくりではできなかったことなので、まちづくりの限界をアートが乗り越えたともいえる。そうであれば、地域コミュニティ形成の起爆剤というインパクト（波及効果）は、愛知県がアートによるまちづくりを標榜しなかったからこそ生じた面がある。

　また、長者町地区で短期間に地域コミュニティ形成の面でのインパクト（波及効果）を生じさせたのは、これまで何度も登場した堀田の存在を抜きには語れない。より一般化すれば、1) その地域にソーシャルキャピタルの要として機能し、しかもプロデューサー的資質を有するリーダーが存在すること、2) そのリーダーがまちにアートが絶対なければならないと確信を持っていることとなる。

　以上から、今回は愛知県が地域づくりに関心がなかったことが幸いし、まちづくりを標榜しなかったことやまちの若手リーダーらのアートに対する理解などによって、たまたまうまくいった面がある。だとすれば、アートプロジェクトによる地域づくりは、まちづくりを掲げることの弊害、まちでアートが理解されている状況等勘案しながら、あえてまちづくりを標榜しない戦略も求められるのだろう。

愛知県は長者町地区にいかに関わっていくべきか

　このようにアートプロジェクトによる地域づくりでは、あえてまちづくりを標榜しない戦略も求められるとすれば、今後愛知県は長者町地区にいかに関わっていくべきか。

　愛知県があいちトリエンナーレを一文化事業として取り組んだからこそ地域コミュニティ形成面でのインパクト（波及効果）が生じたという点を強調するならば、愛知県は従来通りあいちトリエンナーレを文化事業として長者町地区で展開するだけで十分であろう。仮に、行政が主体となってまちづくり

や産業政策とも絡め地区の展開に取り組むならば、せっかく育ちつつある民のイニシアティブを阻害する懸念が拭えない。

　しかしながら、まちづくりNPOや長者町に関わることとなった若者らの様々な活動は、財政面で決して盤石ではない。また、長者町地区では、2010での展示会場も含め多くの建物がここ数年で取り壊され、駐車場となっている現実もある。

　だとすれば、民のイニシアティブを阻害しないよう慎重に配慮しながら、まちづくりや産業政策の観点から、主に財政的支援等民の足りない部分を行政が補完する役割を担う必要がある。2010で所有者から展示場所の無償提供を受けた際、固定資産税の減免措置の要望を多く聞いた。具体的な施策としては、アーティストやクリエイターにビルを賃貸する際の固定資産税の減免や、横浜市で実践があるビルの改修費用の補助★105などが挙げられよう。こうして都市型芸術祭を契機として行政が民主導のまちづくりを支援すれば、官主導の色合いが濃い横浜市などとは異なる民主導・官補完型の新たなモデルを構築していくことができるはずだ。

　長者町地区は2013でも引き続き会場となった。次章では、2010で起きた変化が促進されたのかを長者町地区の動向を中心に紹介する。

5. まちはなぜアートを受け入れたのか★106

　前節では、事業者や若者らによる様々なアート活動を取り上げ、なぜ橋渡し型ソーシャルキャピタルがプロアクティブ化したのかを考察した。こうしたアート活動にとどまらず、長者町では文化産業の導入・育成を明記したマスタープラン策定、あいちトリエンナーレとの連携などアートを取り入れたまちづくりをしていく活発な気運を観察できる。そこで、次章に入る前に「まちはなぜアートを受け入れたのか」について考察を深めておきたい。

　一つ目の理由が、長者町地区が繊維問屋街としてかつての勢いを失い、空ビル・空店舗が増加し、業種転換が迫られていることである。2008年のまちづくり連絡協議会が、長者町地区の主だった地権者・事業主・居住者に

行ったアンケート調査（配表数150のうち回答数119）でも、「賑わいや活気のあるまち」にするために何に取り組むべきだと思われますか？」との問いに対して、「IT、ファッション、デザインなど新しい都市型産業を誘致する」「魅力的な飲食店や物販店舗を誘致する」などの回答が多く見られる★107。

　二つ目の理由が、アートに対する抵抗感が薄れたことである。堀田はまちを成熟させるという観点でアートによるまちづくりを進めたかったのだが、あいちトリエンナーレの開催前はアートに対するまちの理解を得るのが容易ではなかった。ところが、2010によって若者をはじめとした数十万人の観客が来訪したことで、誰しもわかりやすい形で長者町地区の知名度が高まった。堀田は、このことを「10年間まちづくりをやってきた。たった1回のトリエンナーレの方が長者町を有名にした」★108と話す。アートの効果がこのように誰しも分かりやすい形で可視化され、アートに対する抵抗が薄れたのだ。ただ、こうしたまちの人の意識の変化は、長者町会場のみの効果でなく、他会場も含め展開したあいちトリエンナーレ全体の効果でもあることを押さえておく必要がある。

　堀田によれば、アートが必ずしもまちで本当に理解されているということではないが、キーパーソンを中心にまち全体で概ね「（トリエンナーレで経験した）アートを取り入れていこう」★109ということが共有されているという。

　トリエンナーレ前後で変わった。「アートがまちにあって好かったね」と思っているのは（まちづくりの核となっている長老の一人である）吉田さん（吉田商事株式会社会長、下長者町町内会長）、（本重町）町内会長の小出さん、トリエンナーレ前は「こんなに人が来たら住民からすると困るなあ」と言っていたが、トリエンナーレが終わると「こんなに寂しくなるのか」と言った。必ずしもトリエンナーレ（でアート）ができたからではない。トリエンナーレ、アートに対するまちの人の印象がいい。たしかに飲食店の売り上げが伸びたということはある。しかし、「アートだけでなく、まとめてやってみんなが協力し、まちに人が来るし、力を持つ」ということを理解したのは、トリエンナーレ後である。

　三つ目の理由は、アートの面白さである。その面白さをまちの人や、まちづ

くりとアートのそれぞれの専門家からもよく聞く。その実証は困難であるが、触れておきたい。

　もちろん面白さといっても人それぞれであろう。イベントの高揚感が最もわかりやすい。アートに造詣が深ければ、作品の面白さを理由に挙げることもできよう。「アートをまちが受け入れたのはなぜか」という筆者の問いかけに、堀田は「このまちはアートがそもそも好きだった」★110 とも答えている。

　理由はもちろん一つではないが、大きな理由がこのまちはアートが好きだった可能性がある。それを表面では言わなかった。山口社長（織物協同組合理事長）は絵のコレクターだった。吉田商事の社長のお母さんは現代アートのギャラリーをやっていた。丹羽幸さん（丹羽幸彦丹羽幸株式会社取締役会長・当時）は音楽・オペラに強い。豊島さん（株式会社豊島元取締役副会長）も興味がある。商売をやっていると人間はバランスをとる。より商売に走っている人ほど、かたやアートをやっていないと保てない。(人間が)ある程度いくとアートに寛容になる。人間の成熟度とアートの理解とは似ている。

　堀田自身は、これまでのインタビューからはアートの面白さを次のように考えているようだ。アートプロジェクトによって限界に挑戦し、皆で協力し、その協力が力を持ち、限界を乗り越えていくことだと。また、長者町の事業者や、若者らが様々なアート活動を継続しているのは、前述のとおりアートプロジェクトによって人間の根源的要求である表現が開かれている状況こそを楽しいと感じていることも理由であろう。
　さて、こうした一人一人の面白さを束ね、普遍化する作業を、意識の深層にも遡り行えば、何が見えてくるのだろうか。
　この点、熊倉★111 は「社会は、無意識にしかしかつてよりはるかに強く、日常の中にアートを受け入れようとする」理由の一つとして「無条件の自由と、常識を覆すおもしろさ」を挙げ、次のように示唆する。

　人々は、固定化した社会構造や、負の側面を強く見せ始めた経済・科学重視の価値観に、大小の揺らぎをもたらす自由さと未知の価値をアートの中に見出し、そ

れを社会的な活動へと発展させることで、行き詰った状況にブレイクスルーをもたらす流動化の兆しとしようとしているようにも見えるのである[★112]。

　当然のことながら、アート作品を鑑賞し、価値の揺らぎをもたらす自由や面白さを感じたとの声がストレートに長者町で決して聞かれるわけではない。しかし、産業構造の変化に十分に対応しきれない繊維問屋街だからこそ、そうした自由や面白さを求めるニーズがあったといえないか。これまでの縁のなかった若者らが長者町に集うのは、閉塞した社会に自己表現の面白さや居場所を求めてのことではないだろうか。

注及び引用文献：

- ★1　あいちトリエンナーレ実行委員会，前掲書，2011年a．
- ★2　当初予算、2010年度の決算額は公表されておらず、2014年3月28日愛知県県民生活部国際芸術祭推進室から取り寄せた。
- ★3　愛知県県民生活部文化芸術課「あいちトリエンナーレ2010の経済波及効果等について」（2011年1月20日記者発表資料），2011年a．
- ★4　あいちトリエンナーレ実行委員会，前掲書，2011年a．
- ★5　会議は公開されており、該当資料も愛知県県民生活部文化芸術課国際芸術祭推進室から入手可能である。
- ★6　本項で『あいちトリエンナーレ2010開催報告書』の記述をそのまま用いた個所は「　」書きとした。
- ★7　名古屋市の第三セクター栄公園振興株式会社が管理・運営を行う（栄公園振興株式会社「会社概要」『オアシス21』，2012年, available at http://www.sakaepark.co.jp/about/（2015年5月1日最終確認）。
- ★8　七ツ寺共同スタジオ「七ツ寺共同スタジオについて」『NANATSUDERA KYODO STUDIO』，2012年, available at http://nanatsudera.com/index.php/about/（2015年5月1日最終確認）．
- ★9　三菱UFJリサーチ＆コンサルティング社『文化芸術環境調査（資料編）』，2007年．
- ★10　国際芸術祭構想検討調査業務共同体『国際芸術祭構想検討調査業務実施報告書』，2008年．
- ★11　2012年4月5日建畠晢へのインタビュー。
- ★12　地区の概要に関する記述は2011年3月28日の堀田勝彦（名古屋・錦二丁目まちづくり連絡協議会副会長・当時／堀田商事株式会社代表取締役社長）へのインタビューによる。
- ★13　2015年6月17日船戸善巳（名古屋長者町織物協同組合事務局長）へのインタビュー。
- ★14　名古屋市総務部企画部統計課『名古屋の町（大字）・丁目別人口（平成22年国勢調査）』，2011年
- ★15　矢守克也『アクションリサーチ——実践する人間科学』新曜社，2010年，18-22ページ
- ★16　同書，11-2ページ
- ★17　延藤安弘『「まち育て」を育む——対話と協働のデザイン』東京大学出版会，2001年，10-5ページ．
- ★18　あいちトリエンナーレ2010開催以前の長者町地区の記述は、『あいちトリエンナーレ2010』長者町会場の取り組み」（堀田勝彦『アーバン・アドバンス』No.53, 名古屋都市整備公社名古屋都市センター，2010年，25-30ページ）や「今までの活動」（名古屋・錦二丁目まちづくり協議会，2013年 available at http://www.kin2machi.com/about02.html（2015年5月1日最終確認））の記述、2010年11月18日、12月10日堀田へのインタビューによる。
- ★19　名古屋市総務部企画部統計課『名古屋の町（大字）・丁目別人口（平成12年国勢調査）』，2001年；『名古屋の町（大字）・丁目別人口（平成17年国勢調査）』，2006年；前掲書，2011年．
- ★20　2012年3月8日アートセンター「アートラボあいち」（名古屋市中区錦二丁目）で実施されたネットワークミーティング「コミュニティとアート」での堀田（パネリスト）の発言を引用した。
- ★21　朝日新聞「『長者町繊維街』に活気を　空きビル、若者らが再生」2002年6月13日朝刊愛知1，2002年，22ページ；「長者町の再生『えびすビル』、2棟目あすオープン」2003年12月19日朝刊愛知1，2003年，24ページ．
- ★22　名古屋・錦二丁目まちづくり連絡協議会「錦二丁目縁側大楽まちのデザイン塾2006年9月21日（木）『まちづくり憲章』の選考とポスター原案づくり」「まちづくり活動紹介」（ちらし），2006年．
- ★23　延藤安弘編著『人と縁をはぐくむまち育て——まちづくりをアートする』萌文社，2005年．
- ★24　延藤安弘「都市再生まち育てにおける活動風景づくり——名古屋市錦二丁目長者町地区マスタープランをめぐって」『まちづくり』第33巻，2012年，65-6ページ．
- ★25　2012年11月28日小林恒夫（名古屋長者町織物協同組合専務長・当時）へのインタビュー。

★26 青長会に関する記述は2010年12月26日佐藤敦(青長会会長・当時／株式会社エフェクト代表取締役)へのインタビュー。佐藤は広告代理店を経営し、2011年までえびすビルに入居する。まちづくりの若手の担い手ともなり、のちに山車の存続等に大きな役割を果たす。問屋出身でない佐藤があいちトリエンナーレ開催時に会長を務めたこと自体が、青長会の変化の表れではあった。
★27 愛知県県民生活部文化芸術課『あいち国際芸術祭(仮称)基本構想』、2008年．
★28 あいちトリエンナーレ実行委員会「あいちトリエンナーレ2010プレスリリース」(2009年3月25日記者発表資料)、2009年．
★29 愛知県県民生活部文化芸術課国際芸術祭推進室「長者町プロジェクト2009を開催します」(2009年6月23日記者発表資料)、2009年 a．
★30 2012年4月5日の建畠へのインタビュー。
★31 建畠哲「アブソリュート・ビギナーズ」『あいちトリエンナーレ2010 都市の祝祭』あいちトリエンナーレ実行委員会、2011年、11ページ。
★32 都市研究所スペーシア『現代美術都市空間展開基礎調査業務 報告書』、2009年．
★33 愛知県県民生活部文化芸術課「あいちトリエンナーレ2010プレイベント長者町プロジェクト2009の詳細が決まりました」(2009年10月5日記者発表資料)、2009年 b．
★34 堀田、前掲論文、26ページ．
★35 2012年3月29日堀田へのインタビュー。
★36 2.4については、県と長者町の打合せ時の議事録、2010年11月29日、2011年2月24日吉田有里アシスタントキュレーターへのインタビュー、2010年11月18日、12月10日堀田へのインタビューにもとづく。
★37 愛知県県民生活部文化芸術課、前掲資料、2009年 b．
★38 2012年4月5日建畠へのインタビュー。
★39 えびす祭り同時開催に関わる議論で米津に関わる部分は、2012年8月4日米津文彦(丹羽幸株式会社総務本部総務部リーダー)へのインタビュー。
★40 岩城京子「仕組まれたまちなかアート」『アエラ』2010年11月1日号、2010年、66-7ページ．
★41 あいちトリエンナーレ実行委員会、「あいちトリエンナーレ2010プレスリリース」(2010年7月6日記者発表資料)、2010年．
★42 2014年3月28日拝戸雅彦(あいちトリエンナーレ2010; 2013キュレーター)へのインタビュー。
★43 2014年3月19日名畑恵(NPO法人まちの縁側育くみ隊事務局長)へのインタビュー。
★44 2014年4月23日滝一之(滝一株式会社代表取締役)へのインタビュー。
★45 2014年3月19日名畑へのインタビュー。
★46 2014年4月23日滝へのインタビュー。
★47 延藤編著、前掲書、2005年、14ページ．
★48 あいちトリエンナーレ実行委員会、前掲資料、2010年．
★49 堀田、前掲論文、29ページ．
★50 KOSUGE1-16編「からくり『長者町丁稚小人』の小さくて大きな物語」「〜長者町界隈の歴史・文化を刻む山車をまちのタカラモノに〜「長者町山車プロジェクト」寄付のお願い」(ちらし) 長者町アートアニュアル実行委員会、2011年．
★51 後述のとおり、2011年以降えびす祭りで山車の練り歩きを継続する。その際、寄金を集めるためのちらしが作られ、土谷亨が上記の文章を寄せた。
★52 土谷亨「かたい山車＝めんどうな山車」「〜長者町界隈の歴史・文化を刻む山車をまちのタカラモノに〜「長者町アートプロジェクト」寄付のお願い」(ちらし) 長者町アートアニュアル実行委員会、2011年．
★53 2.5については、県と長者町の打合せ時の議事録、2010年11月18日、12月10日の堀田へのインタビュー、2010年12月26日の佐藤へのインタビューにもとづく。
★54 サポーターズクラブの設置・運営には緊急雇用が活用されたが、その受託業者がATカフェの運

営も行った．

★55 県と長者町の打合せ時の議事録，2010年11月18日，12月10日の堀田へのインタビュー．
★56 錦二丁目まちづくり連絡協議会／マスタープラン策定委員会・マスタープラン作成企画会議『これからの錦二丁目長者町まちづくり構想 (2011-2030)』，2011年，42-3ページ．
★57 長者町アートアニュアル実行委員会『長者町アートアニュアル年間報告書2011』，2012年；『長者町アートアニュアル年間報告書2012』，2013年．
★58 2013年6月24日山田訓子（長者町まちなかアート発展計画代表）へのインタビュー．
★59 2014年2月27日加藤さとみ（Arts Audience Tablesロプロプのメンバー）へのインタビュー．
★60 まちの会所 hanare「色は匂えど長者町カルタ」2014年，available at http://hanare.jp/（2014年5月1日最終確認）
★61 2013年12月18日谷亜由子（長者町ゼミのメンバー）へのインタビュー．
★62 2014年4月5日渡辺英司（アーティスト）へのインタビュー．
★63 愛知県県民生活部文化芸術課「あいちトリエンナーレ2010開幕1周年 長者町に「アートラボあいち」がオープンします!!」（2011年8月16日記者発表資料），2011年 b．
★64 2013年10月9日児玉美香（アートラボあいちスタッフ・2011年8月–2013年3月）へのインタビュー．
★65 2014年5月30日東田泰穂（建築家）へのインタビュー．
★66 2012年7月25日武藤勇（N-mark代表）へのインタビュー．
★67 長者町アートアニュアル実行委員会，前掲書，2013年．
★68 2014年3月24日小出祐弘（本重町町内会長／株式会社丸芳商店代表取締役）へのインタビュー．
★69 2014年3月24日小出へのインタビュー．
★70 シンポジウムに関する記述は2013年11月8日名畑へのインタビュー
★71 2013年6月24日山田へのインタビュー．
★72 大地の芸術祭実行委員会事務局『大地の芸術祭 越後妻有アートトリエンナーレ2012 総括報告書』，2013年，available at http://www.city.tokamachi.lg.jp/kanko/10170400001.html（2015年5月1日最終確認）．
★73 松本文子・市田行信・吉川郷主・水野啓・小林慎太郎「アートプロジェクトを用いた地域づくり活動を通したソーシャルキャピタルの形成」『環境情報科学論文集』第19号，2005年，157-162ページ．
★74 鷲見英司「大地の芸術祭とソーシャル・キャピタル」澤村明編『アートが地域を変えたか――越後妻有大地の芸術祭の十三年2000-2012』慶應義塾大学出版会，2014年，63-99ページ．
★75 寺尾仁「大地の芸術祭と人々――住民、こへび隊、アーティストが創り出す集落・町内のイノベーション」澤村明編『アートが地域を変えたか――越後妻有大地の芸術祭の十三年2000-2012』慶應義塾大学出版会，2014年，101-46ページ．
★76 鷲見，前掲書，98ページ．
★77 結束型ソーシャルキャピタル、橋渡し型ソーシャルキャピタルのそれぞれの定義、具体例については、3.2.2を参照されたい．
★78 松本ら，前掲論文，162ページ．
★79 Putnam,Robert D.,Bowling Alone:The Collapse and Revival of American Community,NewYork:Simon&Chuster,2000．（柴内康文訳『孤独なボーリング――米国コミュニティの崩壊と再生』柏書房，2006年，510ページ）．
★80 同書，510ページ．
★81 今村晴彦・園田紫乃・金子郁容『コミュニティのちから――"遠慮がちな"ソーシャル・キャピタルの発見』慶應義塾大学出版会，2010年．
★82 松本ら，2005年，前掲論文，157-62ページ．

★83 Putnam,Robert D.,Making Democracy Work:Civic Tradition in Modern Italy, Princeton,N.J:Princeton Univercity Press,1993.（河田潤一訳『哲学する民主主義——伝統と改革の市民的構造』NTT出版，2001年，200-31ページ．）
★84 坂本治也『ソーシャル・キャピタルと活動する市民——新時代日本の市民政治』有斐閣，2010年，57-64ページ．
★85 延藤，前掲論文，2012年，66ページ．
★86 同論文，67ページ．
★87 同論文，69ページ．
★88 坂本，前掲書，20ページ．
★89 Putnam,Robert D., 前掲書，2000=2006年，19ページ．
★90 同書，19ページ．
★91 拙稿（「アートプロジェクトによる人的協力・ネットワーク及びソーシャルキャピタルのプロアクティブ化——あいちトリエンナーレ2010長者町会場を事例に」『文化経済学』第9巻第1号，2012年，90-100ページ）では「人的協力・ネットワークのプロアクティブ化」としていた．しかし，自ら進んで活性化させたというプロアクティブ化の語義を厳格にとらえ，自発性と必ずしも結びつかない人的協力・ネットワークについては評価基準を「活性化」とした．
★92 2010年10月1日上記座談会に筆者も出席し，独自にまとめた．
★93 熊倉監修，前掲書，2014年，159ページ．
★94 2012年4月5日の建畠へのインタビュー。
★95 熊倉純子「アートとコミュニティ・デイベロップメント——まちなかアートプロジェクトは何を誘発するのか？」『住宅』第60巻，2011年，19ページ．
★96 同論文，19ページ
★97 2010年12月26日、2011年12月20日の佐藤へのインタビュー。
★98 2012年4月5日京都市立芸術大学での建畠へのインタビューに吉田有里アシスタントキュレーターも同行し、長者町で起きた変化について意見交換するなかで、吉田有里アシスタントキュレーターから発言があった。
★99 2012年3月29日堀田へのインタビュー。
★100 2012年3月28日延藤安弘（愛知産業大学 大学院造形学研究科教授・当時／NPO法人まちの縁側育くみ隊代表理事）へのインタビュー。
★101 熊倉，前掲論文，2011年，20ページ．
★102 同論文，20ページ．
★103 同論文，20ページ．
★104 同論文，20ページ．
★105 横浜市芸術文化振興財団，「アーツコミッション・ヨコハマ」，2015年，available at http://acy.yafjp.org/（2015年5月1日最終確認）．
★106 県と長者町の打合せ時の議事録、2010年11月18日、12月10日の堀田へのインタビューにもとづく。
★107 名古屋・錦二丁目まちづくり連絡協議会『名古屋錦二丁目地区エリアマネジメント推進方策検討業務』国土交通省土地・水資源局土地政策課，2009年，314-9ページ．）．
★108 2012年3月28日堀田へのインタビュー。
★109 2012年3月28日堀田へのインタビュー。
★110 2012年3月28日堀田へのインタビュー。
★111 熊倉，前掲論文，2011年，22-3ページ。
★112 同論文，22-3ページ．

第4章

あいちトリエンナーレ2013
　開催とその後
　（2013−2015）

1. 2013開催の政策決定と長者町地区の動向

2013開催の政策決定

あいちトリエンナーレ2010は、総来場者数が想定の2倍近い57万人、経済波及効果が78.1億円とされ、イベントとしては成功を収めた。そうした成功を主な理由に、次の経過であいちトリエンナーレ2013開催を知事が政策決定する。

2011年2月、2010開催にリーダーシップを発揮した神田真秋前知事に替わり、大村秀章知事が新たに信任を受けた。開催前に「延期・縮小論」を主張した民主党は、2011年2月の定例議会では、一転して次回以降の継続を大村知事に訴える。当初想定の2倍近い来場者があったことや、専門家の評価が高かったからである。これに対して、大村知事も議会からの継続の訴えに応え、57万人の来場者をもって大成功とし、世界から注目される国際芸術祭に育てたいと発言した[★1]。

そして、2011年6月の臨時議会は、2013の2011年度開催準備費として、3年前の2010の開催準備のための予算とほぼ同額の4,555万円を認めた[★2]。想定の2倍近い来場者があったこと、議会の要請を受けたことによる政策決定だった。

長者町地区の動向

2013の開催が決定されると、引き続き長者町地区も会場とされた。2010閉幕前後に長者町地区を会場とすることをまちが申し入れ、その後も事あるごとに陳情を続けた[★3]。まち全体でアートを受け入れていこうとする長者町に押される形で、愛知県は会場としたのだ。

その結果、注目すべきは、2010の際と同様に、2013でも新たに若者らが加わり、しかも長者町地区の内外を問わずキーパーソンや若者らのコミュニティ次々と生まれていることである。コミュニティの数、それぞれの自発度の強さ、変容のスピード感などが、他のアートプロジェクトに比べ半歩抜きんでているのではないだろうか。

ちなみに、次々と生まれるコミュニティは、社会学者マッキーバーの分類に

したがえば、コミュニティと対比されるアソシエーションと分類できる。ここでコミュニティとは地域社会の体を指すのに対し、アソシエーションは、「共同の関心の（中略）ために明確に設立されたの組織体」[★4]である。本書では、アソシエーションという言葉が一般にはなじみがないことから、マッキーバーの使う「コミュニティ」「アソシエーション」を、それぞれ「地域コミュニティ」「コミュニティ」と言い換えて使用している。また、若者らの活動の基礎単位について、その事象を中立的に紹介する場合はグループとしてきたが、地域コミュニティ形成面での影響を付加して分析的に用いる場合はコミュニティとする。

　第3章で見てきたとおり、長者町地区では、2010開催により数年間で事業者や若者らがアートイベントを継続的に開催するなど、橋渡し型ソーシャルキャピタルがプロアクティブ化した。そうした状況で、2013年8月–10月にあいちトリエンナーレが開催された。開催により長者町地区で何が起きたのか、ソーシャルキャピタルがいかに影響を受けたのかを明らかにしていく。

筆者とあいちトリエンナーレの関わり

　なお、筆者は2009年4月1日から2011年3月31日まで愛知県県民生活部文化芸術課国際芸術祭推進室に在職し、2010を職務としたが、2013には職員として一切関わっていない。それゆえ、2011年4月以降の記述は、外部者として客観的に観察したものである。その一方で、学生・市民・長者町地区で活動するグループに対して評価ワークショップをコーディネートしたり[★5]、一市民として2013ではNadegata Instant Partyの作品制作をサポートしたり、地区内外のアート活動やまちづくりに参加した。そうした限りで内部者として観察した知見に基づく部分もある。その点については明記のうえ、関係者にもインタビューを行い、客観的な分析を担保した。

2. 2013開催の効果

▶2.1 2010と2013の比較[★6]

　あいちトリエンナーレの効果を概観する前に、2010と2013の目的・テー

マ・会場・会期・決算などの比較をしておきたい（表4-1）。

あいちトリエンナーレを継続させることで何をめざすのかについて政策の理念・使命が必要となる。2010では、理念・使命に当たるものとして三つの開催目的 1) 世界の文化芸術の発展に貢献 2) 文化芸術の日常生活への浸

表4-1 2010と2013の比較

		2010	2013
目的		1) 世界の文化芸術の発展に貢献 2) 文化芸術の日常生活への浸透 3) 地域の魅力の向上	同左
テーマ		都市の祝祭	揺れる大地——われわれはどこに立っているのか：場所、記憶、そして復活
		Arts and Cities	Awaking-Where Are We Standing?-Earth, Memory, and Resurrectin
芸術監督		建畠晢	五十嵐太郎
会場		愛知芸術文化センター 名古屋市美術館 長者町地区・納屋橋地区	愛知芸術文化センター 名古屋市美術館 長者町地区・納屋橋地区 岡崎市内
展示面積		18,127㎡	33,693㎡
長者町会場	展示場所の数	29ヶ所	18ヶ所
	展示面積	約5,000㎡	約2,400㎡
	地域コミュニティ形成に与えた主なアーティスト	ナウィン・ラワンチャイクン KOSUGE1-16	Nadegata Instant Party 菅沼朋香 AMR
会期		2010年8月21日-10月31日（72日間）	2013年8月10日-10月27日（79日間）
決算		18.1億円（うち緊急雇用5.2億円）	13.5億円（うち緊急雇用1.4億円）
参加アーティスト	国数	24の国	34の国
	組数	131組	122組
	うち現代美術	75組	76組
		（芸文28、市美12、長者町26、納屋橋ほか20）	（芸文33、市美9、長者町16、納屋橋14、岡崎13）
作品数		208作品	182作品
来場者数		572,023人	626,842人
経済波及効果		78.1億円	69.0億円
パブリシティ効果（広告費換算）		47億円以上	55億円以上
ボランティア登録者数		1,289人	1,310人
サポーターズクラブ登録者数		5,373人	—

（あいちトリエンナーレの開催報告書を参考にしつつ筆者が作成）

透 3）地域の魅力の向上 が事務局主導で定められた★7。2013でも、この三つの開催目的が引き続き使用されている。

　それに対して、テーマは、回毎に選任された芸術監督が決めることとなっている。2010では、建畠晢芸術監督（国立国際美術館館長：当時）が「都市の祝祭」をテーマとしたが、2013では、五十嵐太郎（東北大学大学院工学研究科教授）芸術監督が「揺れる大地──われわれはどこに立っているのか　場所、記憶、そして復活」をテーマとした★8。「東日本大震災による津波、福島第一原発の事故を受け、掲げられた今回のテーマ。（中略）1回目に比べるとメッセージ性が際立つ。（中略）発表済の現代美術のアーティスト23組もテーマを色濃く反映した社会派の顔ぶれが目立つ」★9とマスコミにも取り上げられ、注目を浴びた。

　会場は、両者とも専用施設として愛知芸術文化センターと名古屋市美術館を使った。それに対して、まちなか展開では、名古屋市内の長者町地区・納屋橋会場に加え、2013では岡崎市を会場とした（**図4-1**）（**図4-2**）。2010が名古屋市内だけの展開としたことで、「改善すべき点でもなく、ましてや批

図4-1
2013会場
（名古屋地区）

©あいざわけいこ

判でもないが、あいちトリエンナーレと称している割には、名古屋だけの祭典だったという印象を持った」[★10]という北川フラムに代表される県内外の意見を、名古屋市以外の広域行政を担う愛知県としては必要以上に意識せざるを得なかったからだ。

名古屋市以外で展開していく布石として、あいちトリエンナーレ開催の中間年の2011年・2012年に、2010の効果を県内地域に伝えることを目的に、豊橋市・岡崎市などであいちトリエンナーレ地域展開事業が年間3,000万円の予算で実施される[★11]。そうしたなか、岡崎市が、看視・警備、清掃、ボランティア運営といった会場運営管理費用の負担を厭わずに、あいちトリエンナーレに参加の手を挙げた。最終的には五十嵐監督の意向を踏まえ岡崎会場の展開が決まった。

会期は、両者とも8月−10月にかけて開催された。ただ、夏休み中の集客を企図し、開催日を10日間前倒ししたことで、7日間増え79日間とした。決算額は、2010が17.3億円（うち緊急雇用5.2億円）に対し、あいちトリエンナーレが14.4億円（うち緊急雇用1.8億円）である。主に国の緊急雇用の予

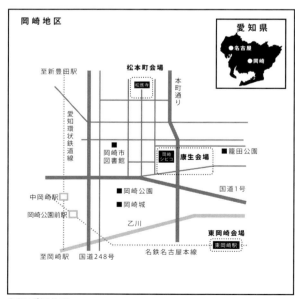

図4-2
2013会場
（岡崎地区）

©あいざわけいこ

算が減った影響で2.9億円減となった。

なお、2013の収支は**表4-2**のとおりである。また、**表4-1**では、長者町会場の規模・内容、参加アーティスト、来場者数なども比較している。これらは、本章の文中で詳しく紹介しているので、読み進めるにあたり適宜参照されたい。

▶2.2 来場者数と経済波及効果

こうして、もちろんテーマは異なるが、前回と同目的、約8割の規模で2013

表4-2 2013決算表　　　　　　　　　　　　　　　　　　　　　　単位：100万円

			決算			
			2011	2012	2013	計
収入	事業収入		0	0	232	232
	負担金	愛知県	25	119	578	722
		名古屋市	8	40	94	142
	計		34	159	672	943
	協賛・助成金		0	1	81	82
	合計		34	160	985	1,259
支出	事業費	計画策定費	5			5
		現代美術	21	61	629	711
		舞台美術		27	198	225
		普及・教育		7	19	26
		祝祭的展開		17	45	62
		ボランティア		3	17	20
		広報	6	41	72	119
	計		31	156	980	1,234
	管理費	運営会議開催費	2	1	1	4
		その他管理費	1	2	3	6
	予備費		0	0	0	0
	計		3	3	4	10
	合計		34	160	985	1,259

［参考］

	2011	2012	2013	計
緊急雇用		52	132	184
総事業費（緊急雇用含む）	34	212	1,117	1,443

（報告書をもとに筆者作成）

表4-3 開催目的別の評価

目的	取り組み	結果	まとめ
世界の文化芸術の発展に貢献	・122組のアーティストが参加 現代美術は76組のうち約7割が新作、パフォーミングアーツは15組のうち6割が新作、または日本初演 ・世界初演となる公演 ・スペクタクルな展開をまちなかで実施	・国際美術展では来場者の87.8%、パフォーミングアーツでは鑑賞者の93.4%、プロデュースオペラでは鑑賞者の96.8%が「良かった」と回答 ・世界初演の2作品が、海外での再演を実施又は予定	・愛知芸術文化センターの機能を活かした現代美術と舞台芸術の「複合性」を継続 ・国際展に相応しい祝祭感をスペクタクルな展開などにより演出
	・国内外での記者発表会の実施（9回）	・新聞、テレビ等のマスメディアで1,100件近く掲載・放映	
文化芸術の日常生活への浸透	・まちなか展開の会場として、2010の長者町、納屋橋に加え、新たに岡崎地区にも3会場を設置 ・建築関連プロジェクトを実施	・来場者の80.0%が芸術に対する興味・関心が「高まった」と回答	・「まちなか展開」、「県内での広域展開」の継続 ・「普及・教育の取組」の継続
	・「キッズトリエンナーレ」「学校へのアーティスト派遣事業」「学校向け団体鑑賞プログラム」「パブリック・プログラム」など普及・教育プログラムを実施	・「キッズトリエンナーレ」に約6万人が来場。9割以上が「楽しかった」と回答 ・左記参加校の9割以上が、総合評価として「良かった」と回答	
地域の魅力の向上	・国際美術展には、本県ゆかりのアーティスト15組が参加。 ・「祝祭ウィーク事業」として14地元文化芸術団体等と共催で舞台公演を実施 ・「大学連携プロジェクト」として、長者町の「アートらぼあいち」での展覧会等を実施	・来場者の6割が、「文化芸術の振興に効果あり」と回答 ・「祝祭ウィーク事業」に約12,000人が来場 ・「大学連携プロジェクト」に参加した藝術大学関係者から、「次回も積極的に参加したい」との意見があった	・「祝祭ウィーク事業」の継続 芸術大学を始めとする地元との連携 ・ボランティア経験者に対しての情報提供を行うことにより結びつきを維持
	・1,300人を超えるボランティアが会場運営、ガイドツアーなどをサポート	・ボランティアの8割以上が「参加してよかった」と回答 ・岡崎では、閉幕日に地元のまちづくり協議会がクロージングイベントを実施し、約400人が参加	

（運営会議資料から筆者が抜粋、要約し作成）

は開催された。その効果を、まずは、2010と比較しながら、来場者数と経済波及効果から見てみると、2010の来場者数は57万2,023人であるのに対し、2013は62万6,842人で、前回より約5万4,000人上回った。2010では緊急雇用を含む主催者等総支出18.1億円に対し、経済波及効果は78.1億円だった。それに対して、2013では緊急雇用を含む主催者等総支出13.5億円に対し、経済波及効果は69.0億円となった。

▶2.3 来場者数等以外の効果

つづいて、来場者数等以外の効果を見ると、2013でも、「あいちトリエンナーレ実行委員会運営会議」（2014年3月26日）の配布資料（以下運営会議資料（2013））により[★12]、主だった効果が三つの開催目的 1）〈世界の文化芸術の発展に貢献〉2）〈文化芸術の日常生活への浸透〉3）〈地域の魅力の向上〉に即してまとめられている（**表4-3**）。以下では、2010と比較しながら、三つの開催目的順に前項以外の2013の効果を紹介しよう。なお、アーティスト数や会場ごとの内訳などは、『あいちトリエンナーレ2013開催報告書』[★13]や筆者の実際の取材で適宜補っている。

1）〈世界の文化芸術の発展に貢献〉

第一の目的については、現代美術、パフォーミング・アーツ、スペクタクル作品の展示・公演を、鑑賞者のほとんどが「良かった」と回答したことで、〈新たな芸術の創造〉により〈世界の文化芸術の発展に貢献〉した。また、国内外での記者発表会を9回実施し、新聞・テレビ等のマスメディアで1,100件近く掲載・放映され、〈新たな芸術の発信〉により〈世界の文化芸術の発展に貢献〉したとする。

前者について詳述すると、一つ目に、現代美術は2010では75組だったのに対し、2013でも同規模の76組となった。そのうち約7割が新作である。会場ごとの内訳は、愛知芸術文化センターが33組、名古屋市美術館が9組、長者町会場が16組、納屋橋会場が14組、岡崎市内が13組などである。数字上は、長者町会場が26組から半数弱減らし、それが岡崎市内に振り分けられた格好だ。

「揺れる大地」というテーマが掲げられたことから、原発事故に正面から向き合った作品が多く見られ、愛知芸術文化センターではヤノベケンジが《サン・チャイルドNo.2》（**写真4-1**）を、宮本佳明が《福島第一さかえ原発》（**写真4-2**）をそれぞれ展示した。また、五十嵐監督が建築家であることから、「作家や作品の選定において、『建築』の視点を取り入れた」[★14]。名古屋市美術館では、《ルイ・ヴィトン名古屋栄店》を設計した建築家青木淳が、黒川紀章設計の同美術館を読み替え、入口を南側の搬入口に変えるなど動線・

写真4-1　ヤノベケンジ《サン・チャイルド No.2》(2011)、愛知芸術文化センター、©Netwrok2010、撮影：岩崎明夫

写真4-2　宮本佳明《福島第一さかえ原発》(2013)、愛知芸術文化センター地下2階-10階、©Netwrok2010、撮影：岩崎明夫

写真4-3 青木淳 杉戸洋(スパイダース)《赤と青の線》(2013)、名古屋市美術館、撮影:やまだみゆき

写真4-4 梅田宏明《4. temporal pattern》(2013)、愛知芸術文化センター、©Netwrok2010、撮影:岩崎明夫

空間をリノベーションする（写真 4-3）。そこで、杉戸洋・アルフレッド・ジャーなどが展示を行った。

　二つ目に、パフォーミング・アーツは、2010では21組で、全て世界初演または日本初演だった。それに対して、2013では15組で、うち6割が世界初演または日本初演となっている。梅田宏明は、アジアのダンサーとともに《4. temporal pattern》を製作し（写真 4-4）、山口情報芸術センター（YACM）から技術・制作のサポートを受け、視覚的なダンス作品《Holistic Strata》を製作した★15。こうしたビジュアル・アーツとパフォーミング・アーツが融合した作品が多く紹介され、うち世界初演の2作品が海外での再演を実施または予定している。

　三つ目に、スペクタクル作品を展開したのが、高橋匡太の《Grow with City Project》と、大友良英が率いるプロジェクトFUKUSHIMAの《フェスティバル FUKUSHIMA in AICHI》である。スペクタクル作品は、2010では草間彌生と池田亮司がオアシス21や名古屋城で展開し、第二の目的《文化生活の日常生活への浸透》に位置づけられていた。それに対して、あいちトリエンナーレでは本目的《世界の文化芸術の発展に貢献》に位置付けられ、次回以降「国際的なアートフェスティバルに相応しい祝祭感をスペクタクルな展開などにより演出していく」という。

　《Grow with City Project》では、9月21日（土）・22日（日）の二晩にわたり、参加者がLED電球の入った1,000個の提灯を手にして、名古屋市美術館そばの白川公園を出発点に長者町・栄のルートを行列になって歩いた。途中、名古屋市科学館プラネタリウムドーム・長者町繊維街のアーケード・オアシス21・愛知芸術文化センターなど名古屋市内各会場の代表的建築物が灯光器でライトアップされる。建物の光は、参加者が手にした提灯の光とシンクロして、赤・青・緑・紫に明滅し、名古屋の都心に非日常的な光の風景を現出させた（写真 4-5）。

　《フェスティバル FUKUSHIMA in AICHI》では、大友良英らが2011年5月に東日本大震災をきっかけに立ち上げた「プロジェクトFUKUSHIMA」を招聘する。9月7日（土）・8日（日）にオアシス21で、大友らのディレクションのもと、一般公募による即興ライブ「オーケストラAICHI！」や「盆踊り」

写真4-5　高橋匡太《Grow with City Project》(2013)、愛知芸術文化センター、©Netwrok 2010、撮影：岩崎明夫

が行われ、延べ1万5,000人が参加した。盆踊りでは「ええじゃないか音頭」「あまちゃん音頭」に加え（**写真4-6**）、あいちトリエンナーレをきっかけに出展作家菅沼朋香が作った「長者町音頭」も踊られた（3.4.2参照）。

　その際、オアシス21の会場全体に、美術家中崎透・建築家アサノコウタらが、長者町などで調達した布きれを縫い合わせて作った色とりどりの大風呂敷を敷き詰めた。これは、福島で開催の際、放射線を防ぐために芝生に大風呂敷を敷いたことに倣ったという。名古屋で急遽作られた大風呂敷チームには、Nadagata Instant Partyの制作に関わったクルー（3.4.1参照）が多く参加した。ステージ後方には協賛に応じた人たちの約100枚の名入りのぼり旗が飾られ、その1枚には奈良美智自筆のイラストが描かれていた（**写真4-7**）。

写真4-6 プロジェクトFUKUSHIMA
(総合ディレクション：大友良英)〈フェスティバルFUKUSHIMA in AICHI!〉(2013)、Oasis21、撮影：澤田尚正

写真4-7 プロジェクトFUKUSHIMA(総合ディレクション:大友良英)《フェスティバルFUKUSHIMA in AICHI!》(2013)、Oasis21、©Netwrok2010、撮影:岩崎明夫

写真4-8 名和晃平《フォーム》(2013)、納屋橋会場、撮影:水野晶彦

写真4-9 向井山朋子＋ジャン・カルマン《FALLING》(2013)、岡崎地区康生会場、
©Netwrok2010、撮影：岩崎明夫

写真4-10 丹羽良徳《日本共産党でカール・マルクスの誕生日会をする》(2013)、岡崎地区松本町会場、
©Netwrok2010、撮影：岩崎明夫

2)〈文化芸術の日常生活への浸透〉

　第二の目的については、まちなか展開などのプロジェクトや普及・教育プログラムの実施により、来場者の興味・関心が高まり、〈文化芸術の日常生活への浸透〉が図れたとする。

　まちなか展開は、長者町・納屋橋に加え、新たに岡崎地区を会場とした。それぞれの会場の代表的な展示を紹介すると、納屋橋会場では名和晃平が《フォーム》(**写真4-8**)、岡崎市内では康生会場岡崎シビコで向井山朋子＋ジャンカルマンが《FALLING》(**写真4-9**)、松本町会場では丹羽良徳が《日本共産党でカール・マルクスの誕生日会をする》の展示をそれぞれ行った(**写真4-10**)(**図4-2参照**)。また、「建築の視点からまちの魅力を再発見する機会を提供するため、まちなかの建築物等を解説するガイドブック『あいち建築ガイド』」作成や「一般公開されていない建築物等をガイドツアー形式で紹介する『オープンアーキテクチャー』」開催など、建築関連プロジェクトを実施した。これらのまちなか展開と建築関連プロジェクトの実施により、来場者の80.0％が芸術に対する興味・関心が「高まった」と回答した。

　普及・教育プログラムは、「キッズトリエンナーレ」「学校へのアーティスト派遣事業」「学校向け団体鑑賞プログラム」「パブリック・プログラム」などを実施した。その結果、「キッズトリエンナーレ」に約6万人が来場し、9割以上が「楽しかった」と回答する。そして、「学校向け団体鑑賞プログラム」参加校の9割以上が、総合評価として「良かった」と回答した。

3)〈地域の魅力の向上〉

　第三の目的については、愛知県ゆかりのアーティスト15組が参加したこと、地元大学との連携、ボランティアの参加、加えて来場者の6割が「文化芸術の振興に効果あり」と回答したことにより、〈地域の魅力の向上〉が図れたという。大学連携プロジェクトとして、長者町の「アートらぼあいち」で展覧会を実施した。また、1,300人を超えるボランティアが会場運営・ガイドツアーなどをサポートし、ボランティアの8割以上が「参加してよかった」と回答した。岡崎では、閉幕日に地元のまちづくり協議会がクロージングイベントを実施し、約400人が参加した。

以上が、愛知県が認識している2013開催の効果の概要である。もちろん前回と同じ目的が掲げられたことから当然であるが、あいちトリエンナーレでも、掲げる三つの目的と指標が芸術文化中心に捉えられている。目的別にもう少し細かく見ると、一つには、スペクタクルな展開が〈文化芸術の日常生活の浸透〉から〈世界の文化芸術の発展に貢献〉の取り組みとされた。前回は、「都市の祝祭」というテーマのもと祝祭的な視覚効果や雰囲気を重視したのだが、今後も国際展に相応しい祝祭感を重視していく姿勢が伺える。二つには、2010同様に、視覚面で一役買ったことを捉え、まちなか展開を〈文化芸術の日常生活の浸透〉に位置付けている。地域づくりに関心を持つならば、本来〈地域の魅力の向上〉で取り上げるべきである。三つには、岡崎のクロージングイベントで約400人が参加したことが〈地域の魅力の向上〉で取り上げられているが、長者町地区への言及がない。

　祝祭感を重視する姿勢が見られること、まちなか展開の取り組みを〈文化芸術の日常生活の浸透〉で取り上げていること、長者町での自主的取り組み（自発的活動）への言及が一切ないことからすると、目的を芸術文化中心に捉える傾向に一層拍車がかかっているようでもある。それに加えて、2010でこれまでも指摘したとおり（第1章3.1；第3章1.3）、概して作品展示・公演というアウトプット（結果）、来場者の満足度というアウトカム（成果）をもって三つの目的が達成できたとし、説得力を欠く嫌いがある。

　これらの愛知県の認識を踏まえ、本書では、むしろ長者町の自主的取り組み（自発的活動）による具体的な効果に着目し、あいちトリエンナーレの今後の方向性を考えていくべきだとの論を展開していくが、詳しくは次章で論及する。その前に、2013長者町会場の展開により、起爆した地域コミュニティ形成に勢いを与えていくプロセスを明らかにしていく。長者町地区で何が起きたのか。

3. 2013開催により長者町地区で何が起きたのか

▶3.1 2012年の状況 [16]
2013への温度の低さ

　2010では、あいちトリエンナーレ実行委員会事務局と長者町は、協働の調整機関として、あいちトリエンナーレ2010長者町会場推進会議と、その実働組織としてあいちトリエンナーレ2010長者町会場推進チーム（以下2010推進チーム）を作った[17]。同様に、2013でも、2012年5月に「あいちトリエンナーレ2013長者町会場推進会議（以下2013推進会議）」と、2012年6月に「あいちトリエンナーレ2013長者町会場推進チーム（以下2013推進チーム）」を設置した。若手事業者らは、2010推進チームのメンバーに加え新たに4名が加わり、計6名が参加し、まちがトリエンナーレにいかに関わっていくのかなど議論を重ねる。議論の中で、長者町に建築事務所を構え、2013推進チームの構成員である武藤隆（あいちトリエンナーレ2013アーキテクト）は、2012年7月に開催された第2回目の2013推進チームで長者町の状況を次のように話している。

　前回と今回と大きく違うこととして、（長者町）まちなかアート発展計画や長者町アートアニュアル（実行委員会）のような担い手がきちんとできている。そして、今は、彼らが、2010のときに我々（2010推進チーム）が持っていたエネルギーに近いものを持っている[18]。

　とはいうものの、2012年度までは2013への温度の低さを誰しも感じていた。「まちの人たちからトリエンナーレのトの字もでない」[19]との声も聞かれる状況もあった。また、吉田有里あいちトリエンナーレ2013アシスタントキュレーター（以下吉田有里アシスタントキュレーター）[20]は、2012年7月頃後述のアートサロンで打合せをした際、吉田俊雄（下長者町町内会長／吉田商事株式会社社長）の次の発言を記憶しているという。

　2010年のときに、人とのつながりや熱意から生まれるパワーというものを体験し

写真4-11 第6回アートサロン ゲスト：浅野隆司（綿常ホールディングス株式会社代表取締役株式会社）、（2012年3月1日）、©TY

た。どれだけ協力が得られるか、人が動くかということが大切だ。2010年の前年であった2009年の時と、本番を来年に控えた今とを比べるとまちの温度が低いと感じる。「自分の仕事はここまでだ」というところを越えて力を合わせないと、2010年を超える盛り上がりはないのではないかと心配している。長者町以外の人でまちのことを考えてくれる人が増えたことや、30–40代に力がついてきたと感じることが出来るのは、嬉しいことだ。2013年に向けて、気持ちをつなぐような活動をしてほしい。

▶3.2 2013の開催準備と開催

アートサロンの開催

　2013への気運が盛り上がらないことを長者町の人たちが意識するなか、2011年12月から月1回程度「アートラボあいち」で、吉田有里アシスタントキュレーターが名畑恵（NPO法人まちの縁側育くみ隊事務局長）・古谷萌子（長者町アートアニュアル実行委員会のメンバー）に呼びかけ、アートサロンをそれぞれの組織の共催で開催していく（**写真4-11**）。錦二丁目で働く人々をゲストに、個人の歴史・まちとの関わり・トリエンナーレやアートへの思いを

インタビューし、それは以下の三つの目的を有していた。
1) トリエンナーレ出展作家の作品制作に活用するためのまちの情報のアーカイブを作る
2) できたばかりの「アートラボあいち」を知ってもらう
3) これまでトリエンナーレに関わりがなかった人をゲストに呼ぶことで、トリエンナーレを知ってもらい、つながりを広げていく。

　こうした戦略的なねらいがあったことから、「トリエンナーレにまだ関わりのない人、これからがっつり関わってほしい人がゲストとして選ばれ」[21]、アートサロンは開催直前の2013年3月まで計13回開催された。のちに、このアートサロンの記録映像を含むアーカイブは、2013出展作家に活用された。菅沼朋香が「長者町ブルース」を作詞したほか、ほうほう堂、ウィット・ピムカンチャナポンなど多くのアーティストが映像を視聴し、長者町の経済の変遷や人に着想した作品を制作した。

　そればかりか、吉田有里アシスタントキュレーターらのこうした地道な仕掛けが、のちに様々な場面で功を奏していく。ともにインタビューに関わった名畑は、「まちに対してというより、よその女の子に協力する（といった気持ちで）自分のストーリーを話すことはとても楽しいことである。何でもありで話してもらうのがアートサロンの良さだった。」「100％ではないがトリエンナーレに協力する結果となり、関わりが強くなった人がいた」という[22]。

　その一人小出祐弘（本重町町内会会長／株式会社丸芳商店代表取締役）について名畑は次のように話す[23]。

「マチトリ」（NPOまちの縁側育くみ隊が愛知県から受託した緊急雇用の「あいちトリエンナーレ2013まちなか展開拡充事業」の通称）の事務所を無償で貸してくれた。ビジターセンター（＆スタンドカフェをオープンさせた物件）は小出さんが見つけたわけでないが、探すとき、かなり協力してくれている。Hさんに声掛けにいったりとか、一緒に足で稼ぐことをやってくれた。その前に一回小出さん発意で吉田商事で「しゃべり場」をやった（第3章 2.5.4参照）。若い人たちがなぜ長者町に興味を持ってくれているかを（皆で）話したい。小出さんはもともと「まちなんてどん底に落ちないと誰も動かない」という話をしていた。（そういう人が）自分から若い人の話を

聞きたいと言ってああいう会をやる。若い人を応援する気持ちなんだと思う。

　実際、小出は筆者のインタビューで「（若い人たちが来てくれたことで、）まちが腐るのは止まったな」[24]とも答えている。
　こうして吉田有里アシスタントキュレーター・名畑・古谷の3人が仕掛けたアートサロンの企画は、展示場所確保や作品制作協力などでまちのキーパーソンから後々支えてもらうことにつながっていく。

3.2.1 企画の協働[25]
推進チームの課題とまちのしゃべり場開催
　前回は、2010推進チーム自らが企画の協働などを担い、また緊急雇用が活用され、「まちなか案内人」が長者町の街路に多数配置された。それに対して、今回は若者らを含むまちの担い手が育ちつつあり、また予算の都合で「まちなか案内人」が使えないということもあった。そこで、2013推進チームの課題として、自ら担うのでなく、いかに担い手をコーディネートしていくか、特に以下の二点を意識したという。
1）まち全体で観客をもてなし、かつトリエンナーレと連携していくこと
2）2010をきっかけに長者町に縁を持った若者ら新たな担い手と連携していくこと

　そうした課題が、果たして解決されていくのだろうか。なお、2010の際は、主に展示場所確保・作品制作協力が地域コミュニティ形成の面で大きな影響を与えたことから、その二項目に分け、企画の協働は展示場所の確保等のなかで紹介した。それに対して、あいちトリエンナーレではむしろ企画の協働が重要な役割を果たしていくので、企画の協働・展示場所確保・作品制作の協力の三つに分け、企画の協働から説明していきたい。
　転機となったのが、長者町でのあいちトリエンナーレの気運醸成を図ることを目的とし、「まちのしゃべり場」と称し、2012年12月に五十嵐監督のゲストトークを1回、3月にアーティストトークを3回計4回実施したことである（**写真4-12**）。五十嵐監督をゲストに迎えた第1回は「長者町を覚醒せよ」をテーマとし、当時の長者町の危機的状況をまさに表していた。名畑があい

ちトリエンナーレ実行委員会の協力をとりつけ、これらの企画を主に仕掛けたのだが、そのねらいを次のように話す。

　2010ではまちの人で動く体制は強くなかった。だから、(2010推進チームが)まちの人たちを代表して動いた。まちの人が主体といいながら、成り代わってやらないといけないことがかなりあった。(それに対して、2013では)「まちの会所」の役割も、トリエンナーレでもまちづくりでも、2010の時とは違っていた。2013推進チームの私たちの役割も変わっていく。今の段階では担い手が育ちつつある。そういう時にやるのは縁結びの場を作ることで、まちの人が主役としてタイミングよく支援しなきゃいけない。そういう場を設けなかったら頓挫するアイデアでも、そういう場を設ければ多分まちの人はかたちにするだろうという信頼が(現在では)ある。しゃべり場・発表の場をつくるというのが今年のメインの役割だった。
　2013では、ある程度の土壌やトリエンナーレの知名度はある。2009年全くゼロからスタートするときに則武さん(スターネットジャパンビル)のところに建畠監督に来てもらい、まちの人と親睦を深める会をした。(あいちトリエンナーレでも)新しい監督をお披露目する会は絶対必要だと思った。そのあとは、アーティストとまちの人の縁結び(だ)。

　延藤安弘(NPO法人まちづくり縁側育くみ隊代表理事)のコーディネートのもと毎回30-40名が参加し、トリエンナーレを盛り上げるためのまちの課題とそれを解決するアイデアを出し合った。当初は計4回で終わるはずだった。しかし、出されたアイデアをそのままにするのではなく、それぞれの企画担当者を決めて具体化していこうと、6月に再度「まちとアート つぶやきをかたちに」をテーマに「まちのしゃべり場」を開催する。この開催を発案したのも名畑だった。

　「まちのしゃべり場」が計4回を数え、議論の内容が洗練されてきた。まちとアートが出会う意味が深まりを増していたし、土の人(長者町の事業者、町内会)と外から来る人(アーティスト、長者町まちなかアート発展計画などの若者ら)の出会いのデザインの場でもある。そういうなかで課題とアイデアが出てきた。「もうちょっとまち

写真4-12 まちのしゃべり場 第3回「アーティストトーク vol.2 ナデガタインスタントパーティ」(2013年3月15日)、撮影:名畑恵

の人が主体になって気運を盛り上げなきゃ」とか、「長者町が抱える課題をどう解決するか」、「トリエンナーレを迎えるにあたっておもてなしをしよう」とか話があった。(しかし)、そのままだと「誰が実行するの」で終わる。アイデアを「自分がやろうかな」と出しても、その矛先をどこに寄せていいかわからない人が一杯いて。どうしたら形になるか、誰かの許可を得なきゃいけないのかとか背中を後押しする場面を1回作らないと、全てが頓挫してしまう。

　(長者町) まちなかアート発展計画・長者町ゼミ、実行力ある人がいる。加えて、知りもせずに文句を言う人はいる。足の引っ張り合いが昔からいる人はある。「聞いてない。知らない」とかで批判の的になる。まちのオフィシャル的な場面で、勝手に今までやった人も発表の場をつくる。まちの人の何人かが聞いていれば、聞いたじゃんと言える。知らないとは言わせない会は一ついると思っていて、「どうしてもやりましょう」と言って、6月にやった。4回(を)通して、しゃべり場を踏まえて出てきたアイデアとか、そのアイデアを形にすることも見えてきた。「誰がやるの」というとこ(ろ)まで踏み込みたいのが5回目の6月だった。

　名畑のこうした仕掛けにより、6月に開催した「まちのしゃべり場」では、参加者に協力の仕方を問いかけながら、企画担当者が計11企画を発表した。「私の関わり方シート」を準備して、それぞれの企画に、「共感します」・

「参加します」・「具体的な協力をしたい」などのチェック項目を設ける工夫をした。参加者はシートにチェックをつけることで、トリエンナーレを我が事のように考えるきっかけともなった。

主な五つの企画

　2013推進チームがコーディネートしながら、これらの企画が、1）まちのもてなしとトリエンナーレの連携、2）若者との連携というの二点を解決していくのだが、うち主な五つの企画を紹介しよう。始めの四企画が1）に、五つ目の企画が2）に関わる。

　一つ目の企画は「まち丸ごと案内人"マップあります"」である。"マップあります"と記した2013のPRバナーを作成し、店先にバナーとマップを置いてもらう仕組みを考えた。あいちトリエンナーレ実行委員会事務局がバナーとマップを作成する。2013推進チームのメンバーをはじめとしたまちの人たちが手分けして声掛けをし、まちづくりに縁のないお店を含む約50軒程度の協力を得た[★26]。

　二つ目の企画は「お休み処」である。間伐材使用のベンチを店先に置かせてもらうこととした。そのきっかけから説明すると、長者町では2011年マスタープランを作成し、まちづくりの重点プロジェクトとして「都市の木質化プロジェクト」に取り組む。間伐材で作ったストリート・ウッドデッキを、2012年8月には長者町大縁会で一時的に設置したり（第3章2.5.4参照）、2012年12月にはビルの公共空地に常時設置したりと、成果を上げていた[★27]。プロジェクト長を務めたのが、ナウィン・ラワンチャイクンとの出会いを一つのきっかけとして、まちづくりに関わるようになっていた滝一之（滝一株式会社代表取締役）だ（第3章2.4.2参照）。滝らの活動と時期を同じくして、長者町の最有力者で、2013推進会議の構成員である通称「長者町おじさん」（豊島徳三豊島株式会社元会長）が、「まちにせっかくアーティストが来て、まちの人もやる気になっているのに、まちに休む場所もない。ベンチなくしてトリエンナーレの成功はない」と声をあげる。

　これが「都市の木質化プロジェクト」をトリエンナーレでも展開していこうというアイデアに結びついていく。手を挙げたのが長者町アートアニュアル

実行委員会だった。まちの人たちにベンチの組み立て作業を呼びかけたところ、開催を直前に控えた2013年7月末に2日間それぞれ約2時間、延べ40名が参加した。吉田商事株式会社の1階で間伐材を使ったベンチを計25脚作成し、13ヶ所に設置する。費用は公益財団法人名古屋まちづくり公社名古屋都市センターの助成をあてた。「まち丸ごと"案内人マップあります"」の取り組みと同様、まちづくりに縁がなかった飲食店などの協力を広く得た。なかでも、滝は自ら営む問屋の前に数脚のベンチを置き、そこで休む客があれば「お遍路さんと一緒だわ」とお茶を振る舞い、このまちならではのもてなしをした[28]。2013で設置されたベンチは、終了後も約20脚がまちの休み処として使用されている[29]。

　三つ目の企画は、2013会期中限定のカフェ運営である。小田桐奨と中嶋哲矢のユニット「LPACK」と青田真也が「NAKAYOSI」というアーティストグループを結成し、「ビジターセンター＆スタンドカフェ」をあいちトリエンナーレとは別に自主運営した（写真4-13）（図3-1参照）。トリエンナーレ主催でアーティストが来るが、集まる場所がない。ただ、トリエンナーレでカフェをやると、滞在費が賄えなかったり、売り上げが事務局の収入になったり、制約がある。そこで、吉田有里アシスタントキュレーターらが、まち全体でもてなす仕掛けをコーディネートしたのだ。3階建ての空きビルのうち1階と2階を使い、カフェのみならずトリエンナーレのインフォメーション・まちの案内・イベントスペースなど複合機能を持たせた。部屋の内装は「都市の木質化プロジェクト」の一環として間伐材を使い、備品の調達も含めNAKAYOSI自らが手掛けた（写真4-14;15;16）。トリエンナーレの会期が始まると、出展作家のアーティストトーク・一日店長・まちづくりなどのイベントが毎夜開かれたほか、キュレーター・広報らが潤子・志保子・ひろ子・紀子・ゆりと称し、アーティストの活動をサポートする目的で半熟女バーを不定期に開催する（写真4-17）[30]。アーティスト・まちの人たち・若者らの交流の拠点となり、毎日顔を出すものもいた（写真4-18;19）。また、アーティストの店内のドローイングが新聞に取り上げられるなど話題ともなった（写真4-20）[31][32]。

　この「ビジターセンター＆スタンドカフェ」をタニマチ的に見守ったのが滝だった。彼の目を通して、期間限定カフェが長者町のもてなしに果たした意

写真4-13（左ページ上段）左から中嶋哲矢、小田桐奨、青田真也　撮影：怡土鉄夫
写真4-14（左ページ中段）©NAKAYOSI
写真4-15（右ページ中段右）©NAKAYOSI
写真4-16（右ページ中段左）©NAKAYOSI
写真4-17（右ページ上段）半熟女バーのメンバー（左から鈴木潤子、吉田有里、堀江紀子、飯田志保子、菊池宏子）撮影：山口タカユキ
写真4-18（右ページ下段左）©NAKAYOSI
写真4-19（右ページ下段右）©NAKAYOSI
写真4-20（左ページ下段）©NAKAYOSI
＊2013出展作家横山裕一が店内でドローイングを描いた。

義・役割を見てみよう。自らまちの亭主としてNAKAYOSIのメンバーに食事のもてなしをしたほか、いつも彼らのことを気にかけていた滝は、店先に顔を出すと、「レンジとかそこらへんのものが欲しい」と（紙が貼ってあって）、「買おうか」と言ったら、中嶋が次のように話したという[★33]。

　買うんだったらいつでもできる。まちで調達するのがどういうことかいうと、これは一時期だけあるショップで、現地で調達してお店が成り立つ。そのコンセプトというのは自分たちがいなくなって集めたものが元に戻っても、やる気になればまた、物は集められるはずだ。自分たちの手から離れても他の人でできるはずじゃないかということを証明したい。それが自分たちのアートとして考えている。

　滝は、期間限定の「ビジターセンター＆スタンドカフェ」が果たした役割を次のように話し、再開を強く期待している[★34]。

　現代アートの入り口がわからない、たくさんドアがありすぎて。「こうだよ」と示唆があると入りやすい。そうすると余計に深く入れる。そういう仕組みがあるといい。それがビジターセンターだったりした。あの仕掛けはそうだった。（また、アーティストにとっても）本音が言えるところ、よそいきの顔じゃなくて。奈良（美智）さんが「バカヤロー、うにだよ」って書けたりする（**写真4-21**）。自分のなかのほんとの部分をだせる。あれがアートでしょ。そういう場をこのまちが一時でも提供できたのはうれしい。（僕が）賛同してできることをやった。
　ビジターセンターの存在は大きい。今なくなっているけど、トリエンナーレに参加した人も見に来られた人も、このまちに来たときに、これから来るときに、あそこがあれば来やすい。あそこで細々とやっている人がいたで全然ちがう。必要だったんだと思えるのがああいう仕掛け。今でも再開できればと（思っている）。

　四つ目の企画は、「かき氷でおもてなし」である。若手経営者の集まりである青長会は、2014年度で設立50年を迎える歴史を持つ。最近では飲み会で親睦を図るに止まっていたが、2010の際はアーティストの働きかけによって「長者町ゑびすパーティ with ナウィン」を主催した。しかし、その後

写真 4-21 ©NAKAYOSI

は山車の練り歩きに協力が得られない状況も生まれていた。今回も「青長会は飲み会をするところだ。なぜトリエンナーレをやらないといけないのか」などの議論があった。それでも「かき氷でおもてなし」を行い、長者町大縁会にも初めて青長会が出店した。田中一（青長会会長・当時／みやび苑田中政商店）によれば「かき氷をやろうとしたら、たまたまトリエンナーレの休憩場所が傍にあったに過ぎない」、「（様々な意見がある）皆の協力を取り付けるためにも、トリエンナーレのためにやったことにしたのだ」という。長者町のお茶の名店「枡半」のお抹茶を使ったり（図3-1参照★35）、長者町でとれたはちみつを使ったりといった工夫が好評だった★36。

　五つ目の企画は、「真夏の長者町大縁会 2013」である。8月23日（金）・24日（土）ナウィン・ラワンチャイクンの壁画が今も飾られる駐車場を会場として開催された（図3-1参照）。これまでとは取り組みが質的に変化し、しかも、推進チームの課題である若者ら担い手との連携が強く意識された。そもそも「長者町大縁会」は2011年から毎年開催してきたが、個々のグループの企画の寄せ集めという面があった。しかしながら、2013年は、長者町ゼミ

写真4-22「真夏の長者町大縁会／のど自慢大会」(2013年8月24日) 撮影：鷹巣由佳

　の谷亜由子・前田守彦らが「長者町大縁会を宴でなく縁とした趣旨に遡り、垣根を払って一つのテーマで、それぞれができることを持ち寄って何かを作り上げたい」という問題意識を持ち、週1回程度のミーティングを重ねていく。会議のなかで共有したキャッチフレーズ・テーマがそれぞれ「いらっしゃい長者町」・「昭和」だった。長者町のあちらこちらに漂う「昭和」を共通のテーマとし、かつ、あいちトリエンナーレ開催年でもあったことから、「これまで長者町に縁がなかった人たちをまちとして迎えよう」という参加者らの思いを束ねた。もちろん、シンポジウム・幻燈会・長者町カルタ大会は、「長者町まちなかアート発展計画」・NPOまちの縁側育くみ隊・「長者町ゼミ」がそれぞれ担当した。それに対して、のど自慢大会(**写真4-22**)、「怪しい路地裏」と称してステージ脇に設置されたスナック街・失恋レストラン(**写真4-23**)、結婚式などは、グループを問わず協働で考え実現した企画だった。

　「怪しい路地裏」を発想したきっかけは前田だった。彼は、「車道があまりにも広く、歩道が狭い。密度感が悪い。道路と道路で分断されている。しかも路地がない。何とかして距離を縮められないか。小さな路地を演出できないか」と常々考えていた。そうしたところ、会場となった駐車場にその奥手南側から別の筋(本重町)に抜ける小道があったことから、その小道を路地とし

て活用することを思いつく。ほかにも「昭和」というテーマに合わせて、場末のスナックや歌声喫茶などのアイデアを皆で具体化していった。のみならず、グルメ屋台では青長会が初めて長者町大縁会に参加し、かき氷を売る姿が見られた。ステージと

写真4-23「真夏の長者町大縁会／失恋レストラン」(2013年8月24日)
撮影：長野寿明

いう表の世界と、路地という裏の世界の両者を一つのテーマ・空間に同居させた谷・前田らの演出の巧さもあったのだろう。若者ら、青長会など長者町に関わる関係者ら約200人が一堂に会し、歌い・踊り・飲み、これまでになく一体感を感じる場となったのだ[★37]。

　こうした長者町大縁会の取り組みの質的変化を、「まちのしゃべり場」などで若者らとまち・あいちトリエンナーレの連携に結びつけたのが名畑だった。彼女は次のように振り返っている[★38]。

　大縁会の企画はとても面白いものなので、内輪盛り上がりで終わるともったいないと思った。（のど自慢大会で長者町ゼミのメンバーの一人が松田聖子に扮した）アイドルもまちの人に1回お披露目してファンになってもらいたい。町内会長がファンになってくれて。信頼関係を育くむ仕組みとしてワンクッション、ツークッションが必要だった。（そういう点でも）発表の場がかなりタイミングよくできた。あれがなかったら「聞いてない、勝手にやっている」という話も当然あった。結果的にまちの人も当日かなり来て皆盛り上がっていた。

　2013推進チームがコーディネートし、あいちトリエンナーレ関連企画と位置づけ、「まちのしゃべり場」などで長者町関係者に事前に広く呼びかけたことが功を奏したのだった。

推進チームの課題の解決

　2013推進チームがコーディネート役を果たしながら、解決していくべき課題として、1）いかにまちが観客をもてなし、かつトリエンナーレと連携していくか 2）いかに若者らと連携していくかという二点を挙げた。これまで見てきたとおり、「お休み処」・期間限定カフェなど四企画が 1）を、「長者町大縁会」の企画が 2）を、それぞれの取り組みを進める中で解決していくのだった。

　加えて、これらの企画は、まちづくりの取り組みにも影響を与えたと、長者町アートアニュアル実行委員会事務局長である古谷萌子は話す。

　（お茶を振る舞った滝に代表されるように）問屋のまちが、お客さんのこと、もてなしのことを考えた。ベンチなどお客さんにはおもてなしをしていること自体が気づかれない。地味だけど、まちとしてはかなり成長したといえる[39]。

　2013推進チームが取り組んだ二つの課題は、実は、問屋のまちがもてなしを自覚したまちの人の意識改革、まち・若者ら・あいちトリエンナーレの連携など長者町のまちづくりの課題とも重なるものだった。たしかに、会期中の「お休み処」の設置と閉幕後の継続、まちの人の意識改革など地味な効果ではある。が、あいちトリエンナーレを盛り上げるためという期限が区切られたことや、心理的にお祭り感が高まったこともあったのだろう、これまでのまちづくりの取り組みを発展させることができたのだ。

3.2.2 展示場所確保[40]

　このようにあいちトリエンナーレでは企画の協働が重要な役割を果たしたのだが、展示場所確保は苦戦した。2010では、計29ヶ所約5,000㎡の展示場所を確保した。だが、閉幕後、長者町繊維卸会館・スターネットジャパンビル・エルメ長者町など主だった展示会場が取り壊され、駐車場となる。その一方、飲食店が増加したことに加え、2012年末からはアベノミクスの影響で1階の空店舗が皆無となる状況が生まれていた[41]。

　それでも、山口兼市（八木兵株式会社代表取締役社長）が、前回と同様に

吉田有里アシスタントキュレーターらの地権者への挨拶に幾度も同行し、そして、自ら社屋を提供した。また、NAKAYOSIのタニマチとして陰ながら支えた滝や、アートサロンをきっかけにあいちトリエンナーレに関心を持った小出などが、地権者の紹介などの協力をした。前回プロデューサー的役割を果たし、展示場所確保にも貢献した堀田勝彦が私事で関われなかったのだが、彼らが代替する役割を果たす。その結果、18ヶ所約2,400㎡の展示場所を確保し、前回の半分の規模ながらも何とか形を整えた（**図4-3**）。

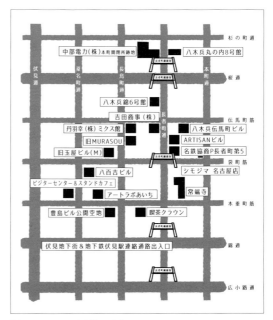

図4-3 2013長者町会場
©あいざわけいこ

3.2.3 作品制作の協力

　前回より展示場所数・面積・作家数が半数となったわけだが、果たして作品制作の協力は地域コミュニティ形成面で影響を与えたのだろうか。「長者町会場の展示は迫力がなかった。魅力の低下が気になった。街ぐるみでの盛り上がりは前回の方があった」との有識者の声も寄せられた★42。実際、2010ではKOSUGE1–16やナウィン・ラワンチャイクンが人々の自発性に直接働きかけ、地域コミュニティ形成面で起爆剤となったのに対して、2013では人々の自発性に直接働きかけようとするアーティストは見当たらない。

　それでも、様々な形で人々や地域に関わるアーティストらが少なからずいた。人々の自発性にコミット（接触）しながら作品を制作したのがNadegata

写真4-24、©TY

Instant Party、地域を詳細にリサーチしたのが菅沼朋香、長者町に活動拠点を置きながらまちで作品を展開したのがAMRである。彼らの作品が、2010で起爆した地域コミュニティ形成に影響を与えたことを見ていきたい。

Nadegata Instant Party★43《STUDIO TUBE》

　一組目の作品が、中崎透・山城大督・野田智子の3人組アーティストユニットNadegata Instant Partyの《STUDIO TUBE》である。筆者はその作品制作に一市民として参加した。

　展示場所確保に苦戦したなか、長者町会場のボリューム感を出すために、吉田有里アシスタントキュレーターは中部電力本町開閉所跡地に狙いをつけた。2011年まで実際に使われ、取り壊す予定だったが、まちの協力を得ながら幾度も中部電力と交渉を重ね、ようやく確保することができた。とはいえ、展示会場として使うには用途変更が必要で、必要な数百万円が用立てできなかった。そのため、延床面積が1,000㎡以上見込まれるにも関わらず、100㎡以下しか屋内が使えないという厳しい条件が課せられた。

　そうしたなか、吉田有里アシスタントキュレーターは、Nadegata Instant

Partyがこれまで地域の人を巻き込みながら作品を作ってきたことから、「長者町で新しい作品を是非作って欲しい」と思い、彼らに相談を持ちかける。彼らが社会に対する疑問をポジティブに変換してきた作品を作ってきたことから、「愛知芸術文化センターで多かった原発と正面から向き合う作品群とは全く違う視点で、『揺れる大地』というテーマに切り込んでくれるのでは」[★44]という期待もあった。そこで生まれたのが、建物を回廊する空間を上手く使いながら、特撮スタジオで映画を作るというアイデアだった。

写真4-25、©TY

　5月から6月の計3回の説明会に約130名が参加する。説明会といっても、Nadegata Instant Partyのこれまでの活動の紹介に時間が割かれ、その時点では今回の作品は「怪獣が長者町を暴れる」「建物の周囲に巡らしたレール上を撮影カメラが走る」など特撮映像を作りたいという程度の話しかない。「みんなの意見を聞きながら考えていきたい」というスタンスだった。

　この説明会に参加したほとんどが、のちにクルーという名称で呼ばれ、制作をサポートする。初めて集まったのが6月23日だった（**写真4-24**）。会期までの前半は週1-2日のペースで、自己紹介を幾度も繰り返し、会場となった建物内を掃除する日々が続いた（**写真4-25**）。7月17日に初めて全体ミーティングを開く。放送作家部、大道具・小道具部、役者部、衣装部、映像部、デザイン・広報部などに分かれた。かなめとなる映画のあらすじは、主に放送作家部が担当しながら、皆でアイデアを出し合った。

　7月中旬からは、ほぼ毎日20名程度が参加する。メンバーの山城はプランができたプロセスを次のように話している。

　一番初めは建物の周りにレールを走らせ、それで特殊撮影をして1本の映像を

作るぐらいしか考えていなかったが、クルーの募集をしたらたくさんの人が集まって、「皆さんと一緒にどうなるんだろう」と思いながら、作っていくうちにこの撮影所を舞台にした7本の映像作品を架空で作ってしまおうというプランになった。

　一方で、一市民として参加した竹中純一は、当時の戸惑いを次のように話す[★45]。

　疑問だらけだった。7本のネタ出ししたのが7月の第2週ぐらい。「今これかよ」と思った。8月10日スタートなのに。何考えているのか。しかも、「15分で考えろ」といわれる。（セミで発電するという）思いつきを書いたら、それが翌週には採用されている。「いい加減だな、とにかく無茶振りインスタントパーティだな」と思った。

　中崎自身も「俺がいなかった時で、『中崎君こんなアイデアが出てきたよ』て見せられた時の絶望感（はなかった）」と心境を振り返る。それでも、「（竹中が提案した）セミ発電って、面白い」と一縷の希望を持ったという。竹中に限らず参加者は、誰しもが「こんな架空の設定が短期間でできるのか」と半信半疑だった。それでも、「そのスタジオが閉鎖されるにあたりオープンスタジオを開催し、これまで取った7本の映画をダイジェストで紹介する」という全体の構成がおぼろげながら出来上がっていく。オープニングまで1ヶ月を切り、「いざ（本格的に）作るという現実が始まると、（大道具・小道具の製作、衣装づくりなど）みんな作業に没頭していった」[★46]という。
　7本のうち主要な2本の映画を紹介しよう。
　1本目は「あるチュウVSフシチョージャー」である。中崎が発電所内にあったネズミに注意喚起を促す看板から、歩く巨大ネズミ「あるチュウ」が長者町を暴れることを思いつく。長者町からイメージしたフシチョージャーと対決するストーリーを、クルーのシナリオを参考にしながら考えた。筆者は、フシチョージャーとともに「あるチュウ」と闘う正義のヒーローとして長者町を飛び回った（**写真4-26；27**）。「吉田さん、前回は職員として長者町を飛び回ったので、今回は映像の中で飛び回りましょうか」と筆者の気持ちを察して、山城が抜擢したのだった。

写真4-26 SF『アルちゅうVSフシチョウジャー』

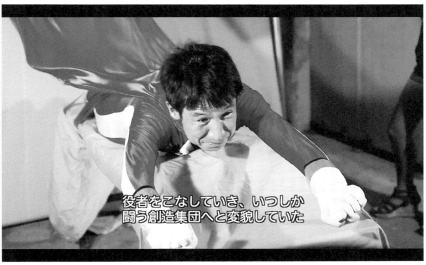

写真4-27 SF『アルちゅうVSフシチョウジャー』 中央筆者、撮影:山城大督

写真 4-28 《STUDIO TUBE》制作風景　撮影：浅野豪

写真 4-29 エンディング

　2本目は「STUDIO TUBE」最終作となる「エンディング」である。その映像は、中部電力開閉所の周囲に張り巡らされた木製レーンを、カメラを装着したラジコンカーが走り、取り囲む老若男女のクルーが特撮映画スタジオとの別れを惜しみながら見送るものだ（**写真 4-28；29**）。このレーンを1ヶ月

かけ制作したのが、中崎の知人で画家の今井俊介だった。そのほか林暁甫（プロジェクトマネジメント）・ポイ野（音楽）・河野元（映像撮影）らプロチームが、作品制作をサポートした。こうして7本の映画のダイジェスト版や小道具が建物の回廊に配置され、架空の大仕掛けが作られた。それは、かつて中部地方の映画産業を支えた特撮スタジオ「STUDIO TUBE」が閉鎖されるにあたり、最後のオープンスタジオを観客が楽しむというものだった（**写真 4-30**）。

作品の意図と若者らの活動の継続

　中崎は、「揺れる大地」というテーマと今回の作品の意図について次のように語っている★47。

　電力施設を使うことは、最初から面倒くさいと思うところがあった。中電は東電とは別だし、震災を直接的に絡めることがいい感じはしない。「プロジェクト FUKUSHIMA!」に協力し、単純な結論や主張は簡単にできる。しかし、実際、身近の現場の状況を簡単にいえることではない。シンプルイシューを主張するより、わからないものや今ある問題、作ってみてから思ったことも混じるのがよい。水戸で停電し、避難所を訪ねたとき、いろんな人が優しくなる。会社とかポジションがあり、決まりごとがある。そうした立場と関係なくコミュニティができてしまう瞬間を、震災ユートピアとして語られた。美術という場所は、そういう場面ができる。普通に生活していたら、飲み友達になっていないこの人たち、参加者が何人かいて、面白い。そういう場を作ることに価値があり、面白い。そこが少しできた。そういう状況が見える、見せられる。震災後に思った人との関わり方が、今必要とされている。チープなフィクションを作った。けど皆で作ったものがリアル。嘘と本当が、自分たちのテーマである。茶番があって、なかに入っていたとき本当のことが混じる。

　制作をサポートした約130名のクルーのうち、中心メンバーは約20-30名である。いずれもこれまで長者町に縁のない20-30代の若者らを中心に幅広い年齢層が集まった。皆で食事を作る。大人の仕事をしている傍で子どもが遊び、皆で面倒を見る。そうした風景が制作現場で毎日繰り広げられ

写真4-30 Nadegata Instant Party《STUDIO TUBE》(2013)、中部電力本町開閉所跡地、
©Nadegata Instant Party

た。こうしたかつての日本のどこにでも見られたコミュニケーションの場こそ、東日本大震災後の日本の社会に、中崎は提示したかったかのようにも思える。

　また、他のアーティストの制作現場と異なり、山城らから繰り返されたのは「我々の了解をとらずに、やりたいことをやってください」という点だった。作品制作のプロセスのみならずその結果をもアーティストの手から確信犯的に手放そうとしているようにも見受けられた。クルーは、そのほとんどがアートやまちづくりに関心がなかったが、10月の「ゑびす祭り」に参加したり、皆で「瀬戸内国際芸術祭」を見に行ったりした。閉幕後も毎月1回程度の映画＆映像鑑賞会など長者町での活動を始めた[48]。アーティストは、作品制作のプロセスと結果をも参加者に委ね、その自発性に働きかけたとまではいえないが、自発性にコミット（接触）していた。そうしたコミットがきっかけとなり、若者らの新たな活動の継続につながっている。

　一方、これまでまちづくりに取り組んできた延藤は、「あるチュウVSフシ

チョージャー」のフシチョージャーをまちづくりの象徴として捉え、「幻燈会」で登場させている。彼らの作品はこのように様々な視点から切り取られ、見る人のイメージを膨らませていく。

　ただ、まちづくりとの距離感について中崎は次のように語っている。

　まちづくり自体は、僕はあまり興味ない。ナデガタ自体も3人とも興味はなくて、ただいい作品を作るのに興味があって、そこにいろんな人が入ってくる。それがいい作品になることがすごく面白い。（中略）まちづくりという言葉はあまり好きではないけど、僕らが作っている作品はそっち側の受けがよくて、まちづくりの人たちと共犯関係になる。美術的な批評のいい作品を作りつつ、まちづくりという方面からの批評としても機能するのは散々やっているから自覚的であるし、それが中心をぶらさないで関われるんだったら全然積極的にその人たちと協働していくつもりで、まちづくりを捉えている。

　KOSUGE1-16やナウィン・ラワンチャイクンがまちの人々に直接働きかけたのと異なり、Nadegata Instant Partyは、人々の自発性にコミット（接触）しながらも、まちづくりにやや距離を置いていることが伺える。

菅沼朋香 *49《まぼろし喫茶》

　二人目の作品は、菅沼朋香が長者町をリサーチして制作した《まぼろし喫茶》である。菅沼は、名古屋駅近くで一番古い商店街といわれる円頓寺商店街（名古屋市西区）に在住し、名古屋を拠点に活動してきた。2012年2月に名古屋芸術大学が「アートラボあいち」で企画した展覧会で、菅沼は現代における隠れた昭和を探すというテーマで、自分で歩いて見つけた喫茶店・スナックを掲載したアートブック《バックトウザ昭和》を作成し、その原画や映像を展示した。それを目に留めたのが、あいちトリエンナーレ2013芸術監督の五十嵐太郎だった。五十嵐は「われわれはどこに立っているのか：場所、記憶、そして復活」をサブテーマとしていたことから、長者町の展示でも場所・記憶を掘り起こすようなアーティストに出品してもらいたいと考えていたのだ。

五十嵐監督の意を受けた菅沼は、3月に開催された前述の「まちのしゃべり場」に毎回参加する。彼女はその時の様子を次のように話す。

　本当に刺激的だった。商店街に住んでいて、地元の人、普通の商店のおじちゃんが、アートに関心がないのがわかっている。そこで、アートをテーマにして議論したり、若い人もいたり、とても長者町は刺激的なまちだと感じていた。

　また、長者町繊維街の動向を伝える「長者町新聞」(1950年-)と地元紙「名古屋タイムス」(1946-2008年廃刊)で、長者町を過去に遡って調査した。
　2013年4月に入り、滝一之の後押しで、山口兼市が中部電力本町開閉所跡地の眼前にある上長者町にある自社ビル（八木兵丸の内8号館）を1棟貸すことに決めた。問屋として使われていたのだが、その4階だけが改装されないまま残っていた。それを見た菅沼は「長者町のビルに潜む喫茶店のイメージで、長者町の昭和をよみがえらせる空間を作っていこう」と考えた。「壁には喫茶店のメニューや絵画が掛けられ、真ん中には机、いす、仕切りのパーテーションがあり、レコードで自ら作詞した曲がかかっている」。そうしたプランを、吉田有里アシスタントキュレーターと共に練り上げた。
　机やいすなどは、全て廃業した喫茶店から借り受けた。曲の作詞に当たっては、菅沼は、先に紹介したアートサロンに特に重きを置いた。出展作家になることが決まってからは、アートサロンに参加したのはもちろん、それ以前については、映像アーカイブを活用した。その映像は、子どもの頃、戦前・戦後、繊維バブルの時、バブルが終わって傾いていく時など、まちの人の様々な視点がまとめられ、その内容を菅沼は歌詞にした。菅沼によれば、「長者町の歴史から、たくさんの人が関わっている長者町を感じた。一人一人がこのまちを作っている最中だということでこの歌詞をつくった」という。こうして彼女は、長者町のビルに潜む昭和を想起させる喫茶店を作り、その空間では自ら作詞した「長者町ブルース」のレコードをかけた（**写真4-31**）。

盆踊り
　この「長者町ブルース」のためにレコードを作成したことが、実は、菅沼

写真4-31 菅沼朋香《まぼろし喫茶》(2013)、八木兵丸の内8号館、©TY

　が全く予期しない盆踊りに結びついていく。菅沼はレコードのB面に「長者町音頭」を作ることを思いついた。これを聞いた長者町アートアニュアル実行委員会の古谷が「絶対お祭りで踊るのが一番いい。私これ引き受けて長者町大縁会でやります」と声を上げる。早速古谷はまちの女性らに声をかけ、「長者町踊り子連」を結成する。前述の長者町大縁会の会場で初のお披露目がなされた。ナウィン・ラワンチャイクンが2010で制作した壁画が残された会場で、急ごしらえの櫓に菅沼が立つ。それを皆が取り囲み、踊ったのだ（写真4-32）。

　そして、10月19日、20日のゑびす祭りでは、事業者らと、長者町に関わることとなった若者ら男性を中心とした約30名が、毎年恒例となった山車の練り歩きを行った。この山車はKOSUGE1-16が2010で制作したものだが、今回は山車の上部が改造され、菅沼のための約3メートルの花道が山車から前に突き出すように設置された。19日、練り歩きを終えた山車は、2010の元展示会場で今は駐車場となった長者町繊維卸会館跡に置かれる

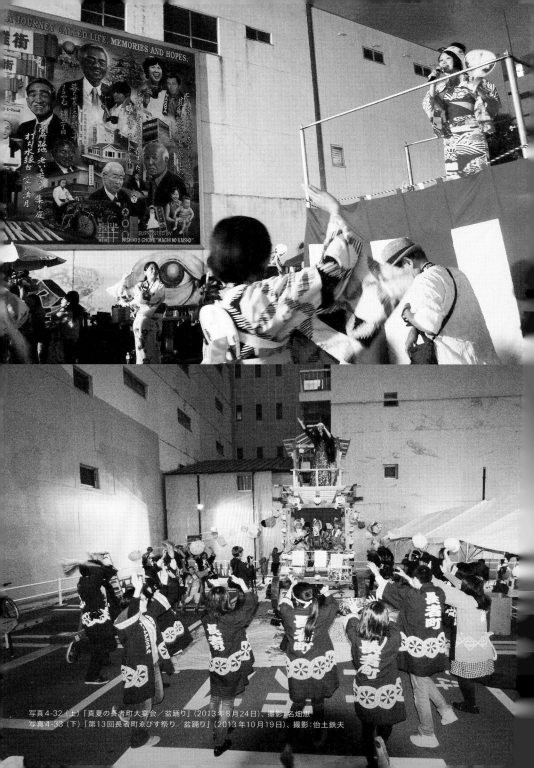

写真4-32（上）「真夏の長者町大宴会／盆踊り」(2013年8月24日)、撮影：名畑恵
写真4-33（下）「第13回長者町ゑびす祭り　盆踊り」(2013年10月19日)、撮影：怡土鉄夫

（図3-1参照★50）。夕刻17時になると、山車の花道に菅沼が登場する。「長者町踊り子連」のメンバーが参加者に手ほどきをし、山車の周りを約40人の輪が囲む。1時間にわたり長者町音頭が踊られた。参加者の半数は事業者ら男性だったが、輪の中心は、長者町アートアニュアル実行委員会と長者町ゼミのそれぞれの女性・子どもたちだった★51（**写真4-33**）。

　山車と盆踊りは、かつて日本の地域コミュニティのどこにでもあり、かつ、それを支える機能を有していたと考えられる。その両者が、長者町ではアーティストを媒介して作られることとなった。

AMR（Art Media Room）《search for》

　三組目の作品が、AMRの《search for》である。

　これまでも紹介してきたとおり、2010が長者町地区で開催されたことをきっかけに、長者町に活動拠点を置くアーティストが現れ始めている。2010出展作家の渡辺英司は、伏見地下街に星画廊／STAR GALLERYをオープンさせ、個展や企画展を継続的に開催してきた（第3章2.5.4参照）★52。同じく出展作家青田真也らがビルの空室を利用した「長者町スタジオ」で継続的に制作している★53。

　そうしたなか、2012年5月長者町の空きビルをリノベーションした「トランジットビル」にアトリエを構えたのが、浅井雅弘・前川宗睦・河村るみ3人のアーティストからなるAMRだった。彼女らは長者町に拠点を構えたことを活かした「街との関係性」をテーマに企画コンペに応募し、あいちトリエンナーレに出展する。

　その1人河村は、《ビュートレス》という作品を展開し、ショーウィンドウの中から見える長者町の風景をクレヨンでまちのガラス面になぞっていく。当初河村らに与えられたスペースはビルの一角のショーウィンドウだった。滝一之は「うちの（社屋のショーウィンドウ）でも描いたら」とまちに展開したいと思っていた河村の背中を押す。滝の紹介もあり、社屋の向こう三軒両隣の問屋の主らが「うちも描いていいよ」といい、「僕の先輩だからちょっと聞いてみようか」と口添えまでしてくれた。こうして河村のドローイングは、長者町通り沿いのいくつものビルに自然と増殖していき、通の両側100メートル

写真4-34 河村るみ《ビュートレス》(2013)、撮影：浅井雅弘

写真4-35 河村るみ《ビュートレス》(2013)、撮影：Tomas Svab

以上にわたり新たなまちの風景を展開していった。「『こんなにカラフルなまちなんだ』とまちの人がいい、今までとは違うまちの風景から、それも時間が経つうちにまちの風景になっていくのが（河村は）面白い」という（**写真4-34**)[54]。

滝一之の社屋のウインドウ

河村の作品の幾つかは閉幕後もまちに残され、その一つが滝一之の社屋のウインドウである（**写真4-35**）（**図3-1参照**）。

河村さんの作品に触発される。「相

手からも同じように見える。でも見方が違うんだ。景色が違うんですよ」と如実に語ってくれている。相手から当たり前に見えていることは自分には見えない。「相手が何を求めているんだろう」(と) 絶えず考える。あの作品を見るごとに思う。日頃忘れがちになることをああやって残していくことでよみがえる。それが日常のアート的行動だわ。そうやって気がついて考える人がふえる。増殖のさせ方。まち全体としてそういう基本形のことを知っておく。「『長者町カルタ』のこと知っててよ」と一緒だわね。「必修科目です。このまちで暮らす最低限必要な資質です」ぐらいになっていくと、アートでものすごい変わる。そうすれば自然にまちが変わっていく。

　滝の話を聞き、あいちトリエンナーレ2010芸術監督の建畠晢が「他者を受け入れることが、観客の記憶に残り、それが多様な価値観を許容する社会の形成に寄与する」とその開催意義を話していたことを筆者は思い出した(第3章2.3参照)。建畠の話をまちの言葉で滝が嚙み砕いているのではないのか。その話をすると「こんなこと話したことないから、他の人がどういっているか知らない」と滝は事も無げに言うのだった。
　以上から本節のここまでをまとめると、展示場所確保では苦戦したものの、企画の協働や作品制作の協力などが相俟って、地域コミュニティ形成の面で影響を与えていた。具体的には、まちのもてなしや若者ら新たな担い手の連携といった2013推進チームの課題を解決していくことで、問屋のまちがもてなしを自覚し、あいちトリエンナーレや若者らとの連携が図れるなどこれまでのまちづくりの取り組みを発展させることにもつながった。加えて、菅沼が制作した「長者町音頭」をきっかけに、女性・子どもがまちの盆踊りを作った。また、メンバーの一人河村の作品は、その幾つかが閉幕後も残され日常的にまちの人々と接点を持つこととなる。

▶3.3 2013閉幕後
3.3.1 若者らのグループの活動

あいちトリエンナーレ閉幕以降の新たなグループ
　企画の協働や作品制作の協力は、地域コミュニティ形成に影響を与えた

表4-4 長者町の主なグループ

1 あいちトリエンナーレ2010以前

グループ名	主体	規模	活動内容
名古屋長者町織物協同組合	繊維問屋の事業者ら	36組合（2012年11月現在）	本業のほか、まちづくりにも取り組む。地区の意思決定を行ってきた。
青長会	繊維問屋の若手経営者らのグループ	14-5人	かつては経営者セミナーを企画。定期的な飲み会を開き、親睦を図る程度に止まっている。
NPO法人まちの縁側育み隊	代表延藤安弘 事務局長名畑恵	左記2名が中心 但し、協力者多数	2004年から長者町のまちづくりに関わる。
名古屋・錦二丁目まちづくり（連絡）協議会	組合員は約2割。残り8割は広告代理店経営者等新たな担い手や飲食店、地権者、町内会長など	正会員数約50強程度	約10年間のまちづくりで、問屋以外に広告代理店経営者等新たな担い手や飲食店、地権者、町内会長への広がりを生む。2011年マスタープラン作成後、都市の木質化プロジェクト（歩道拡幅の社会実証実験）などに取り組む。

2 あいちトリエンナーレ2010以降

グループ名	主体	規模	活動内容
長者町アートアニュアル実行委員会	事業者等	古谷萌子事務局長ら4名。但し、協力者多数	ゑびす祭りで山車の練り歩きを継続する。「長者町プラットフォーム」「アーティスト・イン・レジデンス」の供用。
長者町まちなかアート発展計画	あいちトリエンナーレ2010をきっかけに長者町に縁を持った若者ら	約20名程度	サポーター、ボランティア、アートファンらが、アートイベントや長者町BEERジャンボリーを定期的に開催する。後者は、長者町のビルの屋上で映像上映とともに実施。まちの風物詩となる。
長者町ゼミ		約20名程度	シブヤ大学の姉妹校大名古屋大学のゼミで、長者町に興味・関心を持つ生徒らがまちを拠点に様々な活動やカルタ大会等イベントを行う。
Arts AudienceTablesロプロプ		約20名程度	サポーターらの自主企画が発展し、毎月1回のオープンミーティング、レビュー勉強会、美術館ツアーを実施する。鑑賞者の能動的な活動をコンセプトとする。

3 あいちトリエンナーレ2013以降

グループ名	主体	規模	活動内容
ムービーの輪	あいちトリエンナーレ2013をきっかけに長者町に縁を持った若者ら	約30名程度	Nadegata Instant Party《STUDIO TUBE》の制作をサポートしたクルーが毎月1回程度、映画&映像上映会を実施する。映像制作にも取り組む。
名古屋スリバチ学会		約30～40名程度	ガイドボランティアを始めとしたメンバーが毎月1回程度、名古屋の地形や建築物の探索を実施する。

のだが、閉幕後いくつかの若者らのグループが活動を始めることで、さらに地域コミュニティ形成の面で勢いを与えていく。主なグループとして「ムービーの輪」と「名古屋スリバチ学会」を紹介しよう（**表4-4**）。

「ムービーの輪」は、毎月1回程度長者町地区などで約30人–40人が集まり、映画＆映像鑑賞会を開催している（**写真4-36**）。先に紹介したとおりNadegata Instant Partyの《STUDIO TUBE》の制作をサポートしたクルーが、山城大督（Nadegata Instant Party）をコーディネーターに迎え、活動を始めた。その活動に筆者も参加している。2014年度に入ってからは、鑑賞のみに止まらず「ムービーの輪」のPRをきっかけとしてプロモーションビデオを制作した。今後も、映像鑑賞会や映像コンテストの開催など、映像にまつわるアートと人をつなぐ輪を広げていこうとしている。前述のとおり、アーティストが作品制作のプロセスと結果をも参加者に委ね、彼らの自発性にコミット（接触）したことが、活動の継続につながっている。

それに対して、「名古屋スリバチ学会」は、毎月1回程度名古屋の地形や建築物の探索を行い、30–40人程度が参加している[55]。必ずしも長者町に縁を持った活動ではないが、代表は古橋和佳で、彼は、長者町で「Arts Audience Tables ロプロプ」の活動に参加していた。そもそものきっかけは、「せんだいスクール・オブ・デザイン」あいちトリエンナーレ分校が会期中パブリック・プログラムとして開催されたことだ。そのワークショップ2の「環境軸」で、名古屋台地周辺の起伏を意識して歩く「名古屋凸凹地形探索」を行った。ちなみに、「せんだいスクール・オブ・デザイン」とは、東北大学の都市・建築学専攻がエンジンとなり、仙台市と連携して地域と連動する新しい教育プログラムである。この探索に参加したガイドボランティアをはじめとしたメンバーが中心になり、終了後「名古屋スリバチ学会（準備会）」を立ち上げ、2014年4月27日（日）には「名古屋スリバチ学会」を設立する。

古橋は、あいちトリエンナーレのガイドボランティアにも参加していたことが縁で、その育成に関わっていた菊池宏子（あいちトリエンナーレ2013コミュニティデザイナー）に、「横浜トリエンナーレサポーターのように、（2013年3月あいちトリエンナーレ応援メール会員に移行し活動団体としての性格を失った[56]）サポーターズクラブをオフィシャルな組織として愛知県が動かしてほしい」と

写真4-36「ムービーの輪 vol.2／映像上映会&鑑賞会」(2014年1月25日)、撮影：山城大督

投げかけた。これに対して、オフィシャルな組織が継続していくことよりも自分たちの発意で小グループを作り、そうしたグループが繋がっていくことの大切さを、菊池から示唆される。そうした姿勢を、菊池がガイドボランティア育成で実践していることを間近で見ていたことから、古橋は合点がいく。菊池をはじめとしたキュレーターと広報担当者らがアーティスト支援を目的に「半熟女バー」を企画したことにも (3.2.1参照)、「キュレーターの企画を受けるだけでなく、市民だって企画していいんだ」と刺激を受けたという[57]。

コミュニティデザイナーが小グループの活動を促すことで、ガイドボランティアの自発性に働きかけたことが、古橋にも影響を与え、「名古屋スリバチ学会」の活動につながっていた。

従来の若者らの活動

新たな若者らのグループの活動を紹介したが、2010をきっかけに生まれた若者らの活動も、無論継続している。

「長者町まちなかアート発展計画」は、アートイベントや長者町BEERジャンボリーを定期的に開催している。なかでも、長者町BEERジャンボリーは、

ビルの屋上でビアガーデンを催すと同時に、観客は映像作品を鑑賞したり、アーティストトークを楽しんだりする仕掛けで、まちの風物詩となりつつある。

2013開催前の2013年4月に、まちの人向けに活動報告会を開催したことを紹介したが(第3章2.5.4参照)、閉幕後は、劇作家岸井大輔のコーディネートのもと"いまどんな感じ?長者町"と称して、長者町のまちづくりを紹介していくシンポジウムをシリーズ化している★58。1回目は2014年3月に長者町プラットフォームで「マスタープラン」をテーマに、2回目は6月に吉田商事株式会社1階で「長者町ゑびす祭り」をテーマに、間隔を空け3回目は2015年2月に同じく長者町プラットフォームで「えびすビル」をテーマに開催する。筆者も2015年6月地区界隈で「吉田隆之が斬る!いまどんな感じ長者町」のタイトルでトークをした。毎回、約30−40名が参加し、まちづくりを牽引してきた堀田、延藤らを中心に2000年前後からの出来事やプロセスを語り、長者町の今を改めて振り返った。アートに関心を持って長者町に集った彼女らが、まちの活動にも関心を向けようとしている。

一方、「Arts Audience Tables ロプロプ」は、月1回のオープンミーティングを開催し、美術館ツアーやレビュー勉強会を開催している。2014年度にはAAF(ASAHI ART FESTIVAL)と共催し、加藤種男(企業メセナ協議会専務理事)を講師に「アート・プロジェクトを伝えるワーキング」を計4講開催した。受講生がアート・プロジェクトの現場を訪ね、レポートを書き、参加者で議論して、さらに良いものにしていくという内容だ★59。

真夏の長者町大縁会2014

そして、2014年8月「真夏の長者町大縁会2014」が開催される。「長者町大縁会」は、従来のグループが中心になって開催を積み重ね、ネットワーク形成に役割を果たしてきたのだが、長者町地区内外で次々と新たなグループが生まれる状況で、そうしたコミュニティも参加することとなった。

その準備や開催の様子を振り返ると、2014年1月から月1回のミーティングを開催し、テーマが「来てよ長者町」に決まる。4月からは、新たなグループにも声掛けがなされ、隔週でミーティングを開催し、準備を進めた★60。そして、会場の密度感を高めたかったことや、会場を圧縮したかったことなど

から、前年の会場の真向かいのやや小ぶりの駐車場を会場とした（図3-1参照★61）。とはいえ、新たなグループが加わったことで、「皆で何かを作り上げよう」という長者町大縁会の趣旨が共有されずに、役割が一部に偏る場面も散見された。

　それでも、約10余りのグループの出展が決まり、8月8日（金）9日（土）いよいよ本番を迎える。台風11号の接近で両日とも雨に降られるなか、延べ300名の人出となった。「長者町音頭」を作詞したアーティスト菅沼朋香が昨年に引き続き参加し、盆踊りも開催する。当初櫓が用意されていたが、大雨のため急遽失恋レストランを周回することとなり、新定番となりつつあるダンシングヒーローも踊られた（**写真4-37**）。会場が異なり駐車場に小道がなかったにも関わらず、昨年同様、ベニヤ板を組み立て路地裏を再現する。スナック街・失恋レストラン・カルタ展示・グルメは参加グループ協働で企画を実現した。様々なグループが参加したことで、スナック街はブースが増え、失恋レストランも演目が充実した★62。

　一方、個別の企画も充実したものとなった。

　従来のグループから紹介すると、「長者町まちなかアート発展計画」が、JAZZ & POPSの生演奏を行う「おひるま縁奏会」を開催する。地元のビールレストランと提携し、「長者町大縁会」オリジナルビールを販売した★63。次頁（3.3.2参照）で紹介するが、閉鎖されたアートラボあいちのメンバーは、「持ち込みスナックラボ」をスナック街に出店した★64。

　それらに対して、新たなグループの企画は、一つには「サンパツ屋」である。「ムービーの輪」は、2013で特撮映画スタジオ「STUDIO TUBE」を架空で作ったことをなぞらえ、今回はスナック街に「散髪屋」という表看板を掲げた。実際は、3人のメンバーが「一発屋」「二発屋」「三発屋」と称して、それぞれがこれまでの活動を報告する展示・即興パフォーマンス・バーの出店を行った。「散髪屋」と「三発屋」をかけたのだ★65。

　二つには「シェアハウスAMR」である。アーティストユニットAMRがデザイナーの山田梨紗とコラボで、共同アトリエの出張小屋を自前で制作する。その広さは約10平方メートルで、高さが3メートル強あった。1日目は男性アーティストがホストになりホストクラブを出店し、2日目は小物やTシャ

写真4-37 真夏の長者町大縁会2014（2014）、©TY

ツなどアートクラフト市を開催した★66。

　三つには「IMAカフェ」である。人ひとり入れるほどの段ボール箱に様々なチラシを貼り付け、「IMAカフェたん」と称して、その箱を身にまとい、会場内に出没した。一躍会場内の人気者となり、あいちトリエンナーレやアートを語る空間を作り出した★67。

　この三つ以外にも様々なグループが企画を実現した。「まちなかガイドツアー」では、作品やまちなかガイド経験者により、トリエンナーレ閉幕後もまちに残された作品や、まちに点在するアートスポットを巡るツアーが行われた★68。また、「朗読劇マホマホ会」では主宰者と問屋の主らがユニットを組み、テレビ塔を舞台にした父娘の物語を役割ごとに演じて朗読した★69。

　真夏の長者町大縁会2014には、長者町地区内外で次々と発生するグループの多くが出展した。そして、それぞれの出店では、顔は知らないもの同士が、もしくは、顔は知っていても話したことのないもの同士が自ずと意気投合し、まさに、これらのコミュニティを繋ぐ場となったのだ★70。

3.3.2「アートラボあいち」の閉鎖

　一方で、当時これらの活動に水を差すことを誰しも危惧したのが、2013

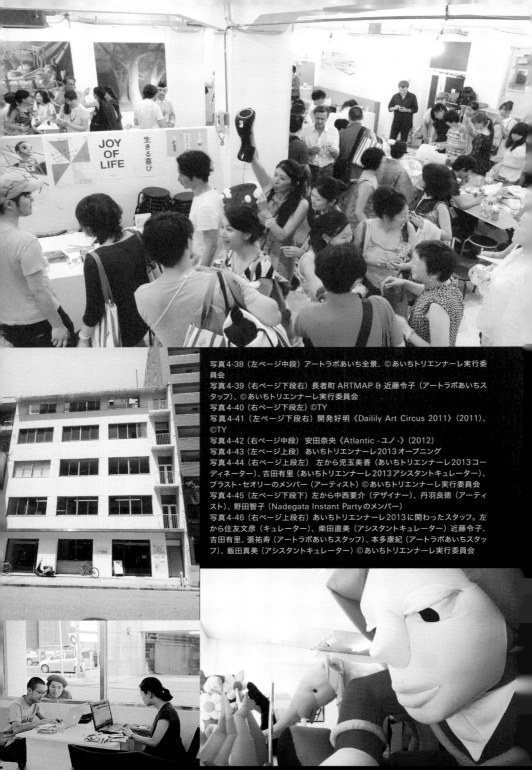

写真4-38（左ページ中段）アートラボあいち全景、©あいちトリエンナーレ実行委員会

写真4-39（右ページ下段右）長者町ARTMAP & 近藤令子（アートラボあいちスタッフ）、©あいちトリエンナーレ実行委員会

写真4-40（右ページ下段左）©TY

写真4-41（左ページ下段右）開発好明《Daiily Art Circus 2011》(2011)、©TY

写真4-42（右ページ中段）安田奈央《Atlantic -ユノ-》(2012)

写真4-43（左ページ上段）あいちトリエンナーレ2013オープニング

写真4-44（右ページ上段左）左から児玉美香（あいちトリエンナーレ2013コーディネーター）、吉田有里（あいちトリエンナーレ2013アシスタントキュレーター）、ブラスト・セオリーのメンバー（アーティスト）©あいちトリエンナーレ実行委員会

写真4-45（左ページ下段下）左から中西要介（デザイナー）、丹羽良徳（アーティスト）、野田智子（Nadegata Instant Partyのメンバー）

写真4-46（右ページ上段右）あいちトリエンナーレ2013に関わったスタッフ。左から住友文彦（キュレーター）、柴田直美（アシスタントキュレーター）近藤令子、吉田有里、張祐寿（アートラボあいちスタッフ）、本多康紀（アートラボあいちスタッフ）、飯田真美（アシスタントキュレーター）©あいちトリエンナーレ実行委員会

年 11 月の「アートラボあいち」の閉鎖だった。

　2011 年 8 月長者町に背中を押される形でオープンしたあと、「アートラボあいち」はあいちトリエンナーレ実行委員会・大学連携の展覧会やワークショップが数多く開催された。1 階のオープンスペースでは、2013 推進会議・2013 推進チームのミーティングやアートサロンが開催される。長者町を拠点として活動する若者ら・アーティスト・まちの人の交流拠点として機能していた（**写真 4-38–46**）。しかも、あいちトリエンナーレ出展作家となった山下拓也や菅沼朋香はともに大学連携で展示を行い、とくに菅沼はその展示がきっかけとなって五十嵐監督に発掘された。この 2 人以外にも多くの地元アーティストが「アートラボあいち」で発表し、彼らが育つ場ともなりつつあった。

　わずか 2 年間で閉鎖されるとは設立当時は誰も想像だにしていなかった。しかしながら、振り返れば、まちの声に押され作らざるをえなかったものの、長者町会場の展開に伴う効果を、愛知県が見落としていることの表れともいえる。地域コミュニティ形成面で起爆剤となり、のみならず、地域が生まれ変わろうとしていることに関心がないのはなぜなのだろうか。あいちトリエンナーレの理念・使命に、まちづくりや都市政策の視点がないことが一因とも考えられる。言い換えれば、こうしたアートセンターの存在がまちや都市を変えていく起爆剤になるという発想がないのだ。なお、地域に存続を望む声が多いながらも閉鎖された理由については、「今年の芸術祭の情報発信のための施設だった。契約の問題もある」[71]とあいちトリエンナーレ実行委員会は閉鎖を取り上げた地元紙には回答している。だが、賃料や人件費など年間 1 千万円の負担を嫌ったことが直接的な要因と推測される。「アートラボあいち」が閉鎖されたことについて、滝は「今は街と芸術とか近づいて大きな力になりつつある。この灯を絶やさないでほしい」[72]とこの記事のインタビューに答えている。

4. 2013長者町会場の分析

　前節で見たとおり、2013推進チームがコーディネートして企画の協働をしたり、アーティストが人々の自発性にコミット（接触）したりしたことで、長者町地区の地域コミュニティ形成の起爆に勢いを与えていた。人々の自発性にコミット（接触）した点などから、2013長者町会場の展開もアートプロジェクトにあたる。だとすれば、2010と同様に、これまでの調査結果を、一時的・個別的な変化については人的協力・ネットワークの活性化、継続的な変化についてはソーシャルキャピタルのプロアクティブ化を指標・基準として分析していく（**表4-5**）。

▶4.1 2013長者町会場の展開による人的協力・ネットワークの活性化

　第一の一時的・個別的な変化については、前節と同様、企画の協働・展示場所確保・作品制作の協力の順に、人的協力・ネットワークを評価指標とし、活性化を基準として分析する。①提案力・行動力が著しく向上したこと、または、②ネットワークが著しく広がることが要件となる（第3章3.2.3参照）。

　一つ目に、企画の協働である。

　2010では若手経営者らが参加する推進チームが中心となって、メンバー自ら展示場所確保や広報などあいちトリエンナーレの協力をしたことで、長老グループと、若手経営者の一部が核となり長者町は行動力・提案力が著しく向上した（第3章4.2参照）。

　一方、2013では、2013推進チームがまちや若者らをコーディネートする役割を担いながら 1) まちのもてなしとトリエンナーレとの連携 2) 若者ら新たな担い手との連携という二点を意識する。その結果、一つには、「まち丸ごと案内人"マップあります"」・「お休み処」などもてなしに取り組み、問屋のまちの意識改革に繋がり、2013推進チームがコーディネートしながら長者町全体で行動力・提案力が著しく向上した。二つには、長者町大縁会で若者ら新たな担い手が個々のグループの企画の寄せ集めでなく、皆で企画を協働する。2013推進チームとも連携したことで、まちに広く受け入れられ、青長会も主体として参加した。よって、若者ら新たな担い手が主体となった

表4-5 2010長者町会場と2013長者町会場の比較

		2010		2010年-		
				閉幕前後		閉幕後以降
		事象	分析	事象	分析	事象
人的協力・ネットワークの活性化	企画の協働	・推進チーム中心 ・長老グループと、若手経営者の一部が核となり長者町は、広報などあいちトリエンナーレの協力をした。	行動力・提案力の著しい向上			
	展示場所確保	・29ヶ所	ネットワークの著しい広がり有			
	作品制作の協力	・まちづくりに批判的な人たちの参加 ・青長会がナウィンパーティに参加し、事業者等が山車の練り歩きに参加	ネットワークの広がり 行動力・提案力の向上			
ソーシャルキャピタルのプロアクティブ化				・事業者らが主体 ・山車存続、アートセンター設立支援、「長者町プラットフォーム」「アーティスト・イン・レジデンス」の供用開始	自発的な対外的活動	・キーパーソンである複数の事業者のまちづくりへの参加 ・新たに長者町に縁を持った若者らが主体として参加

ネットワークが、著しく質的変化し、かつ広がった。

　二つ目に、展示場所である。

　2010では29ヶ所確保したことでまちづくりに縁がない人の協力を得るなどネットワークが著しく広がった。しかし、2013では19ヶ所に止まり、山口・滝・小出などの協力を得たものの、ネットワークが著しく広がったとまではいえない。

　三つ目に、作品制作の協力である。

　2010では、ナウィン・ラワンチャイクンらの説得で青長会がパーティを開

	2013		2013年―	
分析	事象	分析	事象	分析
	・推進チームがコーディネートし、長者町全体でもてなしに取り組む。 ・若者ら新たな担い手が大縁会で企画を協働し、2013推進チームとも連携。青長会も主体として参加	行動力・提案力の著しい向上 ネットワークの質的変化と広がり		
	18ヶ所	ネットワークの著しい広がり無		
	・新たな若者ら、アーティスト、女性・子どもが参加	ネットワークの広がり		
自発的な参加の広がり			・まち全体で様々な角度からアートと接点を持った活動を継続していく機運が生まれている。 ・女性・子ども、アーティストなどが主体として参加 ・新たにキーパーソンや若者らのコミュニティが次々と生まれ育つ	自発的な対外的活動 自発的な参加の広がり

催したり、このパーティにまちづくりに批判的な人が参加したりした。加えて、KOSUGE1-16が地域の支えあいを促したことで、若手経営者有志が技量を向上させ、長老たちが裏方となって応援し、山車の練り歩きを実現した。アーティストが事業者の自発性に直接働きかけることで、ネットワークが著しく広がり、行動力・提案力が著しく向上した。

　一方、2013では、Nadegata Instant Partyが人々の自発性にコミット（接触）することで若者らが新たに長者町で活動を始めたり、地域を詳細にリサーチした菅沼の作品をきっかけに女性・子どもがまちの盆踊りを作ったり、

長者町に活動拠点を置いたA.M.Rがまちで作品を展開し、まちの人々と新たな接点を持ったりした。長者町に新たに縁を持った若者ら、女性・子供、アーティストが参加することで、ネットワークが著しく広がった。

　以上から、企画の協働や作品制作の協力により、長者町全体、もしくはそれぞれの個別のグループごとに人的協力・ネットワークを活性化させたのだ。

▶4.2 2013長者町会場の展開による橋渡し型ソーシャルキャピタルのプロアクティブ化

　第二の継続的な変化については、ソーシャルキャピタルを指標、プロアクティブ化を基準として分析する。①自発的な対外的活動、または②自発的な参加の広がりのいずれかが著しく向上し、かつそれぞれに継続性を有していることが要件となる（第3章3.2.3参照）。

　2010では、アーティストが事業者らの自発性に働きかけたことや、若者らがサポーターズクラブで様々な自主企画を実現したことがきっかけとなり、開催準備から数ヶ年で橋渡し型ソーシャルキャピタル（狭義）がプロアクティブ化した。すなわち、閉幕前後に長老グループと、若手経営者の一部が、アーティストが制作した山車の受け入れを決め、翌年から山車の練り歩きを毎年継続したり、「長者町プラットフォーム」と「アーティスト・イン・レジデンス」の供用を開始したり、連鎖反応が次々とおこる。いわば臨界点を超えて自発性が向上し、対外的な活動が継続する。それに加え、閉幕後から2013年にかけては、2010をきっかけに滝をはじめとした複数の事業者が、アートセンターの設立支援やまちづくりに継続的に関わる。また、サポーターズクラブの活動をきっかけに、長者町に関わることとなった若者らがアート活動を継続した。キーパーソンである複数の事業者と若者らが、まちづくりやアート活動に関わることで主体が多様化し、広がりが著しく向上し、自発的な参加が継続した（第3章4.3参照）。

　一方、2013閉幕から1年半が経過した現時点でソーシャルキャピタルはいかなる影響を受けたのだろうか。

　自発的な対外的活動から見ていくと、2013推進チームの課題として、間伐材を使用したベンチの設置などもてなしに取り組む。そして、問屋のまち

が、これまでのまちづくりの取り組みを発展させ、もてなしや、あいちトリエンナーレとまちの連携を意識していく。加えて、ベンチの設置の継続以外にも、木材を使用した歩道拡幅の社会実証実験でのパフォーマンスを実施したり、アートに特化したシェアハウスの実現を図ったりしている（5.2参照）。かくして、長者町ではあいちトリエンナーレを受け入れるのみならず、まち全体で様々な角度からアートと接点を持った活動を継続していこうという機運が生まれている。

　それに対して、自発的な参加の広がりは、より勢いが止まらない。

　一つには、作品制作の協力などがきっかけとなって、アーティストと女性・子どもがまちの盆踊りを作り、翌年以降も山車の練り歩きとともに、盆踊りを継承している。また、長者町に拠点を置いたアーティストが、閉幕後もまちに作品を残すことで、日常的にまちの人々と接点を持つ。女性・子供、アーティストが、アート活動やまちづくりの主体として参加していくのだ。

　二つには、2010でキーパーソンであった堀田が私事で関われなかったことも一要因となり、2013では、延藤・武藤（隆）は無論、名畑・古谷・滝・小出など前回以上にプロデューサー的役割を果たす多くのキーパーソンが現われ、育った面がある。特に、滝は、堀田に替わり2013をまちの側から牽引するリーダー的存在ともなった。

　三つには、アーティストが人々の自発性にコミット（接触）したり、コミュニティデザイナーが働きかけたりしたことで、「ムービーの輪」、「名古屋スリバチ学会」など、2013をきっかけに長者町に縁を持った若者らが新たに加わり、地区の内外で様々なコミュニティが生まれ、自発的な活動を継続している。

　以上から、2013による継続的な変化をまとめると、対外的活動については、もてなしというまちの課題とも重ねながら、まち全体で様々な角度からアートと接点を持った自発的活動を継続していこうという機運が生まれている。ただ、その継続性については今後の推移を見守りたい。それに対して、参加の広がりについては、女性・子供、アーティストなどが主体として加わり、新たにキーパーソンや若者らのコミュニティが次々と生まれ育ったことで、主体が一層多様化した。したがって、広がりが著しく向上し、かつ自発的な参加が継続している点で、橋渡し型ソーシャルキャピタルがプロアクティ

ブ化したといえる。

　2010の際と比べると、まち全体で様々な角度でアートと接点を持つ活動を継続する機運が生まれていること、新たにキーパーソンや若者らのコミュニティが次々と生まれ育ったことから、活動内容の幅、主体の多様性の点で、ソーシャルキャピタルの蓄積がより強化し、累積している。豊かなソーシャルキャピタルがより豊かなソーシャルキャピタルを生んでいる面がある。そこに、資本の自己強化性や累積性を認めることができ、ソーシャルキャピタルを資本と喩える所以である[73]。

　すでに2010により橋渡し型SCがプロアクティブ化した要因については第3章4.3.3で言及したが、では、なぜ2013により橋渡し型ソーシャルキャピタルがプロアクティブ化し、その強化・累積が認められるのか。それは、主にキーパーソンやキーとなるコミュニティが次々と生まれるからであるが、なぜなのだろうか。2010では、人々の自発性にアーティストやサポーターズクラブが働きかけていたが、それに対して、2013では、人々の自発性にアーティストがコミット（接触）したり、コミュニティデザイナーが自発性に働きかけたりしたことがある。また、前回と同様にあいちトリエンナーレの規模感が起爆剤となっているのは確かである。それに加えて、関わる主体が長者町地区での信頼・規範・ネットワークを予測することで、実際に主体の多様化が進むという好循環を認めることができるのではないだろうか。

　そうした具体例は、2013開催前後にかけ枚挙に暇がないが、改めて代表事例を紹介しておきたい。一つ目の事例が、建築家東田泰穂が大須から長者町に事務所を移転し、長者町のネットワークの発展性に賭け2012年5月「長者町トランジットビル」を立ち上げたことである。2013開催を経て、今では、AMRをはじめとした多くのアーティスト・クリエーターが、ネットワークを期待しつつそのビルに事務所等を構え、若者らが集まる拠点ともなっている。二つ目の事例が、まちづくりで初めて町内会主催でシンポジウムを開いたことである。まちの人たちは「若者らがなぜ長者町に集まるのか知りたい」とその存在が気になり、2013年3月町内会がシンポジウム「ワカモノとまちが出会うしゃべり場」を開催した。町内会が若者とまちとの信頼・ネットワークを予測することで、その活動が触発されたのだろう（第3章3.5.4）。三つ目の事例が、

後に紹介するアートに特化したシェアハウスである。シェアハウスを運営する事業者が、長者町でトリエンナーレが開催され、アート活動が活発に行なわれていることを聞きつけ、アートのネットワークに期待して、名古屋・錦二丁目まちづくり連絡協議会に話を持ち込んだことがきっかけとなった[★74]。

5. 今後の課題

▶5.1 長者町地区の課題
多くのキーパーソンと様々なコミュニティ

　2013も一文化事業として取り組んだことから、長者町での効果は、主催者が企図していない点で、アウトカム（成果）でなくインパクト（波及効果）に当たる。これらの効果のうち、今後のまちづくりの方向性を担う鍵となる特徴的なインパクト（波及効果）を二つ挙げておきたい。一つには、多くのキーパーソンが生まれ育ち、それぞれがプロデューサー的役割を果たしていることである。二つには、長者町地区内外で様々なコミュニティが次々と生まれ、自発的な活動を継続していることである。

　2010閉幕後は、「まちがなぜアートを受け入れたのか」に関心がもたれ、堀田をはじめとした少数のキーパーソンを中心に「（トリエンナーレで経験した）アートを取り入れていこう」という空気感だった。もちろん長者町でも依然としてまちづくりや若者らのアート活動への無関心層がまったくないわけではない。そうはいっても、2013を経て足掛け7年で、コーディネーターも含めたキーパーソンの数が格段に増え、小さなコミュニティが次々と地区内外に生まれていること、個人や団体のそれぞれの自発度の強さ、こうした変容のスピード感など、アートプロジェクトに関わる人だけでなく、まちの少なくない人たちが「アートでまちが生まれ変わる」状況を体感しつつある。そうした点で、アートプロジェクトが各地で開催されるなか、地域コミュニティ形成の面で長者町地区は半歩抜きんでた存在ではないだろうか。

コミュニティの課題

　地区が今後こうしたインパクト（波及的効果）といかにつきあい、アートによるまちづくりに取り組むのか。また、2015年3月豊橋市内・岡崎市内とともに、長者町地区があいちトリエンナーレ2016で会場となることが発表された★75。2013開催報告書を見ると、長者町会場のような継続的な取り組みが見られないにもかかわらず、岡崎地区を評価する声が多く紹介されている。それに対して、長者町会場への言及は、有識者の「迫力がなかった」との意見以外にほとんど見られない★76。そこに、恣意的な意図すら感じられたのだが、長者町地区が引き続き会場とされたのは自主的（自発的）かつ継続的な取り組みが、事務局に理解されようとしているのだろうか。いずれにせよ、行政があいちトリエンナーレを含めこの地区をいかにサポートしていくのかが問われていよう。一方で、長者町地区では、こうした小さなコミュニティが、いかに緩やかなネットワークを作っていくのか、何をめざすのだろうか。

　おそらく、コミュニティを形成している若者らにとって、あいちトリエンナーレの継続も、長者町の活性化も直接的な目的ではなかろう。そもそもあいちトリエンナーレも継続自体が目的ではないはずだ。すでに、長者町大縁会は、次々と生まれる小さなコミュニティをつなぐ場となっている。また、2014年12月、2015年6月の計2回長者町トランジットビルで、アーティストが呼びかけ、コミュニティが一同に会する親睦会を開催した。2015年3月には長者町のカフェで、アートアニュアル実行委員会主催で、コミュニティが活動の悩みや今後の展望を共有する場が設けられた。その場に招かれたのが、2013でガイドボランティアの自発性に働きかけをし、「名古屋スリバチ学会」の活動につながった菊池宏子（コミュニティデザイナー）である。いずれも30名程が集まり、次々と生まれる小さなコミュニティをつなぐ中間支援的な場を定期的に作ろうという動きが具体化しつつある。だとすれば、若者らの向かおうとしている方向は、小さな、かつ多様なコミュニティが個々にプロジェクトを仕掛けながら、ときに連携し、まちの中でアートを日常化していくことではないか。ここでのまちは、あいちトリエンナーレの実施主体である愛知県でないことはもちろんのこと、長者町とも限らない。あえて言葉にすれば、若者らが生活する現在のまちと社会なのだ。

身近なコミュニティやまちでアートを日常化し、ひいては、社会をアート化していく。若者らがアートを武器に、しかも、肩肘はらず楽しみながら社会そのものを変えていく。その先に見えるのは、現時点では今後の方向性が不明瞭なあいちトリエンナーレと連携しながら、それを発展させる壮大な「まち」プロジェクトである。もちろん、万が一あいちトリエンナーレが中止の憂き目にあった場合は、それに変わるものをめざしたい。だが、ここで使う壮大が意味するところは金銭的な規模観を示すものではなく、ビジョンの壮大さである。もっといえば、建畠が指摘し、そして、市井の滝が話す「多様な価値観を許容する」社会にほかならない。

　グローバル化が進み、特に、経済の分野ではグローバルスタンダードが席捲し、企業の論理で多様な価値観を許容することがないがしろにされがちだと思われる。また、映画監督の森達也が指摘するように[★77]、1995年の阪神大震災やオウム・サリン事件を転換点とし、2001年の9.11事件、2011年の東日本大震災、2015年のイスラム国の人質事件など、大事件と天災が起こるたびに、不安や恐怖に社会全体が襲われる。そうした不安感が多数派への依存を生み、特に、最近はネットによる拡散が拍車をかけ、社会の集団化が加速しているのではないだろうか。

　そうした危機にある今こそ、その対抗軸として地域発アートの必要性が問われ、そのアートが草の根から社会を変革していく武器となると考えられる。というのも、第3章5の最後に指摘したとおり、これまで縁のなかった若者らが長者町に集うのは、閉塞した社会に自己表現の面白さや居場所を求めてのことだと思われるからだ。また、社会の集団化が加速する一方で、中崎（Nadegata Instant Party）は、天災による不安感を解消すべく、立場に関係なくコミュニティができてしまう瞬間を切り取り、それを2013出展作品の企画とした。そして、長者町では、そこに多くの若者が集まり、しかも映像を媒介として立場・個性の違いを認め合いながら、地区内外の多様なコミュニティの一つとして活動を継続しているのだ。（3.4.1参照）。

　なお、若者らのコミュニティと連携していくべき「あいちトリエンナーレがなにをめざすのか」については、次章で詳述する。

▶5.2 長者町地区のまちづくりの展望

「あいちトリエンナーレが何をめざすのか」に論及する前に、2013をきっかけに、「都市の木質化プロジェクト」などまちづくりの取り組みを前進させた長者町のまちづくりについて、2013閉幕後の動きを紹介しておきたい[78]。

長者町はマスタープラン実現に向け、上記以外にも 1) 長者町家 2) 長者町マルシェ構想 3) 公共空間デザイン 4) 地区計画 5) 自然エネルギー活用 6) アートとまちの融合といった計7つのプロジェクトに取り組んできた。また、都市の木質化・公共空間デザインなどこれまでのまちづくりの取り組みが、名古屋市が進める「低炭素都市なごや戦略」にも合致することから、7つのプロジェクト長で構成される「低炭素地区会議」を2013年に設置し、2015年2月には名古屋市の「低炭素地区モデル事業」に認定された[79]。

以下ではアートによるまちづくりに直接・間接に関連する主な四つのプロジェクトを説明していこう。

一つめの長者町家プロジェクトは、住む人を増やしながらまちを活性化し、かつ夜間人口を増やすことでまちを安全にしていこうという趣旨で生まれた。長者町地区は、土地の広さがいずれも約40坪で、しかも間口が狭く、奥行が長い。そのため、日差しが入ってくる面が少ない。プロジェクト長の堀田を中心に、「そうした条件をクリアして人が住むにはどうしたらよいか」について意見交換を重ね、出てきたアイデアがシェアハウスだった。

地権者・若者ら・アーティストらの参加を募り、2013を挟み2回ワークショップを実施した。2回目のワークショップでは、シェアハウスの運営会社「SHARE HOUSU 180°」が加わる。あいちトリエンナーレで長者町が現代アートに関わったいることを知り、アートへの関心から長者町にアプローチしてきた。アーティストや若者らの意見を吸い上げながら、たとえば、アトリエや倉庫を別のビルの空きスペースで供用するなど、アートに特化したシェアハウスの具体的なビジネスモデルが作られようとしている。

二つめの公共空間デザインプロジェクトは、歩道を拡幅して、柱材となる大きな材木をデッキ上に敷き、歩道空間・休む空間・マルシェの空間として利用していこうというプロジェクトである。長者町地区には公園が一つもないが、公共空間が4割を占め、そのほとんどが道路となっている。というのも、

繊維問屋街として大きく発展した長者町は、高度成長期に歩道を1メートルずつ縮め、車中心の街路に作り変えたからだった。それでも、当時はひっきりなしの大渋滞で、3重・4重の路上駐車が新聞沙汰になるほどの大賑わいだったという。

　時代が変わり、問屋が少なくなり、車の通りも格段に減った。その一方で、スピード通過、一方通行の逆走、自転車と歩行者の錯綜などの交通安全上の問題が生じていた。また、オフィスの就業者や飲食店の客が増え、しかも、トリエンナーレのようにまちを楽しみに来る客も増えようとしている。長者町も車中心から人中心のまちに変えていく必要がでてきた。しかし、公共工事で歩道を拡幅すると費用も掛かる。また、まちの差別化も必要だ。そこで、「都市の木質化プロジェクト」を発展させる形で歩道空間を作ろうというのだ。名古屋市と協議を始めると、前代未聞といわれた。それでも、アメリカのサンフランシスコでの先例があることを説き、「低炭素地区モデル事業」への認定をきっかけに取り組みを進めようとしている。

　三つめの地区計画プロジェクトは、錦二丁目7番街区の再開発計画で、7番街区とは地区を構成する約100m四方の街区の一つで、2013年1月準備組合が設立された。1）多様な都市機能の集積と都心居住の推進、2）会所・通り抜け通路と、界隈性と奥行きのある共有空間を創出など、マスタープランのまちづくり構想に則ったリーディングプロジェクトとしての期待が大きい。「高層マンション群の下に賑わいのための商業施設が組み込まれれば、平面型のえびすビルが大型の住宅地の下に登場する。共用空間が広がるので、その空間を使ってのトリエンナーレとかアートに関することができるのではないか」[★80]。「この地区計画プロジェクトが近々に実現すれば、長者町は生まれ変わったといえる」と堀田は話す。

　四つめに、必ずしも低炭素に結びつくわけでないが、アートとまちの融合部会を紹介したい。これまでアートとまちの融合部会は、あいちトリエンナーレとの連携を軸に展開してきた。長者町地区が2016の会場となることが決まったものの、アートによるまちづくりの方向性が明確に打ち出せているわけではない。とはいえ、前節4.2の分析で触れたとおり、あいちトリエンナーレを受け入れるのに止まらず、まち全体で様々な角度からアートと接点を持ち、

まちづくりを継続していこうという機運が生じている。それに加えて、2010開催の際のキーパーソンだった堀田が、2014年4月名古屋・錦二丁目まちづくり協議会[★81]会長となった。私事で2013に関われなかったのだが、彼は「アートがないと成熟したまちにならない」と誰よりも確信を持つ。

　2010、2013と同様に、2016年5月には「あいちトリエンナーレ2016長者町会場推進会議（以下2016推移新会議）」と、2016年6月に「あいちトリエンナーレ2016長者町会場推進チーム（以下2016推進チーム）」が設置された。推進チームのチームリーダーを務めるのが、2010でそのプロデューサー的資質をいかんなく発揮した堀田だ。1回目の推進チームの会議では、事務局から「2010並みといかないまでも2013の規模を超える展示場所3000㎡を確保したい」と目標がだされた。これに対して、堀田は、「まちとの行政の協働の取り組みは難しいから、どこの芸術祭でもやっていない。2016を1個の集大成にしたい。自らの社屋の仕事上のスペースを集約し、空いた南側の社屋などを活用し、まちづくりにつなげていきたいと思っている。2016の際は、自ら社屋を供出し、まずは目標の3分の1、できる限り早い段階で3分の2は確保したい」と話す[★82]。また、同じくメンバーである米津文彦は、「2013の時よりも（展示場所確保など）動きが速くなりそうだ」[★83]という。長者町での新たなアートによる物語を期待したい。

　おりしも、名古屋市の協力をえて2014年9月から半年間長者町通で公共空間デザインプロジェクトの社会実証実験が行われた。車道に60メートルの距離で木材を敷き詰め、3メートルの歩道を5メートルに拡幅したのだ。完成したウッドテラスを、歩く・休む・遊ぶ多様な空間として活用していく[★84]。しかも、そうした空間を使い、早速「長者町まちなかアート発展計画」主催で、三輪亜希子・杉山絵理（ダンサー）と橋本知久（鍵盤ハーモニカ）によるパフォーマンスが披露された[★85]。こうした発想こそ、市井の滝が話す多様な価値観を前提とするアートの日常化によるまちのアート化にほかならない。必ずしもあいちトリエンナーレ一辺倒でなく、長者町でも、それ以外の地区でも、若者らのコミュニティでも、それぞれの共同体で足元からアート化を進め、かつ、連携していく。そこに、現時点では理念が不明確なあいちトリエンナーレのその先の方向性が、見えてくるのだ。

注及び引用文献：

- ★1 愛知県議会事務局『定例愛知県議会会議録（二）』, 2011年, 63-70ページ.
- ★2 愛知県総務部財政課「予算の概要／平成23年度6月補正予算」, 2011年, available at http://www.pref.aichi.jp/cmsfiles/contents/0000042/42609/23-06-05.pdf.（2015年5月1日最終確認）.
- ★3 2011年11月13日浅野隆司（ゑびす祭り実行委員長・当時／綿常ホールディングス株式会社代表取締役）へのインタビュー.
- ★4 MacIver, R.M., Community: a sociological study: being an attempt to set out the nature and fundamental laws of social life, London, Macmillan, 1917.（中久郎／松本通晴監訳『コミュニティ――社会学的研究：社会生活の性質と基本法則に関する一試論』ミネルヴァ書房, 2009年, 47ページ）.
- ★5 吉田隆之「都市型芸術祭『あいちトリエンナーレ』の政策評価――ワークショップによる簡便な政策評価手法の提案」『音楽文化学論集』第3号, 2013年b, 111-125ページ；「自治体文化政策における『参加型評価』の可能性――あいちトリエンナーレを事例に」『文化経済学』第11巻第1号, 2014年b, 39-52ページ；「アートNPOを対象とした参加型評価の可能性」『文理シナジー』第19巻第1号, 2015年b, 25-32ページ.
- ★6 以下2.3までの記述は『あいちトリエンナーレ2010開催報告書』（あいちトリエンナーレ実行委員会, 前掲書, 2011年a）；『あいちトリエンナーレ2013開催報告書』（あいちトリエンナーレ実行委員会, 前掲書, 2014年a）のほか筆者の取材にもとづく.
- ★7 2012年4月5日建畠へのインタビュー.
- ★8 あいちトリエンナーレ実行委員会「あいちトリエンナーレ2013プレスリリース資料（2011年10月21日（金））」（記者発表資料）, 2011年d.
- ★9 朝日新聞「芸術祭で問う、3.11後 あいちトリエンナーレまで1年、目立つ社会派」2012年9月15日夕刊学芸, 2012年, 6ページ.
- ★10 あいちトリエンナーレ実行委員会「あいちトリエンナーレ2010アンケート結果等資料」, 2011年b, 128-9ページ.
- ★11 愛知県総務部財政課, 前掲資料, 2011年；「予算の概要平成24年度当初予算」, 2012年. available at http://www.pref.aichi.jp/0000007064.html（2015年5月1日最終確認）.
- ★12 あいちトリエンナーレ実行委員会, 前掲資料, 2014年b.
- ★13 あいちトリエンナーレ実行委員会, 前掲書, 2014年a.
- ★14 本項で『あいちトリエンナーレ2013開催報告書』の記述をそのまま用いた場合は「」書きとした.
- ★15 あいちトリエンナーレ実行委員会「梅田宏明『4. temporal pattern』『Holistic Strata』」（プログラム）, 2013年.
- ★16 2012年の状況については2013年10月15日吉田有里（あいちトリエンナーレ2013アシスタントキュレーター）へのインタビュー.
- ★17 プレイベントでは、それぞれの会議名称に「長者町プロジェクト」を使っていたが、あいちトリエンナーレ2010では、長者町の展開をあいちトリエンナーレの一会場と位置づけたことから、「長者町会場」に変更した.
- ★18 「第2回あいちトリエンナーレ2013長者町会場推進チーム議事録」（あいちトリエンナーレ実行委員会, 2012年）からの引用である. 当該議事録はあいちトリエンナーレ実行委員会が作成し、参加者に配布されている. 参加者の1人から入手した.
- ★19 2012年12月20日米津文彦（丹羽幸株式会社総務本部総務部リーダー／2013推進チームメンバー）へのインタビュー.
- ★20 吉田有里は前回に引き続き2013でも主に長者町会場のアシスタントキュレーターを務めた. 本章でも第3章同様吉田有里アシスタントキュレーターと記す.

★21 2013年11月8日名畑恵へのインタビュー。
★22 2013年11月8日名畑へのインタビュー。
★23 2013年11月8日名畑へのインタビュー。

★24 2014年3月24日小出祐弘へのインタビュー。
★25 企画の協働に関する記述は2013年11月8日名畑へのインタビュー。
★26 まち丸ごと案内人"マップあります"に関する記述は2013年10月9日児玉美香(あいちトリエンナーレ2013コーディネーター・当時)へのインタビュー。
★27 名古屋・錦二丁目まちづくり連絡協議会「錦二街風人会報」2013年4月15日発行, 2013年, 2ページ.
★28 2014年4月14日滝一之へのインタビュー
★29 「お休み処」に関する記述は2013年10月11日の古谷萌子(長者町アートアニュアル実行委員会のメンバー)へのインタビュー。
★30 半熟女子バーに関する記述は2014年4月24日菊池宏子(あいちトリエンナーレ2013コミュニティデザイナー・当時)への電話でのインタビュー。
★31 毎日新聞「芸術家の落書き人気」2013年10月26日中部夕刊, 2013年.
★32 「ビジターセンター&スタンドカフェ」に関する記述は2013年10月15日中嶋哲矢(LPACK)へのインタビュー。
★33 2014年4月23日滝へのインタビュー。
★34 2014年3月24日滝へのインタビュー。
★35 長者町アートマップでお茶碗が描かれている場所に、お茶の名店「升半」がある。
★36 2014年5月1日田中一(青長会会長・当時/みやび苑田中政商店)へのインタビュー。
★37 「長者町大縁会」に関する記述は2013年12月18日谷亜由子・前田守彦(長者町ゼミ)へのインタビュー
★38 2013年11月8日名畑へのインタビュー。
★39 2013年10月11日の古谷へのインタビュー。
★40 展示場所確保については2013年10月15日吉田有里アシスタントキュレーターへのインタビュー。
★41 あいちトリエンナーレ2010終了後からの長者町の状況については2013年9月27日堀田勝彦へのインタビュー。
★42 あいちトリエンナーレ実行委員会, 前掲書, 2014年a, 123ページ.
★43 Nadegata Instant Partyに関する記述は、平成25年度緊急雇用として「あいちトリエンナーレ2013まちなか展開拡充事業」が実施され、そのプログラムの一つとして8月31日に長者町にある名古屋市短歌会館で実施された彼らのアーティストトークによる。
★44 2014年5月13日吉田有里(港まちづくり協議会事務局員)へのインタビュー。
★45 2013年9月9日竹中純一(Nadegata Instant Partyクルー・当時)へのインタビュー。
★46 2014年6月18日山口明子(Nadegata Instant Partyクルー・当時)へのインタビュー。
★47 2013年9月9日中崎透(Nadegata Instant Party)へのインタビュー。
★48 クルーの閉幕後の活動については2014年6月18日山口明子へのインタビュー(クルー)。
★49 菅沼朋香に関する記述は、平成25年度緊急雇用として「あいちトリエンナーレ2013まちなか展開拡充事業」が実施され、そのプログラムの一つとして8月31日に長者町にある名古屋市短歌会館で開催された菅沼朋香のアーティストトークによる。
★50 長者町アートマップで山車のイラストが描かれている場所が、長者町繊維会館跡である。
★51 盆踊り実現の経緯については2013年10月11日古谷へのインタビュー。
★52 2014年4月5日の渡辺英司へのインタビュー。
★53 長者町アートアニュアル実行委員会, 前掲書, 2012年; 2013年.
★54 AMRに関する記述は2014年5月30日河村るみ(AMR)へのインタビュー。

★55　名古屋スリバチ学会に関する記述は、2014年5月16日古橋和佳（名古屋スリバチ学会代表）へのインタビュー。

★56　2013年3月をもって「あいちトリエンナーレ応援隊メール会員」に移行し、活動団体としての性格を失った（あいちトリエンナーレサポーターズクラブ事務局「ラブトリ通信71号」（メーリングリスト）、2013年）。

★57　2014年4月18日古橋へのインタビュー。

★58　「長者町まちなかアート発展計画」に関する記述は2014年7月14日山田訓子（代表）へのインタビュー。

★59　「Arts Audience Table ロプロプ」に関する記述は2014年4月27日加藤さとみ（メンバー）へのインタビュー。

★60　ここまでの「長者町大縁会2014」の準備に関する記述は、2014年9月15日タケル（ペンネーム／長者町ゼミのメンバー）へのインタビュー。

★61　長者町アートマップで「長者町カルタ」のイラストが描かれている場所で、「真夏の長者町大縁会2014」が開催された。

★62　ここまでの「長者町大縁会2014」の開催に関する記述は、2014年11月9日古谷萌子（長者町大縁会実行委員会事務局長・当時）へのインタビュー。

★63　2014年9月14日中島克己（長者町まちなかアート発展計画のメンバー）へのインタビュー。

★64　2014年8月9日吉田有里へのインタビュー。

★65　2014年8月10日山口明子（ムービーの輪のメンバー）へのインタビュー。

★66　2014年8月10日山田梨紗（デザイナー）へのインタビュー。

★67　2014年12月27日榊原民恵（IMAカフェのメンバー）へのインタビュー。

★68　2014年12月24日寺島千絵（まちなかガイドツアー主宰）へのインタビュー。

★69　2014年12月25日石垣真帆（朗読劇マホマホ会主宰）へのインタビュー。

★70　2014年11月9日古谷へのインタビュー。

★71　中日新聞「街の芸術拠点閉館へ アートラボあいち 存続望む声多く」2013年10月20日朝刊30面, 2013年.

★72　中日新聞、同記事、2013年.

★73　坂本（前掲書, 19-21ページ）は、自己強化性や累積性があることをもって、ソーシャルキャピタルを「資本」と喩えることに妥当性があるとしている。

★74　2014年3月17日伊藤正樹（SHARE HOUSE180°代表）へのインタビュー。

★75　あいちトリエンナーレ実行委員会「あいちトリエンナーレ2016の展開概要」（2015年3月26日記者発表資料），2015年.

★76　あいちトリエンナーレ実行委員会，前掲書，2014年a.

★77　朝日新聞「言論空間を考える 人質事件とメディア」2015年2月11日朝刊オピニオン, 2015年, 15ページ.

★78　2014年4月11日錦二丁目まちづくり公開イベント「ところで、錦二丁目の『低炭素』って何？しなやかにレジリエント・タウン錦二丁目なごやでいちばんの環境にやさしいまちを目指して」への取材にもとづく。

★79　名古屋市環境局企画部環境企画課「『低炭素モデル地区事業』2地区を認定します！」（2015年2月12日記者発表資料），2015年.

★80　地区プロジェクトの具体的な姿については、2015年3月17日開催の"いまどんな感じ？長者町"での堀田の発言による。

★81　名古屋・錦二丁目まちづくり連絡協議会の名称が、2013年度から名古屋・錦二丁目まちづくり協議会に変更されている。

★82　2015年6月19日堀田へのインタビュー。

★83 2015年6月19日米津へのインタビュー。
★84 2014年9月17日藤森幹人(錦二丁目まちづくり協議会公共デザインプロジェクト長)にインタビュー。
★85 2014年12月26日加藤仲葉(長者町まちなかアート発展計画のメンバー)へのインタビュー。

第 5 章

トリエンナーレは
なにをめざすのか

本章ではPDCAのC（評価）とA（改善）に注目する。第2章では政策評価の前提として政策立案・決定過程、つまり、なぜあいちトリエンナーレが開催されたのかを、第3章・第4章ではあいちトリエンナーレ開催により、主に長者町地区で地域コミュニティ形成面でのインパクト（波及効果）を明らかにしてきた。

1. あいちトリエンナーレの政策評価

政策評価の必要性

　あいちトリエンナーレ2010で約57万人の来場者数があり、イベントとして成功を収めたことから、愛知県はあいちトリエンナーレ2013の開催を決定し、既に開催した。また、2010では、開催にリーダーシップを発揮した神田前知事が、会期中に不出馬を表明したことから[1]、2011年2月の知事選後まで、開催決定の判断ができなかった。それに対して、あいちトリエンナーレ2016の開催は、すんなりと決まったようだ。閉幕後すぐの2013年12月議会で、大村知事が「行く行くは、百年以上続くベネチア・ビエンナーレのように、求心力の高いアートフェスティバルに育成していきたい」[2]と答弁する。2014年2月に知事選挙が予定されていたものの、当選が確実視されていたこともあったのだろう。そして、2015年3月時点で2016の予算は計13.7億円とされた。2013の予算と比べ約1億円増であるが[3]、総額（緊急雇用を含む）で比べると、今回は緊急雇用が見込めないことから約1億円減となっている。

　かくして、あいちトリエンナーレは次回以降も継続される気配であるが、今後いかなる理念・目的をもって取り組むべきなのだろうか。回毎に選任された芸術監督が主にテーマと展示作品などのビジョンを描く。2016では、2014年7月港千尋（写真家・著述家／多摩美術大学教授）が芸術監督と決定され[4]、同年10月「虹のキャラバンサライ　創造する人間の旅」がテーマと発表された[5]。

　こうしたテーマとは別に、あいちトリエンナーレを継続させることでなにを

めざすのかについて、政策の理念・使命が必要となってくる。あいちトリエンナーレには、理念・使命に思しきものとして三つの開催目的 1）世界の文化芸術の発展に貢献 2）文化芸術の日常生活への浸透 3）地域の魅力の向上）が定められている。

　さて、政策評価の意義は次のとおりである。民間企業で経営戦略はP（計画）D（実行）C（評価）A（改善）サイクルのもとコントロールされる。経営とは継続的活動である。継続的活動を行うため、C（評価）によって理念・使命、言い換えれば、経営戦略を再検討し、たえず是正していくことが求められる。民間企業の経営戦略が、自治体では経営政策に当たり、同様に「課題設定」「政策立案」「政策決定」「政策実施」「政策評価」というサイクルのもとコントロールされる。第5の政策評価の段階では、「その効果が評価され、必要に応じてその継続（傍点筆者）・修正・転換・廃止の決定が政府に要請される。すなわち、第5段階の政策評価は再び第1段階の課題設定へとフィードバックされ」[★6]る。政策の継続のためには、政策評価によってその効果を評価し政策の有効性を明らかにすることで、理念・使命を再検討し、たえず是正していくことが求められるのである。

　本章では、政策立案・決定過程と、長者町地区の地域コミュニティ形成面でのインパクト（波及効果）を踏まえ、あいちトリエンナーレの政策評価を検討する。そのうえで、主に長者町地区での地域コミュニティ形成の面での効果を踏まえ、本書の目的である「あいちトリエンナーレ、ひいては、都市型芸術祭はなにをめざすのか」を明らかにしていきたい。

あいちトリエンナーレの政策評価

　では、2013と2016開催の政策決定にあたり、これまで愛知県はいかなる政策評価をしたのか、政策継続の道筋がどこまで示されたのだろうか。政策評価と思しきものとして、2010では2011年3月25日、2013では2014年3月26日に公開で行われたあいちトリエンナーレ実行委員会運営会議での配布資料がある。両者とも、三つの開催目的に沿って取り組みと結果が総括されている（第1章3 表1-6；第4章2.1 表4-3参照）[★7]。

　これまでも指摘したとおり（第1章3.1；第3章1.3；第4章2.3参照）、その

内容を紹介すると、いずれもあいちトリエンナーレが文化事業として捉えられ、目的が芸術文化中心となっている。しかも、作品展示・公演というアウトプット（結果）、来場者の満足度というアウトカム（成果）をもって三つの開催目的が達成できたとしているように見受けられる。しかし、例えば、トリエンナーレを鑑賞したとしても、観客の大半は現代アートをはじめとした芸術文化と関わらない日常を過ごすことからすれば、やや論理に飛躍がある。

2. 都市型芸術祭はなにをめざすのか

　もちろん、愛知芸術文化センターと名古屋市美術館での展開を否定するつもりはない。愛知芸術文化センターなどの展開で世界の文化芸術の発展に貢献することがあってもよい。ただ、そうした目的をアウトカム（成果）であるかのように扱い、1回や2回のトリエンナーレで抽象的に達成できたとする点に無理があるのだ。むしろインパクト（波及効果）として扱い、少なくとも10年、通常は20年か30年、もしくは、効果とは区別される理念・使命として位置付け、50年100年のスパンで考えるべきである（**表1-10再掲**）。しかし、それ以前にあいちトリエンナーレをはじめとした都市型芸術祭が淘汰されてしまうことを危惧している。日本ではトリエンナーレをはじめとした芸術祭が各地で開催され、均質化・陳腐化を憂う声が少なくないからだ。

　だとすれば、あいちトリエンナーレ、ひいては都市型芸術祭はなにをめざすべきなのか、その意義と継続の道筋が問われていよう。

　長者町地区ではアーティストらが自発性に働きかけ、またコミット（接触）

表1-10　理念・使命、アウトプット、アウトカム、インパクト

理念・使命	アウトプット（結果）	アウトカム（成果）	インパクト（波及効果）
	・展覧会等の開催 ・来場者数	・来場者の満足度 ・交流人口の増加 ・経済波及効果 ・①世界の文化芸術の発展に貢献 　②文化芸術の日常生活への浸透 　③地域の魅力の向上	・長者町会場のコミュニティ形成

したことで、事業者らが山車の練り歩きを始めとした様々なアート活動を継続し、若者らのコミュニティが次々と発生した。しかも、展覧会を開催するだけでなく、閉幕後も幾多のコミュニティがアート活動を継続してこそ、数十ヶ年の単位で文化芸術の日常生活の浸透というインパクト（波及効果）につながっていくはずだ。そこで、筆者は、長者町地区で起きたことを、アウトカム（成果）として具体的に捉え、地区内外で積み重ねていくべきだと考える。それが、廃止の危機にさらされた際の説得材料となろう。

　一方、人々の自発性にコミット（接続・接触）する以外に、地域課題にコミット（接続）する方法を紹介しておこう。

　あいちトリエンナーレと話は変わるが、札幌国際芸術祭2014では、連携事業「そらち炭鉱の記憶アートプロジェクト2014」が実施され、炭鉱遺産の活用という地域課題にコミット（接続）させている。その概要を簡単に紹介すると、このプロジェクトは上遠野敏（札幌市立大学教授）などが中心となり、2004年・2009年と開催していた。それを札幌国際芸術祭に結びつけたのが、地元のキーパーソンであり、札幌国際芸術祭地域ディレクターの端聡だった。ただ、端によれば、札幌市主催なので市外を会場とすることはできなかったのだという。それでも、坂本龍一ゲストディレクターが旧産炭地を会場とできなかったことを課題として認識している。また、民間財団が旧産炭地を含む道央域への周遊に着目した支援をしようとしている。だとすれば、札幌国際芸術祭を炭鉱遺産活用という地域課題に接続させることで、次回以降主催事業としても観光客の札幌市外への周遊という具体的なアウトカム（成果）が生じるきっかけが作られたといえよう[*8]。なお、札幌国際芸術祭の政策立案・決定過程等詳細な紹介は、あいちトリエンナーレを主な題材とする本書では別の機会に譲りたい。ちなみに、あいちトリエンナーレでも、主催事業を産業遺産の活用・山村振興など地域の課題にコミット（接続）させて今後展開することが一考に値する。

　繰り返しになるが、本書はインパクト（波及効果）の重要性を否定するわけではない。都市型芸術祭のインパクト（波及効果）としては、創造都市政策を掲げる札幌市であれば、都市・人の創造が挙げられよう。また、あいちトリエンナーレと共通するものとして、価値観の揺らぎをもたらし、新たな価

値を創造していくという役割もあると考えられる。ただ、そうしたインパクト（波及効果）は早くて10年、通常は20年・30年、もっといえば50年のスパンで捉えていくべきではないか。しかしながら、日本では多くの都市型芸術祭がそれ以前に淘汰される危惧がある。だからこそ、具体的なアウトカム（成果）を積み重ねる必要があるのだ。

　ここまでで、人々の自発性や地域の課題にコミット（接触・接続）することで、具体的なアウトカム（成果）を積み重ねていくべきことに言及した。それに加えて、小規模のアートプロジェクトに比べ、都市型芸術祭は容易に具体的なアウトカム（成果）が生じやすいことを指摘しておきたい。もちろん、都市型芸術祭には肥大化との批判が付きまとう。だが、そうはいっても、数億円以上使い、かつ多くの一流アーティストを招聘したことによる規模感は、求心力や起爆力をもたらす。実際、あいちトリエンナーレでは、建畠芸術監督が指摘するとおり関係者へ臨界点を超える求心力を働かせた（第3章1.3）。加えて、数十万人の観客が来訪することで長者町地区の知名度を一気に高めるなど、誰にもわかりやすい視覚的な起爆力を生じさせたのだ。

　以上から、あいちトリエンナーレをはじめとした都市型芸術祭の意義と継続の道筋とは、アウトカム（成果）を具体的に捉え、人々の自発性や地域の課題にコミット（接触・接続）することで、自発的活動を生み出し、地域の課題を解決していく可能性があることだと考える。そして、こうした具体的なアウトカム（成果）を積み重ねることが、入場者減・首長の交替・経済情勢などでそれぞれの都市型芸術祭が縮小・廃止の危機にさらされた際の説得力となるはずだ。また、人々の自発性や地域の課題に働きかけ、多様な主体が関わり、地域課題に結びつけていくことで、芸術祭の支持を広げることができよう。特に、有識者や知事主導で地域の実態を踏まえないまま開催されたあいちトリエンナーレでは、地域の支持を広げていくことが不可欠である。また、何よりも、主体の多様性を確保し、地域課題に結びつけローカルな展開をしていくことは、都市型芸術祭の均質化・陳腐化を克復することになるのではないか。主体の多様化とローカル化は均質化・陳腐化の対極にあるからである。

　さて、本書では、人々の自発性や地域・社会の課題にコミット（接触・接

続)することに着目してアートプロジェクトを捉えている。だとすれば、都市型芸術祭の意義と継続の道筋とは、そのアートプロジェクト化をめざすことにほかならない。

注及び引用文献:

- ★1 朝日新聞「神田・愛知知事、4選不出馬」2010年9月16日夕刊2社会,2010年,14ページ.
- ★2 愛知県議会事務局議事課『定例愛知県議会会議録(五)』,2013年,84ページ.
- ★3 愛知県総務部財政課「平成27年度予算の重点施策の概要」(平成27年2月17日記者発表資料),2015年.
- ★4 愛知県県民生活部文化芸術課「あいちトリエンナーレ2016 芸術監督が決定しました」(2014年07月28日記者発表資料),2014年c,(2015年5月1日最終確認).
- ★5 愛知県県民生活部文化芸術課「あいちトリエンナーレ2016のテーマ等を発表しました」(2014年10月29日記者発表資料),2014年d,(2015年5月1日最終確認).
- ★6 西尾,前掲書,2001年,249ページ.
- ★7 あいちトリエンナーレ実行委員会,前掲書,2011年c;2014年b.
- ★8 端聡(札幌国際芸術祭2014地域ディレクター/美術家/アートディレクター/CAI現代芸術研究所(有限会社クンスト)代表取締役)のインタビューなどから構成される「都市型芸術祭の政策立案・決定過程とその効果――札幌国際芸術祭とあいちトリエンナーレの比較を通して」(吉田隆之『日本文化政策学会第8回年次研究大会予稿集』,2014年b,167-170ページ)による.

おわりに

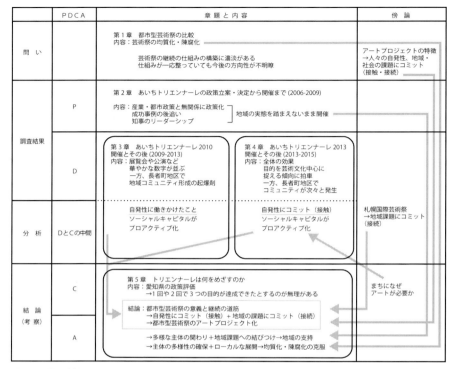

図6-1 見取り図　　　　　　　　　　　　　　　　　　　　　　　　　©あいざわけいこ

　結びにかえて、本書のまとめと今後に向けての課題を明らかにしておきたい。まとめに関連して、本書の裏テーマともなっている「まちになぜアートが必要か」に対する答えにも言及しておく。なお、**図6-1**は本書の見取り図であり、適宜参照されたい。

まとめ

　都市型芸術祭が各地で開催され、流行しているが、均質化・陳腐化を憂える声が少なくない。そして、いずれの芸術祭も政策的な継続の仕組みの構築に濃淡があり、仕組みが一応整っていても今後の方向性が十分に練られていない。なかでも、あいちトリエンナーレを都市政策上の位置付けなく、文

化事業として一元的に実施する点で、愛知県は異例である。しかも、理念・使命の検討が十分に実施されていないことから、今後の方向性が不明瞭となっている。そして、政策上の仕組みについては、筆者が博士論文『都市型芸術祭の経営政策——あいちトリエンナーレを事例に』[*1]等で、評価ワークショップの実施、創造都市的政策に言及する文化条例の制定などを提案してきた。そこで、本書は、仕組みよりもトリエンナーレがめざす方向性とその具体的道筋により焦点をあて、あいちトリエンナーレを事例として、都市型芸術祭の意義と継続の道筋を示すこととした。

　そもそも、なぜあいちトリエンナーレは開催されたのか。政策立案・決定から開催までを振り返ると、産業・都市政策と結びつけることもなく、海外の成功事例を後追いし、有識者の懇談会がビエンナーレ開催を提言した。その提言を受け、知事がリーダーシップを発揮し、あいちトリエンナーレ開催を決定する。こうして政策が一元的に、しかも有識者と知事主導で、地域の実態を踏まえないままあいちトリエンナーレ2010は開催された。

　とはいえ、蓋を開けると、来場者数は約57万人、経済波及効果は78.1億円でイベントとしては成功だった。効果を概観すると、内外の芸術祭に比肩する規模のイベントをしたい愛知県の思惑を反映し、華やかなプログラムが並ぶ。しかし、そうした思惑とは別に、長者町地区の展開が地域コミュニティ形成の面で起爆剤となった。アーティストユニットKOSUGE1-16が地域の支え合いを促したことで、閉幕後も事業者らが、制作した山車をまちで受け入れ、毎年練り歩きを継続している。また、アートセンターの設立を支援したり、活動拠点「長者町プラットフォーム」と、「アーティスト・イン・レジデンス」の供用を開始したり、連鎖反応が次々と起こる。また、サポーターズクラブの活動で自主企画を促したことなどがきっかけとなり、長者町に縁を持った若者らがアートやまちづくりに関わっていく。これらの変化をソーシャルキャピタル／社会関係資本で分析したところ、アーティストが事業者らの自発性に働きかけたことで、自発的な対外的活動が継続したこと、また若者らの自発性に働きかけたことで、自発的な参加が継続したことにより、それぞれに短期間でソーシャルキャピタルがプロアクティブ化していた。

　そして、2010が当初想定の約2倍の60万人近い来場者があったことを

主な理由に、あいちトリエンナーレ2013が開催される。目的を文化中心に捉える姿勢は相変わらずであるが、長者町に押される形で、引き続き地区が会場とされた。その結果、作品制作の協力などがきっかけとなって、アーティスト菅沼朋香、女性・子どもがまちの盆踊りを作り、翌年以降山車の練り歩きとともに継承している。また、長者町に拠点を置いたアーティスト河村るみが、閉幕後もまちに作品を残すことで、日常的にまちの人々と接点を持つ。女性・子供、アーティストが、アート活動やまちづくりの主体として参加していくのだ。それに加えて、アーティストユニットNadegata Instant Partyが作品制作のプロセスや結果を関わった若者らに手放そうとしたり、コミュニティデザイナー菊池宏子が働きかけたりしたことで、新たに長者町に縁を持った若者らが加わり、地区の内外で様々なコミュニティが生まれ、自発的な活動を継続している。こうしてアーティストらが自発性にコミット（接触）したことなどで主体が一層多様化し、自発的な参加が継続している点で、2013でも橋渡し型ソーシャルキャピタルがプロアクティブ化したといえる。

　では、あいちトリエンナーレ、ひいては都市型芸術祭はなにをめざすのだろうか。

　あいちトリエンナーレには、三つの開催目的（1)世界の文化芸術の発展に貢献　2)文化芸術の日常生活への浸透　3)地域の魅力の向上）が定められている。しかし、愛知県の政策評価は1回や2回のトリエンナーレでその目的が達成できたとする点に無理がある。むしろ、長者町地区でアーティストらが人々の自発性にコミット（接触・接続）したことで、事業者らが様々なアート活動を継続し、若者らのコミュニティが次々と発生したことをアウトカム（成果）として具体的に捉え、積み重ねていくべきである。それが、廃止の危機にされた際の説得材料となる。

　一方で、本書では詳細に触れることはできなかったが、札幌国際芸術祭で、炭鉱遺産活用という地域課題にコミット（接続）させることで、今後観光客の札幌市外への周遊という具体的なアウトカム（成果）が生じるきっかけが作られていた事例を紹介した。

　以上から、あいちトリエンナーレをはじめとした都市型芸術祭の意義と継続の道筋とは、人々の自発性や地域の課題にコミット（接触・接続）すること

写真6-1 「長者町ゑびす祭り／長者町の山車」(2013)、長者町通、撮影:怡土鉄夫

で、具体的なアウトカム（成果）を積み重ね、自発的活動を生み出し、地域の課題を解決していくことだと考える。

　また、自発性や地域の課題に働きかけ、多様な主体が関わり、地域課題に結びつけていくことで、芸術祭の支持を広げることができよう。特に、有識者や知事主導で地域の実態を踏まえないまま開催されたあいちトリエンナーレでは、地域の支持を広げることが不可欠である。それに加えて、何よりも、主体の多様性を確保し、地域課題に結びつけローカルな展開をしていくことが、都市型芸術祭の均質化・陳腐化を克服することになるのではないか。主体の多様化とそのローカル化は均質化・陳腐化の対極にあるからである。

　さて、本書では、アートプロジェクトの特徴を人々の自発性や地域・社会の課題にコミット（接触・接続）することと捉えている。だとすれば、都市型芸術祭の意義と継続の道筋とは、まさにアートプロジェクト化をめざすことにほかならない。

まちにはなぜアートが必要なのか

　本書では、「トリエンナーレは何をめざすのか」、すなわち、都市型芸術祭の意義と継続の道筋を論じてきた。もともと、本書の第3章までは、博士論文をもとにしたものである。だが、論文執筆後2013が開催され、長者町地区では、コミュニティ形成の面で他のアートプロジェクトに比べ半歩抜きんでている状況がより明確になってきた。そうした状況を踏まえて、本書は、トリエンナーレがめざす方向性に焦点をあてた。

　その一方で、新たに書き下ろした第4章では、2013開催後の長者町地区の動向・変遷を世に伝えることにも比重を置いた。そして、ここまでで明記しなかったが、「まちにはなぜアートが必要なのか」という問いに答えることが、本書の裏テーマともなっている。「まちはなぜアートを受け入れたのか」については、すでに第3章5で触れている。それに対して、「まちにはなぜアートが必要なのか」について明示はしていないが、第4章で言及してきた。ここで改めて、長者町地区の特殊解、のみならず、普遍性を有する一般解としてまとめておきたい。

　そもそもまちはなぜアートを受け入れたのだろうか。

　主な理由は、アートに対する抵抗感が薄れたことである。あいちトリエンナーレの規模感ゆえ、若者を含む数十万の観客が来訪し、長者町の知名度が一気に高まるなど、地区の誰にも分かり易い視覚的効果をもたらしたからだ。短期間でまちがアートを受け入れることを加速させた理由としては、長者町地区のプロデューサー的存在だった堀田が「アートがないと成熟したまちにならない」と確信をもって取り組んでいたことがある。なお、前提条件としては、長者町地区が繊維問屋街としてかつての勢いを失い、業種転換が迫られていることがある。このように、2010の際は、主催する愛知県の都合でアートが長者町に不意に降ってきた。どちらかといえば、アートに対する姿勢が受身で、筆者を含め「まちがなぜアートを受け入れたのか」という問題設定しか思い浮かばなかったのだ。

　ところが、2013開催により、「まちにはなぜアートが必要なのか」の問いに応えようとしているように思われる。問いに対するもっとも説得力ある理由は、実際にあいちトリエンナーレが長者町のコミュニティ形成に貢献したこと

写真6-2 「長者町ゑびす祭り (2013)」、長者町通、撮影：あいざわけいこ

だろう。2013でも会場となり足掛け7年で、事業者らが山車の練り歩きをはじめとした様々なアート活動を継続し、若者らのコミュニティが次々と発生した。特に、若者らの活動を目の当たりにしたことが転機となり、町内会はシンポジウム「ワカモノとまちが出会うしゃべり場企画」を開催した。若者やアートの存在を含めたまちの魅力を再発見していくのだ。問いに対して正面から答えるのは、まちのキーパーソン、かつ、リーダー的存在ともなった滝である。「相手を思うことが、日常のアート的行動だわ。そうすれば、まちが変わっていく」との見識を持つまでになっている（第4章3.4.3参照）。

さて、長者町に縁を持つ若者らにとって、まちになぜアートが必要なのだろうか。この点については、こうした地域発アートが、草の根から社会を変革していく武器となる可能性を指摘した。グローバル化と社会の集団化が進む対抗軸として、様々な共同体と連携しながら日常社会をアート化していくのだ。若者らが長者町に集うのは、閉塞した社会に自己実現の面白さや居場所を求めてのことのように思えてならないからである（第4章参照）。

今後に向けての課題

本書で明らかとした成果を踏まえ、今後より発展させていくべき課題を述べておきたい。

一つめの課題は、他の都市型芸術祭でも、アートプロジェクト的要素を見いだすことができるのだろうかという点である。こうした観点から、本章で詳細に触れられなかった札幌国際芸術祭については、別の機会に明らかにしたい。また、それ以外に以下の二事例に注目している。

「水と土の芸術祭2012」では、作家が地域に入り作品制作を行うことで、新たなコミュニティが発生している。また、神戸ビエンナーレの元町高架下会場では、空き店舗が増えてきたなかで、若者やファミリー層などが増え、賑わいを取り戻しつつある。しかも、神戸ビエンナーレ2011に前後して商店街・アートNPOなどに神戸市も加わり「元町高架下にぎわいづくり実行委員会」が組織され、開幕前、そして閉幕後もアートイベントやファッションショーなど様々な取り組みを行っている。

これらの事例を通して、都市型芸術祭のアートプロジェクト化が、一般化・

普遍化していくのか、そのためにはどうしたらよいのかを明らかにしていきたい。

二つめの課題は、本書では都市型芸術祭の意義と継続の道筋を明らかにしてきたが、そもそもその理念・使命を達成するために、都市型芸術祭という政策が妥当なのか、他のより有効な代替政策があるのではないかという点である。

この点、大規模イベント型のあいちトリエンナーレが地域の文化活動に及ぼす影響について、地元には次のような声がある[★2]。

（名古屋市の2012年度で）予算が突出しているのは「あいちトリエンナーレ2013」の市民負担分で、3倍増の4,018万円です。県も市も大型事業にのみ財源を注ぎ込み、地元でコツコツ努力している文化・芸術団体とそれを楽しむ市民にはきわめて冷淡で、かろうじて続いていたメモリアル企画への助成も打ち切りました。

私の所属する劇団名芸も創立50周年を迎えて、地域の文化活動史としてその歩みを記録史に残そうと、助成を一つの拠り所として準備しつつありましたが、その中身を縮小せざるを得ません。

この記事を執筆した栗木英章（劇作家）は、名古屋・愛知で長年演劇を中心に地域の文化活動を支えてきた。彼が代表委員を務める愛知文化団体連絡会議は、地元の有力な文化団体の一つで、1970年代に発足し、40年以上の歴史がある。会報発行など会員間のネットワーク作りにとどまらず、地域の文化権・表現の自由を守るためシンポジウム開催など時には行政にも働きかけを行っている。2012年8月1日現在愛知・名古屋等の劇団・合唱団・美術集団・演劇鑑賞会など計21団体（約3,000人）、10個人で構成される[★3]。

大規模イベント型の都市型芸術祭を実施することで、他の文化事業に対する財政面の影響の有無についての検証、影響が有るとすれば、そうした影響も含めた都市型芸術祭の政策の当否の分析も必要となってこよう。

三つめの課題は、「まちにはなぜアートが必要なのか」に答えていくことである。解は一つではなく、地域や時代によっても異なってくる部分もあろう。

また、2015年3月あいちトリエンナーレ2016でも引き続き長者町地区が会場となることが発表されたが★4、あいちトリエンナーレが長者町地区にいかなる影響を与えていくのか、長者町地区内外で小さなコミュニティが次々と生まれている状況に今後も注目していきたい。
　それに関連して、長者町地区で然程進展が見られなかったこともあり、本書ではメインテーマとして取り上げなかったのだが、まちからの創造都市的政策への道筋や展望を明らかにすることも課題としたい。
　2010閉幕後、アートがまちに受け入れられたことで、長者町ではマスタープランに文化産業の導入が書き込まれた（第3章2.5.3）。当時の筆者は、長者町で横浜市・金沢市のように、行政、もしくは財界と連携し創造都市的政策を実現していくことを期待したのだ。しかし、愛知県は、そもそも広域行政を担い都市政策の所管がないし、また、2013では2010以上に長者町への関心は薄れているように思えた。同様に、名古屋市もクリエイティブ・シティズ・ネットワークに加入し、デザイン分野に関心はあるものの、現時点ではアートによるまちづくりには然して関心を示していない。さらに、財界も、製造業の恩恵を蒙り、東海地域は他地域と比べれば危機感が薄いということもあるように思われる。
　それでも、四百メートル四方の長者町地区というまち単位の創造都市的政策の実現は可能であると考えている。そして、行政や財界との連携が容易でない場合でも、まちが自立的に創造都市的政策を実現していくモデルを作っていく予感がしているのだ。すなわち、長者町では、2000年前後からのまちづくりで、えびすビル、「伏見・長者町」ベンチャータウン構想を立ち上げ、デザイナー、写真家、編集者、ライターなどクリエーターと呼ばれる人たちが集まる仕組みを地道に作ってきた（第3章2.2.2参照）。現時点では計9棟35-40戸が動いている。こうした仕組みや構想を引っ張ってきた堀田は、「自らの社屋の一部を2016に提供したあと、クリエイティブな人たちが集まる拠点にしたい」「7番街区の再開発計画が実現すれば、常設の共用空間でトリエンナーレやアートに関することができるのではないか」（第4章5.2参照）と話す。こうしたまち単位での自立した創造都市的政策の動向を注視していきたい。

ともあれ、筆者がその実践や研究により今後も地域発アートによる草の根からの社会変革の一端を担っていきたいと考えている。多様な価値観がないがしろにされ、かつ、社会の集団化が加速していることを指摘したが、その要因は決して一つではなく、どことなく閉塞感に包まれ社会は容易に変わらないとも思われる。それでも、アートプロジェクトによってまちづくりに貢献することは、容易に変わらない社会を変えていく実感を持てる楽しさを感じさせる。まちづくりとはまさに人が変わり育つことであり、自分が変わり育つことである。こうした面白さは、長者町のまちづくりに関わる多くの人たちと共有できた感情で、延藤が唱えるまち育てを実感したのだ（第3章2.1参照）。

　身近なコミュニティやまちでアートを日常化し、ひいては社会をアート化していく。アートを武器に、地域発で楽しみながら社会を揺さぶっていくのだ。そうしたことが、求心力かつ起爆力を有するトリエンナーレとも連携しながら、「多様な価値観を許容する」社会、もっといえば、新たな価値の創造に、容易につながっていくことを願ってやまない。

注及び引用文献：

- ★1　吉田，前掲論文，2013年 c．
- ★2　栗木英章「名古屋の最近の文化行政について」『愛知民報』第2116号 2012年5月13日，2012年，3ページ．
- ★3　愛知文化団体連絡会議『愛知文団連』2012秋第61号，2012年．会員数など記述の一部については2012年9月26日栗木英章への電話インタビュー。
- ★4　あいちトリエンナーレ実行委員会「あいちトリエンナーレ2016の展開概要を発表します」（2015年3月26日記者会見資料），2015年

引用文献：

- AAPPAC「AAPPAC」, 2014 年, available at http://www.aappac.net//aappac/index1.jsp （2015年5月1日最終確認）.
- 愛知文化団体連絡会議『愛知文団連』2012 秋第 61 号, 2012 年.
- あいち男女共同参画財団「これまでの映画祭」「あいち国際女性映画祭」, 2015 年, available at http://www.aiwff.com/2015/about-aiwff.html/（2015年5月1日最終確認）.
- 愛知芸術文化センター「施設概要」, 2012 年, available at http://www.aac.pref.aichi.jp/facility/index.html（2015年5月1日最終確認）.
- 愛知県議会事務局『愛知県議会委員会活動記録』（平成20年11月から平成21年5月まで）, 2009 年.
- 愛知県議会事務局議事課『定例愛知県議会会議録（一）』, 2009 年.
 　―――『定例愛知県議会会議録（二）』, 2011 年.
 　―――『定例愛知県議会会議録（五）』, 2013 年.
- 愛知県県民生活部文化芸術課「愛知の文化芸術振興に関する有識者懇談会　議事概要」, 2006 年.
 　―――『文化芸術創造あいちづくり推進方針――"愛知発"の文化芸術の創造と展開をめざして』, 2007 年 a.
 　―――「文化芸術創造あいちづくり推進方針（案）に対する意見募集の結果について」, 2007 年 b, available at http://www.pref.aihi.jp/0000009071.html（2015年5月1日最終確認）.
 　―――『あいち国際芸術祭（仮称）基本構想』, 2008 年.
 　―――「あいち国際芸術祭（仮称）の正式名称・テーマが決定しました」（2008年10月14日記者発表資料）, 2008 年.
 　―――「長者町プロジェクト2009を開催します」（2009年6月22日記者発表資料）, 2009 年 a.
 　―――「あいちトリエンナーレ2010プレイベント長者町プロジェクト2009の詳細が決まりました」（2009年10月5日記者発表資料）, 2009 年 b.
 　―――「あいちトリエンナーレ2010の経済波及効果等について」（2011年1月20日記者発表資料）, 2011 年 a.
 　―――「あいちトリエンナーレ2010開幕1周年　長者町に「アートラボあいち」がオープンします!!」（2011年8月16日記者発表資料）, 2011 年 b.
 　―――「あいちトリエンナーレ2016芸術監督が決定しました」（2014年07月28日記者発表資料）, 2014 年 a.
 　―――「あいちトリエンナーレ2016のテーマ等を発表しました」（2014年10月29日記者発表資料）, 2014 年 b.
 　―――「あいちトリエンナーレ2016の展開概要」（2015年3月26日記者発表資料）, 2015 年.
- 愛知県企画振興部企画課『新しい政策の指針――今を越え, さらに世界で輝く愛知づくり』, 2006 年.
- 愛知県産業労働部産業科学技術課「第4回会議議事録（要約）」『平成15年度第4回（平成16年2月4日開催）議事概要』, 2004年, available at http://www.pref.aichi.jp/cmsfiles/contents/0000007/7249/gijiroku_4.pdf（2015年5月1日最終確認）.
 　―――『愛知県科学技術推進大綱「第2期基本計画」』, 2006 年.

———「愛知県科学技術会議開催要項」、2012年a、available at http://www.pref.aichi.jp/0000007208.html（2015年5月1日最終確認）.

———「『知の拠点』に『あいち産業科学技術総合センター』がオープンします」（2012年1月4日記者発表資料）、2012年b.

- 愛知県総務部財政課「予算の概要／平成23年度6月補正予算」、2011年、available at http://www.pref.aichi.jp/cmsfiles/contents/0000042/42609/23-06-05.pdf（2015年5月1日最終確認）.

———「予算の概要平成24年度当初予算」、2012年a、available at http://www.pref.aichi.jp/0000007064.html（2015年5月1日最終確認）

———『あいち財政の概要』、2012年b.

———「平成27年度予算の重点施策の概要」（平成27年2月17日記者発表資料）、2015年.

- 愛・地球博「閉幕後データ集」、2015年、http://www.expo2005.or.jp/jp/jpn/data/index.html.（2015年5月1日現在）.

- 愛知の文化芸術振興に関する有識者懇談会『愛知の文化芸術振興に関する有識者懇談会報告書——文化芸術あいち百年の軸をつくる』、2006年.

- あいちトリエンナーレ実行委員会「あいちトリエンナーレ2010プレスリリース」（2009年3月25日記者発表資料）、2009年a.

- あいちトリエンナーレ実行委員会『あいちトリエンナーレニュース vol.0』、2009年b.

———「あいちトリエンナーレ2010プレスリリース」（2010年7月6日記者発表資料）、2010年.

———『あいちトリエンナーレ2010開催報告書』、2011年a.

———「あいちトリエンナーレ2010アンケート結果等資料」、2011年b、

———「あいちトリエンナーレ2010結果／あいちトリエンナーレ実行委員会運営会議（2011年3月25日）資料」、2011年c.

———「あいちトリエンナーレ2013プレスリリース資料（2011年10月21日（金）」（記者発表資料）、2011年d.

———「第2回あいちトリエンナーレ2013長者町会場推進チーム議事録」、2012年.

———「梅田宏明『4. temporal pattern』『Holistic Strata』」（プログラム）、2013年.

———『あいちトリエンナーレ2013開催報告書』、2014年a.

———「あいちトリエンナーレ2013開催結果／あいちトリエンナーレ実行委員会運営会議（2014年3月26日）資料」、2014年b.

———「あいちトリエンナーレ2016芸術監督が決定しました」（2014年07月28日記者発表資料）、2014年c.

———「あいちトリエンナーレ2016のテーマ等を発表しました」（2014年10月29日記者発表資料）、2014年d.

———「あいちトリエンナーレ2016の開催概要を発表します」（2015年3月26日記者発表資料）、2015年.

- あいちトリエンナーレサポーターズクラブ事務局「ラブトリ通信71号」（メーリングリスト）、2013年.

- 朝日新聞「『長者町繊維街』に活気を　空きビル、若者らが再生」2002年6月13日朝刊愛知1、2002年、22ページ.

———「長者町の再生『えびすビル』、2棟目あすオープン」2003年12月19日朝刊愛知1、2003年、24ページ.

———「活況中部『飛躍の年に』国際化推進へ抱負 地元経済4団体トップ年頭会見」2006年1月12日朝刊2経済、2006年a、11ページ.

- ──「万博総支出、愛知県2132億円　17年間、ほぼ半額を県債で」2006年6月2日朝刊1総合, 2006年b, 1ページ．
- ──「芸術祭、不況風　予算削減方針、延期論も　あいちトリエンナーレ2010」2009年1月25日朝刊1社会, 2009年a, 35ページ．
- ──「トリエンナーレ・建畠監督、県議らに意義訴え　美術展『橋より経済効果』」2009年1月27日朝刊名古屋・1地方, 2009年b, 27ページ．
- ──「神田・愛知知事、4選不出馬」2010年9月16日夕刊2社会, 2010年, 14ページ．
- ──「芸術祭で問う、3.11後　あいちトリエンナーレまで1年、目立つ社会派」2012年9月15日夕刊学芸, 2012年, 6ページ．
- ──「言論空間を考える　人質事件とメディア」2015年2月11日朝刊オピニオン, 2015年, 15ページ．
- C.A.P.「これまでの活動」『芸術と計画会議』, 2012年, available at http://www.cap-kobe.com/activity/index.php（2015年5月1日最終確認）．
- 地域創造『地域における文化・芸術活動の行政効果──文化・芸術を活用した地域活性化に関する調査研究　報告書』（2012年）．
- 「知の拠点あいち」あいちシンクロトロン光センター「『知の拠点あいち』に『あいちシンクロトロン光センター』がオープンします！』『新着情報』, 2013年, available at http://www.astf-kha.jp/synchrotron/news/post-8.html（2015年5月1日最終確認）．
- 長者町アートアニュアル実行委員会『長者町アートアニュアル年間報告書2011』, 2012年．
- 長者町アートアニュアル実行委員会『長者町アートアニュアル年間報告書2012』, 2013年．
- 中部国際空港「中部国際空港会社説明会資料」『IR情報決算説明会資料』, 2009年, available at http://www.cjiac.co.jp/ir/contents/kessan_setsumei2009pdf（2015年5月1日最終確認）．
- 中日新聞「万博の収益129億円　試算より大幅増、国と地元に等配分」2006年3月21日朝刊1面, 2006年, 1ページ．
- ──「激突2・4知事選　県民の暮らし守ります　3候補マニュフェスト比較」2007年1月21日朝刊県内総合, 2007年a, 19ページ．
- ──「愛知県知事選　神田知事　接戦制し3選　石田氏振り切る」2007年2月5日朝刊1面, 2007年b, 1ページ．
- ──「街の芸術拠点閉館へ　アートラボあいち　存続望む声多く」2013年10月20日朝刊30面, 2013年．
- 大地の芸術祭・花の道実行委員会東京事務局『大地の芸術祭　越後妻有アートトリエンナーレ2003』現代企画室, 2004年．
- 大地の芸術祭実行委員会事務局『大地の芸術祭　越後妻有アートトリエンナーレ2012　総括報告書』, 2013年, available at http://www.city.tokamachi.lg.jp/kanko/10170400001.html（2015年5月1日最終確認）．
- 延藤安弘『「まち育て」を育む──対話と協働のデザイン』東京大学出版会, 2001年．
- ──編著『人と縁をはぐくむまち育て──まちづくりをアートする』萌文社, 2005年．
- ──「都市再生まち育てにおける活動風景づくり──名古屋市錦二丁目長者町地区マスタープランをめぐって」『まちづくり』第33巻, 2012年, 64-9ページ．
- 福岡アジア美術館「第5回福岡アジア美術トリエンナーレ2014」, 2014年, available at http://fukuokatriennale.ajibi.jp/index.php（2015年5月1日最終確認）．

- 藤川哲「場の創出――「アジア太平洋トリエンナーレ」におけるキッズＡＰＴの試み」暮沢剛巳・難波祐子編『美術をめぐるコミュニティの可能性　ビエンナーレの現在』青弓社，2008年，195-234ページ．
- 橋本啓子『水と土の新潟　泥に沈んだ美術館』アミックス，2012年．
- 堀田勝彦「『あいちトリエンナーレ2010』長者町会場の取り組み」『アーバン・アドバンス』No.53，名古屋都市整備公社名古屋都市センター，2010年，25-30ページ．
- 五十嵐政人「みずつち2009から2012へ　開催までの経緯と考え方／水と土の芸術祭をふりかえって」，2014年，available at http://www.mizu-tsuchi.jp/2013/04/154-155pdf.（2015年5月1日最終確認）
- 今村晴彦・園田紫乃・金子郁容『コミュニティのちから――"遠慮がちな"ソーシャル・キャピタルの発見』慶應義塾大学出版会，2010年．
- 岩城京子「仕組まれたまちなかアート」『アエラ』2010年11月1日号，2010年，66-7ページ．
- 神田真秋『忙中美あり――身近な美の発見』求龍堂，2009年．
- 北川フラム『大地の芸術祭〈ディレクターズカット〉』角川学芸出版，2010年．
- 北川フラム『美術は地域を開く大地の芸術祭10の思想』現代企画室，2014年．
- 神戸ビエンナーレ2009組織委員会『神戸ビエンナーレ2009検証報告書』，2010年，available at http://www.city.kobe.lg.jp/information/press/20100426073001-4.pdf（2015年5月1日最終確認）．
- 神戸ビエンナーレ2011企画委員会『神戸ビエンナーレ2011検証報告書』，2012年，available at http://www.city.kobe.lg.jp/information/press/2012/04/img/20120416073002-2.pdf（2015年5月1日最終確認）．
- 神戸ビエンナーレ2013組織委員会「2013年の開催について」『神戸ビエンナーレ2013』，2015年、available at http://kobe-biennale.jp/_2013/about/kaisai/index.html（2015年5月1日確認）
- 神戸ビエンナーレ2013企画委員会『神戸ビエンナーレ2013検証報告書』，2014年，available at http://www.city.kobe.lg.jp/information/press/2012/04/img/20120416073002-2.pdf（2015年5月1日最終確認）．
- 小泉元宏「社会と関わる（Socially Engaged Art）」の展開：1990年代－2000年代の動向と、日本での活動を参照して」博士論文，東京芸術大学大学院音楽研究科，2011年．
- 小泉元宏「地域社会に『アートプロジェクト』は必要か」『鳥取大学地域学部紀要　地域学論集』第9巻第2号，2012年，77-93ページ．
- 国際芸術祭構想検討調査業務共同体『国際芸術祭構想検討調査業務実施報告書』，2008年．
- KOSUGE1-16編「からくり『長者町千種小人』の小さくて大きな物語」〜長者町界隈の歴史・文化を刻む山車をまちのタカラモノに〜「長者町山車プロジェクト」寄付のお願い」（ちらし）長者町アートアニュアル実行委員会，2011年．
- 熊倉純子「取手アートプロジェクト」『アーツ・マネジメント概論　三訂版』水曜社，2009年［2001年］，329-39ページ．
  ――――「アートとコミュニティ・デイベロップメント――まちなかアートプロジェクトは何を誘発するのか？」『住宅』第60巻，2011年，16-23ページ．
  ――――監修『アートプロジェクト　芸術と共創する社会』水曜社，2014年．
- 暮沢剛巳「はじめに」暮沢剛巳・難波祐子編『美術をめぐるコミュニティの可能性　ビエンナーレの現在』青弓社，2008年，9-14ページ．

- 暮沢剛巳「パブリックアートを超えて──『越後妻有トリエンナーレ』と北川フラムの十年」『美術をめぐるコミュニティの可能性　ビエンナーレの現在』青弓社，2008 年，45-74 ページ．
- 暮沢剛巳・難波祐子編『美術をめぐるコミュニティの可能性　ビエンナーレの現在』青弓社，2008 年．
- 栗木英章「名古屋の最近の文化行政について」『愛知民報』第 2116 号 2012 年 5 月 13 日，2012 年，3 ページ．
- 京都国際現代芸術祭事務局「第 1 回記者会見資料 2013.05.27 PARASOPHIA：京都国際現代芸術祭 2015 開催決定およびアーティスティックディレクター発表」，2013 年．
- 真渕勝『改訂版 現代行政分析』放送大学教育振興会，2008 年．
- まちの会所 hanare「色は匂えど長者町カルタ」，2014 年，available at http:// hanare.jp/（2015 年 5 月 1 日最終確認）．
- MacIver,R.M., Community: a sociological study: being an attempt to set out the nature and fundamental laws of social life,London,Macmillan, 1917.（中久郎／松本通晴監訳『コミュニティ──社会学的研究：社会生活の性質と基本法則に関する一試論』ミネルヴァ書房，2009 年．）
- 前田栄作『虚飾の愛知万博』光文社，2005 年．
- 毎日新聞「芸術家の落書き人気」2013 年 10 月 26 日中部夕刊，2013 年．
- 松本文子・市田行信・吉川郷主・水野啓・小林槙太郎「アートプロジェクトを用いた地域づくり活動を通したソーシャルキャピタルの形成」『環境情報科学論文集』第 19 号，2005 年，157-162 ページ．
- 三田村龍伸『日本国内におけるアート・プロジェクトの原状と展望──実践的参加を通しての分析と考察』Kindle 版，2013 年．
- 三菱ＵＦＪリサーチ＆コンサルティング社『文化芸術環境調査（資料編）』，2007 年．
- 水と光のまちづくり推進会議「推進体制」『水都大阪』，2013 年，available at http://www.osaka-info.jp/suito/jp/committee/（2015 年 5 月 1 日最終確認）．
- 水と土の芸術祭実行委員会「開港都市にいがた水と土の芸術祭 2012 プレス発表会 2012.1.25 六本木アカデミーヒルズ 49 スカイスタジオ」，2012 年．
- 水と土の芸術祭実行委員会事務局「開港都市にいがた水と土の芸術祭 2012」，2015 年，available at http://mizu-tsuchi-archive.jp/2012/（2015 年 5 月 1 日最終確認）．
- 毛利嘉孝「ポスト・ビエンナーレの試み──北九州国際ビエンナーレ 07 を考える」暮沢剛巳・難波祐子編『美術をめぐるコミュニティの可能性　ビエンナーレの現在』青弓社，2008 年，235-268 ページ．
- 名古屋・錦二丁目まちづくり連絡協議会「錦二丁目縁側大楽まちのデザイン塾 2006 年 9 月 21 日（木）『まちづくり憲章の選考とポスター原案づくり』」「まちづくり活動紹介」（ちらし），2006 年．
- ───『名古屋錦二丁目地区エリアマネジメント推進方策検討業務』国土交通省土地・水資源局土地政策課，2009 年．
- ───「今までの活動」，2013 年，available at http://www. kin2machi.com/about02.html（2015 年 5 月 1 日最終確認）．
- ───「錦二街風人会報」2013 年 4 月 15 日発行，2013 年，2 ページ．
- 名古屋市環境局企画部環境企画課「『低炭素モデル地区事業』2 地区を認定します！」（2015 年 2 月 12 日記者発表資料），2015 年．
- 名古屋市総務部企画部統計課『名古屋の町（大字）・丁目別人口（平成 12 年国勢調査）』，2001 年．

- ───『名古屋の町（大字）・丁目別人口（平成17年国勢調査）』，2006年．
- ───『名古屋の町（大字）・丁目別人口（平成22年国勢調査）』，2011年．
- 中川幾郎「分権時代の自治体職員と議員像を求めて」『地方自治京都フォーラム』91号，2004年，1-9ページ．
- ───「文化創生都市とは何か──自治体戦略としての文化政策の視点から」『都市政策』133号，2008年，4-9ページ．
- ───「アートマネジメント基礎講座 地域につながる劇場でのアートマネジメント」『愛知芸術文化センター』，2012年，1-16ページ．available at http://www.aac.pref.aichi.jp/bunjyo/jishyu/2011/11am/11management1.pdf（2015年5月1日最終確認）．
- 七ツ寺共同スタジオ「七ツ寺共同スタジオについて」『NANATSUDERA KYODO STUDIO』，2012年，available at http://nanatsudera.com/index.php/about/（2015年5月1日最終確認）．
- 新潟市文化観光・スポーツ部文化政策課『文化創造都市ビジョン』，2012年．
- 新潟市文化観光・スポーツ部観光政策課『水と土の芸術祭2009総括報告書』，2010年．
- 新潟市文化観光・スポーツ部水と土の文化推進課「水と土の芸術祭2012総括報告書」，2013年．
- 新潟市文化観光・スポーツ部水と土の芸術祭推進課『水と土の芸術祭2012 構想（案）』，2011年
- 錦二丁目まちづくり連絡協議会／マスタープラン策定委員会・マスタープラン作成企画会議『これからの錦二丁目長者町まちづくり構想（2011−2030）』，2011年．
- 西尾勝『行政学［新版］』有斐閣，2001年．
- 野田邦弘『創造都市横浜の戦略──クリエイティブシティへの挑戦』学芸出版社，2008年．
- ───「自治体文化政策の新モデル＝アートNPOと行政の協働──「新世界アーツパーク」の事例を通して考察する」『文化経済学』第7巻第1号，2010年，13-21ページ．
- ───『文化政策の展開──アーツ・マネジメントと創造都市』学芸出版社，2014年．
- オフィス・マッチング・モウル「オフィス・マッチング・モウルとは？」，2015年 b，available at http://www.m-mole.com/mm1.html（2015年5月1日最終確認）．
- 岡部あおみ＆インタビュー参加者「独立行政法人国際交流基金／culture power」，2001年，available at http://apm.musabi.ac.jp/imsc/cp/menu/biennale_triennale/japan_foundation/interview.html（2012年10月1日最終確認）．
- 大森伸一「これまでの神戸の文化施策と神戸ビエンナーレ2007」『都市政策』第133号，2008年，27-37ページ．
- 大阪市経営企画室「大阪市創造都市戦略 Ver.1.0 〜市民主導の創造都市づくり」，2007年．
- Putnam, Robert D., Making Democracy Work: Civic Tradition in Modern Italy, Princeton, N. J: Princeton Univercity Press, 1993.（河田潤一訳『哲学する民主主義──伝統と改革の市民的構造』NTT出版，2001年）．
- ───Bowling Alone: The Collapse and Revival of American Community, NewYork: Simon & Chuster, 2000.（柴内康文訳『孤独なボーリング──米国コミュニティの崩壊と再生』柏書房，2006年）．
- さいたま市「平成25年第1回さいたま市文化芸術都市創造審議会検討資料」，2013年，available at http://www.city.saitama.jp/006/008/002/012/004/008/p011870.html（2015年5月1日最終確認）．
- 栄公園振興株式会社「会社概要」『オアシス21』，2012年，available at http://www.sakaepark.co.jp/about/（2015年5月1日最終確認）．

- 坂本治也『ソーシャル・キャピタルと活動する市民──新時代日本の市民政治』有斐閣, 2010年.
- 澤村明「大地の芸術祭と類似例──瀬戸内、新潟市を中心に」澤村明編『アートが地域を変えたか──越後妻有大地の芸術祭の十三年2000-2012』慶應義塾大学出版会, 2014年.
- 瀬戸内国際芸術祭実行委員会『瀬戸内国際芸術祭2013総括報告』, 2013年, available at http://e-net.city.takamatsu.kagawa.jp/infog/press.nsf/0/323DD599B9109CA849257C3D0008434F（2014年5月1日最終確認）.
- 総務省地域力創造グループ地域自立応援課『創造的人材の定住・交流の促進に向けた事例調査～定住自立圏の形成を目指して～』, 2012年.
- 創造都市さっぽろ・国際芸術祭実行委員会『札幌国際芸術祭2014 開催報告書』, 2015年.
- 水都大阪推進委員会事務局『水都大阪2009公式記録』, 2010年 a
  - ────『水都大阪2009公式記録　資料編／読む記録』, 2010年 b
- 高寄昇三『自治体の行政評価システム』学陽書房, 1999年.
- 谷口文保「芸術創造と公共政策の共創を誘発するアートプロジェクトの研究」博士論文, 九州大学大学院芸術工学府, 2013年.
- 建畠晢「アブソリュート・ビギナーズ」『あいちトリエンナーレ2010　都市の祝祭』あいちトリエンナーレ実行委員会, 2011年, 10-2ページ.
- 寺尾仁「大地の芸術祭と人々──住民、こへび隊、アーティストが創り出す集落・町内のイノベーション」澤村明編『アートが地域を変えたか──越後妻有大地の芸術祭の十三年2000-2012』慶應義塾大学出版会, 2014年, 101-46ページ.
- 取手アートプロジェクト実行委員会『取手アートプロジェクト2006　1人前のいたずら──仕掛けられた取手』, 2007年.
- 取手アートプロジェクトオフィス「TAPとは」『TPRIDE ART PROJECT』2015年, available at http://www.toride-ap.gr.jp/（2015年5月1日最終確認）.
- 都市研究所スペーシア『現代美術都市空間展開基礎調査業務報告書』, 2009年.
- 土谷亨「かたい山車＝めんどうな山車」「～長者町界隈の歴史・文化を刻む山車をまちのタカラモノに～「長者町アートプロジェクト」寄付のお願い」（ちらし）長者町アートアニュアル実行委員会, 2011年.
- 鷲見英司「大地の芸術祭とソーシャル・キャピタル」澤村明編『アートが地域を変えたか──越後妻有大地の芸術祭の十三年2000-2012』慶應義塾大学出版会, 2014年, 63-99ページ.
- 山野真悟・宮本初音・黒田雷児編『福岡の「まち」に出たアートの10年　ミュージアム・シティ・プロジェクト1990-200X』ミュージアム・シティ・プロジェクト出版部, 2003年.
- 矢守克也『アクションリサーチ──実践する人間科学』新曜社, 2010年.
- 横浜市芸術文化振興財団「アーツコミッション・ヨコハマ」, 2015年, available at http://acy.yafjp.org/（2015年5月1日最終確認）
- 横浜市政策局秘書課「横浜市ニュースリリース『ヨコハマトリエンナーレ2014』第1回 記者会見のご案内」（2012年12月4日）, 2012年（2015年5月1日最終確認）.
- 横浜トリエンナーレ組織委員会『横浜トリエンナーレ2001報告書』, 2002年, available at http://www.yokohamatriennale.jp/top/archive/2001/allyt.pdf（2015年5月1日最終確認）.
  - ────『横浜トリエンナーレ2005ドキュメント』, 2006年.
  - ────『横浜トリエンナーレ2008報告書』, 2009年, available at http://www.yokohamatriennale.jp/2008/images/yt2008report.pdf（2015年5月1日最終確認）.

―――『ヨコハマトリエンナーレ2011 OUR MAGIC HOUR 世界はどこまで知ることができるか？ DOCUMENT-記録集』美術出版社, 2012年.
―――「横浜トリエンナーレについて／about us」『横浜トリエンナーレ2014』, 2014年 available at http://www.yokohamatriennale.jp/about/index.html（2015年5月1日確認）.
- 吉田隆之「アートプロジェクトによる人的協力・ネットワーク及びソーシャルキャピタルのプロアクティブ化 ―― あいちトリエンナーレ2010長者町会場を事例に」『文化経済学』第9巻第1号, 2012年, 90-100ページ.
―――「各自治体の文化条例の比較考察 ―― 創造都市政策に言及する最近の動きを踏まえて」『文化政策研究』第6号, 2013年a, 114-132ページ.
―――「都市型芸術祭『あいちトリエンナーレ』の政策評価――ワークショップによる簡便な政策評価手法の提案」『音楽文化学論集』第3号, 2013年b, 111-125ページ.
―――「都市型芸術祭の経営政策――あいちトリエンナーレを事例に」博士論文, 東京芸術大学大学院音楽研究科, 2013年c.
―――「あいちトリエンナーレ2010長者町会場の決定過程――まちづくりを標榜したのか、しなかったのか？」『アートマネジメント研究』第14号, 2014年a, 51-59ページ.
―――「自治体文化政策における「参加型評価」の可能性――あいちトリエンナーレを事例に」『文化経済学』第11巻第1号, 2014年a, 39-52ページ.
―――「都市型芸術祭の政策立案・決定過程とその効果――札幌国際芸術祭とあいちトリエンナーレの比較を通して」『日本文化政策学会第8回年次研究大会予稿集』, 2014年b, 167-170ページ.
―――「都市型芸術祭「あいちトリエンナーレ」の発展的継続性――横浜・神戸・新潟・大阪・愛知の比較から」『アートマネジメント研究』第15号, 2014年c, 51-63ページ.
―――「文化条例の望ましい制定手法――制定過程等の調査、比較から――」『文化経済学』第12巻第1号, 2015年a, 26-39ページ.
―――「アートNPOを対象とした参加型評価の可能性」『文理シナジー』第19巻第1号, 2015年b, 25-32ページ.

あとがき

　冒頭の執筆動機では触れなかったのだが、実は、本書を上梓したいと考えたもう一つの理由がある。それは、その立ち上げに関わったサポーターズクラブやアートセンターのいずれもが、筆者が職務を離れてから、廃止・閉館に追い込まれたことだ。個人の熱意に左右されないよう、都市型芸術祭の継続の道筋を描く必要性を一層痛感したのだ。

　サポーターズクラブは、事務局とは別の意思を持つことが警戒され、「一部の市民のために税金を使ってよいのか」という身内からの批判に晒されながら、その活動が形骸化していった。そして、2013年3月あいちトリエンナーレ応援メール会員に移行し、活動団体としての性格を失った。(ただ、愛知県が市民の自発的活動に関心を示さなかったことからこそ、のちに長者町地区内外で若者らのコミュニティが次々と発生することに繋がっていく面があったことは、結果として良かったことだった。これは、同時に行政が市民活動に関わることの難しさを示している。)

　それに対して、アートセンター「アートラボあいち」は、オルタナティブスペースで活動実績がある「はち」(代表新見永治)に業務を委託し、オープン初年度は様々な自主企画を実現した。都市を変えていく起爆剤となること、コミュニティやまちづくりのネットワーク拠点となることが期待された。しかし、事務局の関心はあいちトリエンナーレ2010で上手くいかなかった大学連携にあったことから、2012年度以降「はち」は業務委託から外れ、アートラボあいちは大学連携のみの貸館にほぼ特化することとなる。2013で大学連携が実を結ぶと、その役割を果たしたとして閉館したのだ。

　そもそもあいちトリエンナーレは、「これまでのやり方で10年持ちこたえられる企画を作ることができるのか疑問であり、このことが問題」と、開催のきっかけを作った有識者懇談会では強い反対論があった。また、2010開催時には横浜、神戸に続く3番煎じと揶揄された。といわれながらも、あいちトリエンナーレ2016の開催が決まり、どうにか10年は持ちこたえられそうである。それどころか、あいちトリエンナーレは、その時代の旬のアーティストを

紹介するという点では、規模・質の両面でトリエンナーレの正統派として評価が定着しようとしているようにも思える。ただ、その一方であいちトリエンナーレ開催後多くの都市型芸術祭が次々と開催され、濫立するようになった。国際展の均質化・陳腐化の指摘が少なくないなか、芸術祭がいつ観客に飽きられるとも限らない。特に、行政主体であると、首長の交替で容易に政策が転換されてしまう。こうした事態を危惧して、本書は都市型芸術祭の意義と展望を示してきた。

　さて、長者町地区があいちトリエンナーレ2016の会場となることが決まり、2016推進会議、2016推進チームの会議が2015年5月、6月にそれぞれ開かれ、事務局からは、長者町地区で2013の規模を上回る3000㎡を確保したいとの目標が示された。また、2014年8月には、地区内にアートセンター「アートラボあいち長者町」が、地区外に「アートラボあいち大津橋」（名古屋市中区丸の内）が復活する。長者町地区の自主的（自発的）かつ継続的な取り組みが事務局に理解されるようになったのであれば、大いに歓迎したい。しかも、そうした揺り戻しが職員の熱意や良心に一時的に恵まれたことによるのだったとしても、それをきっかけにして本書で示した道筋を歩んでいくことを期待したい。

　現代アート作品を見るだけでなく、ボランティア、作品制作のサポート、トリエンナーレをきっかけにしたコミュニティなど、芸術祭では、様々な形で観客に参加の回路が開かれているし、観客が自ら回路を開くこともできる。これから始まるであろう長者町をはじめとした各地のトリエンナーレと連携したそれぞれの「まち」プロジェクト、もちろん、トリエンナーレそのものでもよい。多くの方に多様な関わり方、楽しみ方を見つけてもらいたい。それこそが、芸術祭の醍醐味なのだ。

謝辞

　トリエンナーレのビジョンを考えたいと東京藝術大学の扉を叩いたところ、論文のイロハすら知らない筆者を熊倉純子研究室は暖かく迎えてくださった。研究室では様々な出会いに恵まれた。東京芸術大学大学院芸術創造・音楽音響創造の助手、大学生の皆さんにゼミ・実践等で様々にお世話になった。毛利嘉孝東京藝術大学准教授、市村作知雄東京藝術大学准教授、友岡邦之高崎経済学准教授（当時）、枝川明敬東京藝術大学教授が副査を務めて下さった。立場を貫くことの重要性や論理的な矛盾の指摘のほか、ご専門の知見から鋭いご指導を幾度もいただき、複眼的な視点を持つことができた。また、中川幾郎帝塚山大学教授（当時）の夏期集中講義を受講したことで、本書の体系、枠組みの示唆を得ることができた。

　加えて、文化政策学会、文化経済学会、アートマネジメント学会などで、学会発表で座長、討論者を務めて下さった先生方、投稿論文の査読者となっていただいた先生方のご示唆、指導一つ一つが、多面的・多角的な検証につながり、いずれも自分の糧とすることができた。旧知の北本一郎共同通信社名古屋支社経済部長には、文章の作成面に止まらず、内容についても貴重なアドバイスを得た。

　インタビューで多大な協力を得たのが、建畠晢京都市立芸大学長、吉田有里アシスタントキュレーター（いずれも当時）である。彼らの複数の視点をいれ論述することが、特に筆者自身がプロセスに関わった第3章・第4章の客観性を担保することに少なからず貢献したことに感謝したい。また。延藤安弘NPO法人まちの縁側育くみ隊代表理事、堀田勝彦名古屋・錦二丁目まちづくり連絡協議会会長（堀田商事株式会社代表取締役社長）には、インタビューの協力だけでなく、「まち育て」の実践・理論面で多くの示唆を得た。

　上記4人以外に、以下の方にインタビューに協力いただいた。

1）あいちトリエンナーレ実行委員会関係者
児玉美香（アートラボあいちスタッフ・当時／あいちトリエンナーレ2013コーディネーター・当時）、拝戸雅彦（あいちトリエンナーレ2010; 2013キュレーター・当時）

2）長者町関係者
◎事業者・織物協同組合・町内会
浅野隆司（ゑびす祭り実行委員長・当時／綿常ホールディングス株式会社代表取締役）、伊藤正樹（SHARE HOUSE180°代表）、小林恒夫（名古屋長者町織物協同組合事務長・当時）、小出祐弘（本重町町内会長／株式会社丸芳商店代表取締役）佐藤敦（青長会会長・当時／アートアニュアル実行委員会会長／株式会社エフェクト代表取締役）、滝一之（滝一株式会社代表取締役）、田中一（青長会会長・当時／みやび苑田中政商店）、藤森幹人（錦二丁目まちづくり協議会公共デザインプロジェクト長／株式会社対話計画代表取締役社長）、船戸善巳（名古屋長者町織物協同組合事務長）、米津文彦（丹羽幸株式会社総務本部総務部リーダー／2013推進チームメンバー）、
◎まちづくりNPO
名畑恵（NPO法人まちの縁側育くみ隊事務局長）
◎若者ら
石垣真帆（朗読劇マホマホ会主宰）、加藤さとみ（Arts Audience Tablesロプロプのメンバー）、加藤仲葉（長者町まちなかアート発展計画のメンバー）、榊原民恵（IMAカフェのメンバー）、竹中純一（Nadegata Instant Partyクルー）、谷亜由子（長者町ゼミのメンバー）、タケル（ペンネーム／長者町ゼミのメンバー）、寺島千絵（まちなかガイドツアー主宰）、東田泰穂（建築家）、古谷萌子（アートアニュアル実行委員会のメンバー／長者町大縁会実行委員会事務局長・当時）古橋和佳（名古屋スリバチ学会代表）、中島克己（長者町まちなかアート発展計画のメンバー）、山口明子（Nadegata Instant Partyクルー）、山田訓子（長者町まちなかアート発展計画代表）、山田梨紗（デザイナー）
◎アーティスト
河村るみ（AMR）、中崎透（Nadegata Instant Party）、武藤勇（N-mark代表）、渡辺英司（アーティスト）

3）愛知県外
岡保雄（元町高架通商店街振興組合理事長）、さいたま市市民・文化スポーツ局スポーツ文化部文化振興課、関口正洋（NPO法人越後妻有里山協働機構事務

局長）、端聡（札幌国際芸術祭2014地域ディレクター／美術家／アートディレクター／ CAI現代芸術研究所(有限会社クンスト)代表取締役）、宮崎みよし（NPO法人リ・フォープ代表／神戸ビエンナーレディレクター）

　その他、次の方々には電話・メールでの問い合わせに快く応じて頂いた。

愛知県県民生活部国際芸術祭推進室（あいちトリエンナーレ実行委員会事務局）、愛知県産業労働部産業科学技術課、オフィス・マッチング・モウル、菊池宏子（あいちトリエンナーレ2013コミュニティデザイナー・当時）、栗木英章（劇作家）、神戸市市民参加推進局文化交流部、水都大阪推進委員会事務局、取手アートプロジェクト実施本部、水と光のまちづくり支援本部（水都大阪オーソリティ）、ラワンチャイクン寿子（福岡アジア美術館学芸員）

　なお、筆者の筆力もあり本書では書ききれなかったが、長者町地区で起きた地域コミュニティ形成の面での効果は、多くの有名、無名のまちの人たち、アーティスト、あいちトリエンナーレ実行委員会のキュレーター、アーキテクト、事務局員の協力があったからこそ生じたことであることを強調しておきたい。また、長者町会場で顕著に観察できるのが、行政の現場とまちが丁寧に協働で企画を練っていることである。他の都市型芸術祭では見ることはないこうした取り組みを誇りに思う。
　最後に、本書の出版に尽力してくださった仙道弘生社長をはじめとする水曜社の方々にこの場を借りてお礼申し上げたい。また、家族や職場が研究活動や執筆を温かく見守ってくれた。振り返れば、多くの人の支え、出会いがあって今の自分がある。そして、本書を完成することができたと思う。皆様に深く感謝したい。

2015年7月

吉田 隆之

事項索引

▶あ

愛知芸術文化センター ……………………… 45
愛知県科学技術会議 ………………… 47-48
《あいちと世界地図の間》 ………………… 76
あいちトリエンナーレ・サポーターズクラブ
　………… 71,102,111,114-115,137,201,254
あいちトリエンナーレ 2010 長者町プロジェクト推
　進会議 ……………………………………… 93
あいちトリエンナーレ 2013 長者町会場推進会議
　……………………………………………… 170
あいちトリエンナーレ 2013 長者町会場推進チーム
　……………………………………………… 170
あいちトリエンナーレ 2016 長者町会場推進会議
　……………………………………… 220,255
あいちトリエンナーレ 2016 長者町会場推進チーム
　……………………………………… 220,255
愛知の文化芸術振興に関する有識者懇談会
　………………………………………… 48-55
愛知万博 ……………………………… 46-47
アウトカム（成果）………………36-37,228-230
アウトプット（結果）………………………36-37
《赤と青の線》 ………………………… 161-162
アクションリサーチ ………………………… 77
《明後日新聞社文化事業部》 ………… 16-17
アサヒ・アート・フェスティバル …………… 115
アジア・パフォーミング・アーツ・センター … 54
アソシエーション …………………………… 153
新しい政策の指針 …………………… 49-50
Arts Audience Tables ロプロプ
　……………………………… 115-116,200,203
アーツカウンシル …………………………… 53
アーティスト・イン・レジデンス … 114-115,136
アート NPO ………………… 20-22,112,117-118
アートサロン ………………………… 171-173
アートセンター
　……… 109-112,117,136-137,205-208,254
アートプロジェクト ……………… 4,14-18,30-34
アートプロジェクト研究会 ……………… 31-32
アートマネジメント ………………………… 35
アートラボあいち
　… 76,109-112,117,168,193,205-208,254

《Atlantic-ユノ》 ……………………… 206-208
《And show at Oasis21》 ……………… 68-69
IMA カフェ ………………………………… 204
インパクト（波及効果）
　………………………… 36-37,140-143,228-230
うぶすなの家 ………………………… 16-17
AMR（Art Meia Room）……………… 197-198
AT カフェ ……………………………… 111-113
N-mark ………………………………… 117-118
LPACK …………………………………… 177-180
えびすビル …………………… 76,80,130,203
遠慮がちなソーシャルキャピタル …………… 124
岡崎地区 ……………………………… 155-156
オフィス・マッチング・モウル ……………… 15
《おもしろ半分製作所》 …………………… 22

▶か

課題設定過程 ………………………… 45-48
C.A.P.［芸術と計画会議］………………… 14-15
《Grow with City Project》 ………… 162-163
緊急雇用事業
　……………… 3,44,70,156-158,172-173,226
経営管理（manegement）………………… 35
経営政策（administration）……………… 34-36
経済波及効果 …… 3-4,24,36,66,78,121,158
結束型ソーシャルキャピタル
　…………………………… 121,126-127,129-130
幻燈会 ………………………………… 81,102
神戸ビエンナーレ ………………… 18-21,24-28
光州ビエンナーレ ………………………20,52-54
交流人口増 ………………… 3,36-37,78,121
国際交流基金 ……………………………… 19
国際展 ………………………………23-24,29,34
KOSUGE1-16 ………………………… 103-108
草間の水玉プリウス ………………… 70,73,102
コミュニティ ……………………………… 153
コミュニティ・デザイナー ………… 201-202,216

▶さ

さいたまトリエンナーレ …………………… 23
《Search for》 …………………………… 197-198
札幌国際芸術祭 ……………………… 23-24,229
《サン・チャイルド No.2》 ……………… 159-160
参与観察 ……………………………… 75-76

《室内森／粘土神》……………………… 88
上海ビエンナーレ ………………………… 53-54
集合行為のジレンマ………………124-125,130
シンガポールビエンナーレ ……………… 53-54
《新生の地》 ……………… 76,98-100,133-134
人的協力・ネットワーク
　　　　　……………128-129,131-136,209-212
水都大阪 ……………………………… 23-25
《STUDIO TUBE》……………………… 186-193
《spectra [nagoya]》……………………… 68,70
政策 ………………………………………… 34-36
政策決定過程 …………………………… 56-59
政策立案過程 …………………………… 48-57
瀬戸内芸術祭 ……………………………… 24
OXOXO［ゼロバイゼロ］…………………… 20
せんだいスクール・オブ・デザイン ………… 201
創造都市政策 ……………………………… 25
ソーシャルキャピタル ……………… 123-126
そらち炭鉱の記憶アートプロジェクト 2014
　　　　　…………………………………… 229
政策評価 …………………7,34-35,226-228
青長会 ……… 83,102-103,131,136-137,200

▶ た

大地の芸術祭 越後妻有アートトリエンナーレ
　　　　　……………………………3,15-18,24
大ナゴヤ大学 …………………………… 116
打開連合設計事務所 …………………… 76
地域コミュニティ形成 ………………… 4,78
地域づくり ………………………………… 78
「小さな乗り物／little vehicle」展 … 116-117
《Chandelier》……………………………… 67-68
中部国際空港 ……………………… 46-47
長者町アートアニュアル実行委員会
　　　　　……………… 109,114,176-177,200
長者町アートマップ ……………………… 76
長者町音頭 ……………… 162-163,194-197
長者町カルタ ……… 116-117,182,199,204
長者町スタジオ…………………………… 114,197
長者町ゼミ ……………………… 116-118,200
長者町大縁会 ……… 118,181-183,203-205
《長者町山車プロジェクト》
　　　　　……………………… 103-107,134-135
長者町地区 …………………… 74-76,78-79
長者町トランジットビル ……… 76,117-118,197

長者町プラットフォーム …………… 76,114,136
《長者町ブループリント》 ………………… 76
長者町プロジェクト推進チーム ………… 93
《長者町壁画プロジェクト》 ……………… 76
長者町まちなかアート発展計画
　　　　　……… 115,118-119,200,202-204,220
《長者町ゑびすパーティ with ナウィン》
　　　　　……………………………… 101-103
《Dailily Art Circus 2011》 ………… 206,208
《テレフォン・イン・メンズ》 ……………… 19-20
東京アートポイント計画 …………… 32,131-132
都市型芸術祭 …………………4,29-30,34
都市の木質化プロジェクト … 176-177,218-219
トーチカ ………………………………… 102-103
トリエンナーレ …………………………… 29
取手アートプロジェクト …………………… 15

▶ な

NAKAYOSI ……………………………… 177-180
名古屋市美術館 ……………………… 44,155
名古屋スリバチ学会 ……………199-202,213
名古屋長者町織物協同組合
　　　　　…………… 74,79-83,126,129-130,200
名古屋・錦二丁目まちづくり(連絡)協議会
　　　　　……… 81-83,112-113,126-127,130,200
Nadegata Instant Party……… 22,185-193
七ツ寺共同スタジオ ……………………… 71
《日本共産党でカール・マルクスの誕生日会をする》
　　　　　……………………………… 167-168

▶ は

パサージュ ………………………………… 85-89
橋渡し型ソーシャルキャピタル
　　　　　……………… 121,126-127,130-131
橋渡し型ソーシャルキャピタルのプロアクティブ化
　　　　　……… 127-129,136-140,212-215
PARASOPHIA: 京都国際現代芸術祭 ……… 23
半熟女バー ……………… 177,179,201-202
ビエンナーレ ……………………29,52-57
《PiKAPiKA》 ………………………… 102-103
ビジターセンター&スタンドカフェ
　　　　　……………………………… 76,177-180
PDCA サイクル…………………………… 5-7
《ビュートレス》………………………………… 76

《ヒーロー No.2》 ……………………… 67
《フェスティバル FUKUSHIMA in AICHI!》
　……………………………………… 162-166
《4. temporal pattern》 ……………… 161-162
《フォーム》 ……………………………… 166,168
《FALLING》 …………………………… 167,168
福岡アジア美術トリエンナーレ …………… 18-19
《福島第一さかえ原発》 ………………… 159-160
伏見地下街 ……………………………… 76,117
伏見・長者町ベンチャータウン構想 ………… 82
《Brilliant Noise》 ………………………… 20
プレイベント「長者町プロジェクト 2009」
　………………………………… 84,88,91-92
プロジェクト FUKUSHIMA ……………… 162
文化芸術振興基本法 ……………………… 20
文化芸術創造あいちづくり推進方針 ……… 56-57
文化産業 ………………………… 112-113,143
文化条例 ………………………… 7-8,23,25,28
ベネチア・ビエンナーレ …………………… 54
ベロタクシー ………………………… 70,72-73
ほうほう堂 ……………………………… 172
星画廊／STARGALLERY … 76,116-117,197
ボランティア ………………………… 71,168
盆踊り ………………………… 194-195,204

▶ま

《マスキングプラント》 …………………… 88
《マスキングプラント・クラウンの樹》 …… 76,88
マスタープラン ……………… 82,101,112-113,
　125-126,130,143,176,203,218
まち育て ……………………………… 78,138
まちづくり ……………………………… 78,138
まちづくり憲章 ……………… 81-82,100,130
まちなかガイドツアー …………………… 205
まちの縁側育くみ隊 ………… 81,100,118,200
まちの会所 ………… 76,81-82,87,108,116
まちのしゃべり場 ……………………… 173-175
《まぼろし喫茶》 ……………………… 193-195
万勝 S 館 ………………………… 111-112
《みがきっコ・ジャンボリー 2009》 ……… 93-95
三河・佐久島アートプラン 21 ……………… 15
水と土の芸術祭 ………………… 21-22,24-26
ミュージアム・シティ・プロジェクト …………… 14
《無題（名古屋1）》 ……………………… 76
ムービーの輪 ……………… 199-202,204,213

メルヴェ、ティルブルグ ……………………… 76
MOSTEC フロー …………………………… 35

▶や

横浜トリエンナーレ ……………… 3,18-20,24-25

▶ら

来場者数 …………… 24,36-37,65-66,152,158
朗読劇マホマホ会 ……………………… 205
リゴ 23 ………………………………… 76
リ・フォープ ……………………………… 20-21
リーマン・ショック ……………………… 57-58
《Looking at 2013 from 1952 Nagoya》 … 76

▶わ

wah document ………………………… 22
《ワン センテンス》 ……………………… 19
ゑびす祭り ……………… 79-80,95-97,105,107,
　130,136,203,237,239

人名索引

▶あ

青木淳 ················· 159,161-162
青田真也 ················ 177-179,197
浅井雅弘 ······················ 197
淺井裕介 ······················· 88
アサノコウタ ················ 163-166
浅野隆司 ········· 96-97,108-110,152,171
アルフレッド・ジャー ··········· 161-162
五十嵐太郎
　　　 155-156,159,173,193-194,208
池田ちか ······················· 15
池田亮司 ···················· 68,70
石川光男 ···················· 33-34
石田芳弘 ······················· 56
井上さつき ····················· 52
今井俊介 ······················ 191
イン・シウジェン ················· 19
ウィット・ピムカンチャナポン ······· 172
梅田宏明 ···················· 161-162
延藤安弘 ······ 78,81-83,100-102,125-126,
　　　 130,138-139,174,192-193,203,213,243
大友良英 ···················· 162-166
大村秀章 ················ 117,152,226
大山エンリコイサム ·············· 76
岡保雄 ························· 20
小田桐奨 ···················· 177-179
オノ・ヨーコ ················· 19-20

▶か

開発好明 ······················ 206
加藤種男 ······················ 203
上遠野敏 ······················ 229
金子郁容 ······················ 124
河村たかし ···················· 117
河村るみ ···················· 197-199
神田真秋 ······ 3,46-48,50-51,56,58-59,87-88,
　　　 95,111,152,226
菊池宏子 ················ 179,201-202,216
岸井大輔 ······················ 203
北川フラム ···················· 16,21

草間彌生 ··················· 68-69,94
熊倉純子
　　　 32,131-132,134,138-139,145-146
栗岡莞爾 ······················· 52
栗木英章 ······················ 241
クルト・レビィン ················ 77
車田智志乃 ···················· 104
暮沢剛巳 ···················· 16,23-24
黒川紀章 ···················· 159,161-162
黒田雷児 ······················· 14
小池建夫 ···················· 86-87,117
小泉元宏 ···················· 30-31
小出祐弘 ················ 118-119,144,213
河野元 ······················ 191
小林恒夫 ···················· 82-83

▶さ

坂本治也 ···················· 124-126,214
坂本龍一 ······················ 229
佐藤敦 ··········· 83,108-109,114,136,148
篠田昭 ························· 21
清水裕之 ···················· 52,54
ジャン・カルマン ·············· 167,168
ジャン・ホァン ················· 67
ジラウ・ルアンジャラス ··········· 76
新見永治 ······················ 255
菅沼朋香 ······ 163,172,186,193-197,204,208
杉戸洋 ···················· 161-162
杉山絵理 ······················ 220
杉山知子 ······················· 14
スティーブン・コーヘン ·········· 67-68
関口正洋 ······················· 17
千住博 ························· 52

▶た

高橋匡太 ···················· 162-163
高寄昇三 ······················· 34
滝一之 ········· 100-103,137,176-177,180,
　　　 185,197-199,208,210,212-213,217,220
竹中純一 ······················ 188
建畠晢 ········· 3,57-59,72,84-93,96,98,133,
　　　 141,155,174,199,230
田中一 ························ 181
谷亜由子 ················ 116-117,181-183

谷口文保	30-34
佃典彦	52
土谷亨	104-105,109
出口尚宏	93-95
寺尾仁	121-122
豊島徳三	144,176
豊田芳年	47

▶な

内藤美和	15
ナウィン・ラワンチャイクン	14,98-103
中川幾郎	26,34-35
中崎透	163-166,186-193
中嶋哲矢	177-180
ナガタタケシ	103
長浜弘之	14
名畑恵	98-101,116,118,171-176,183,213
奈良美智	163,166,180-181
名和晃平	166,168
南條史生	19
西野達	22
丹羽幸彦	145
丹羽良徳	167-168,206
野田邦弘	19-20,31,34
野田智子	186-187,206

▶は

拝戸雅彦	98
橋本知久	220
林暁甫	191
東田泰穂	117,214
日比野克彦	16-17
フィリップ・コトラー	35
福住廉	115
藤川哲	24
藤田六郎兵衛	52
藤野一夫	26
藤浩志	16
二村利之	71
古橋和佳	201-202
古谷萌子	118,171,176,184,194-197,205,213
ボイ野	191

堀田勝彦	79-81,89-92,94,97,103,110,112-114,119,124,129-130,135,138,142,144-145,185,203,213,215,219-220,238,242

▶ま

前川宗睦	197
前田守彦	181-183
松尾稔	47-48,50-52,55
松本文子	121-122
マリ・クリスティーヌ	52
三浦逸郎	112
三田村龍伸	30-31
港千尋	226
箕浦正吉	47
宮崎みよし	20-21
宮本初音	14
宮本佳明	159-160
三輪亜希子	220
向井山朋子	167-168
武藤勇	117-118
武藤隆	114,213
メルヴェ・ベルクマン	76
毛利嘉孝	24
森達也	217
モンノカヅエ	103

▶や

安田奈央	206-208
ヤノベケンジ	159-160
山出淳也	131
山口兼市	97,108-110,131-132,145,184-185,194,210
山城大督	186-192
山野真悟	14
山本高之	93-95
山本勝	111-112
吉田俊雄	92,105,110,117,144,170-171
吉田泰巳	20
吉田有里	88-89,92-93,97,104,109,131-133,137-138,171-173,179,184-186,194
米津文彦	96-97,109,170

▶ら

ラワンチャイクン寿子 …………………… 18
ロバート・M.マッキーバー …………… 152-153
ロバート・D.パットナム …6,120,123,135-136

▶わ

鷲見英司………………………………… 121
鷲見卓…………………………………… 52
渡辺英司……………………… 116-117,197
渡辺斉…………………………………… 16

著者紹介

吉田 隆之（よしだ たかゆき）

1965年神戸市生まれ。京都大学法学部卒業。愛知県職員。文化芸術課国際芸術祭推進室で、あいちトリエンナーレ2010長者町会場を主に担当。職務を離れてからも、一市民として、またコーディネーターとしてアート活動やまちづくりに関わる。2010年京都大学公共政策大学院修了。2013年東京藝術大学大学院音楽研究科博士後期課程音楽文化学専攻芸術環境創造分野修了。公共政策修士（専門職）、学術（博士）。研究テーマは文化政策、アートプロジェクト、芸術祭。

トリエンナーレはなにをめざすのか
都市型芸術祭の意義と展望

発行日	2015年8月11日 初版第一刷
著者	吉田 隆之
発行人	仙道 弘生
発行所	株式会社 水曜社
	160-0022
	東京都新宿区新宿1-14-12
	tel 03-3351-8768　fax 03-5362-7279
	URL www.bookdom.net/suiyosha/
デザイン	井川祥子（iga3 office）
印刷	日本ハイコム 株式会社

©YOSHIDA Takayuki 2015, Printed in Japan
ISBN: ISBN978-4-88065-364-8 C0036

定価は表紙に表示してあります。
落丁・乱丁本はお取り替えいたします。